PÄDAGOGISCHE HOCHSCHULE SCHWÄBISCH GMÜND

SCHÖNE NEUE WELT
MEDIEN VERÄNDERN DEN ALLTAG

Dokumentation einer Ringvorlesung
an der Pädagogischen Hochschule Schwäbisch Gmünd
im Wintersemester 1985/86

Hrsg.: Günter Kolb

Schwäbisch Gmünd 1987

GMÜNDER HOCHSCHULREIHE BAND 1

Herausgegeben von der Senatskommission „Gmünder Hochschulreihe"

Schwäbisch Gmünd 1987 ISSN 0932-108X ISBN -3-925 555-01-3

I n h a l t

Zum Geleit für die "Gmünder Hochschulreihe"

Zum 25jährigen Jubiläum hat die Pädagogische Hochschule Schwäbisch Gmünd beschlossen, eine wissenschaftliche Reihe, die "Gmünder Hochschulreihe" (GHR), herauszugeben. Die Gmünder Regionalhochschule, die in der institutionellen Tradition des Katholischen Lehrerseminars von 1825, des Katholischen Lehrerinnenseminars von 1860 und des Pädagogischen Instituts von 1946 steht, setzt mit diesem Start ein Zeichen ihrer Zukunftsorientiertheit und damit der Lebendigkeit der in ihr Lehrenden und Lernenden. Daher will die Reihe die Weiterentwicklung der Wissenschaften von der Erziehung und vom Unterricht durch grundlegende Reflexionen, Kritik und dem Aufgreifen neuer Themen begleiten. Solche Veröffentlichungen sind aus der Sicht des Jahres 1987 um so wichtiger, je mehr das Interesse an der Lehrerbildung durch das jahrzehntelange Schrumpfen des Lehrerarbeitsmarktes abnimmt. Denn in den Zeiten der vierstelligen Studentenzahlen wurden auch den Professoren ihre Pädagogika und Didaktika von den Verlagen aus der Hand gerissen - nicht immer zum Wohle der Qualität.

Die Gmünder Hochschulreihe ordnet sich in den Wissenschaftsprozeß ein in dem Bewußtsein, daß jede Einsicht überholbar ist, daß jede gegebene Antwort wieder in Frage gestellt werden kann. Wissenschaftliches Ethos ist der gedanklichen Bewegung und der Selbstkritik verpflichtet und entzieht sich so der Möglichkeit ihrer Infragestellung und der damit verbundenen Neuverantwortung nicht.

Medien verändern die Umwelt. Bringen Medien die Kindheit zum Verschwinden? Ist der Computer die logische Weiterentwicklung des Menschen: Intelligenz ohne Moral? (John Osborne) Verursachen die Medien die dritte große Krise unseres abendländischen Bildungswesens? Wenn es die Aufgabe der Erziehung ist, den Schüler von der "Tyrannei des Augenblicks" zu befreien, dann wird Medienpädagogik mit Blick auf das Jahr 2000 immer wichtiger - und daher startet die "Gmünder Hochschulreihe" mit diesem Thema.

Prof. Dr. Reinhard Kuhnert
Rektor

Schwäbisch Gmünd, im April 1987

F. Bay, G. Kolb

V o r w o r t

Im Wintersemester 1985/86 fand an der Pädagogischen Hochschule Schwäbisch Gmünd eine Ringvorlesung mit dem Titel "Schöne neue Welt - Medien verändern den Alltag" statt. Hier sollte versucht werden, aus der Sicht verschiedener Disziplinen die augenblickliche und zukünftige Entwicklung der Informations- und Kommunikationstechnologien zu betrachten, zu analysieren und im Blick auf verschiedene Fragestellungen zu beleuchten.

Folgende Gründe spielten für diese Veranstaltungsreihe eine Rolle:

1. Zunächst sind wir der Ansicht, daß man - trotz der bereits geschaffenen Fakten - nicht häufig genug über die neuen Kommunikationstechnologien und deren mögliche Auswirkungen sprechen kann zumal gerade deswegen, weil noch immer ein erschreckendes Informationsdefizit, ja auch Desinteresse in breiten Kreisen der Bevölkerung unseres Landes vorherrschen.

2. Zum zweiten sind wir an der Ausbildung künftiger Lehrer beteiligt Es kann und darf uns nicht gleichgültig sein, wohin die Entwicklung läuft, dies schon deswegen nicht, weil die neuen Medien eben gerade für die nachfolgenden Kinder- und Jugendgenerationen noch nicht geahnte Wirkungen haben dürften. Deswegen müssen sich

3. die Schule und Hochschule dieser Thematik annehmen. Auf die Schule bezogen liegt mit der Informationsschrift "Neue Medien und moderne Technologien in der Schule" des Ministeriums für Kultus und Sport Baden-Württemberg ein erster - wenn auch nicht unumstrittener - Versuch vor, die Medienerziehung im Unterricht zu intensivieren. Auf die Hochschule bezogen war der Ausbau unseres Audiovisuellen Zentrums (und in jüngster Zeit das Datenverarbeitungszentrum) Anlaß genug, darüber nachzudenken, wie diese Einrichtungen in unsere Arbeit miteinbezogen werden können.

4. Wir versuchen, uns darüber hinaus auch als aufgeklärte Bürger dieser Gesellschaft zu verstehen, denen es nicht einleuchten will daß so gravierende gesellschaftspolitische Prozesse des Wandels

ein weiteres Mal ohne jene vorangetrieben werden, für die sie - so zumindest die häufig gehörte Begründung im politischen Raum - in Gang gesetzt werden.

5. Wir gehen auch von der Tatsache aus, daß unser Medienalltag nicht nur vom Fernsehen bestimmt wird, sondern von einem "Medienverbundsystem", in welchem sich die unterschiedlichsten Kommunikationsangebote wie Zeitungen, Comics, Hörfunk etc. mischen. So gerät gerade der ganze Bereich der Tonmedien zumindest in der öffentlichen Diskussion in den Schatten des Fernsehens, weswegen wir in diese Veranstaltung gerade auch eine Vorlesung eingebracht haben, die sich mit "Schallplattenprobleme - am Beispiel des Jazz" befaßt.

6. Letztlich kann die Entwicklung der modernen Informations- und Kommunikationstechnologien nicht unabhängig von der Verwendung der elektronischen Datenverarbeitung gesehen und bewertet werden, so daß zumindest eine Veranstaltung in dieser Reihe sich mit dieser Thematik befassen sollte.

So findet der Leser in diesem vorgelegten Band Beiträge, die nicht einer durchgängigen Konzeption verpflichtet sind, sondern die den Versuch darstellen, Facetten der vorfindbaren, aber auch künftigen medialen Wirklichkeit gleichsam schlaglichtartig herauszugreifen, ohne den Anspruch zu erheben, der Komplexität des Gegenstandes umfassend gerecht zu werden. Zugleich wird der Versuch unternommen, einerseits eher theoretische Gedankengänge vorzustellen, andererseits vor allem die (Schul-/Medien-)Praxis nicht zu vernachlässigen. Die Themenwahl zu dieser Veranstaltungsreihe der Pädagogischen Hochschule Schwäbisch Gmünd blieb den Autorinnen/Autoren freigestellt, sie sollten sich nur am übergreifenden Titel der Ringvorlesung orientieren. Die Manuskripte wurden dem Herausgeber im Laufe des Jahres 1986 zugänglich gemacht.

G. Kolb

Neue Medien als pädagogische Herausforderung - zugleich eine Einführung in die Thematik der Veranstaltungsreihe

1. Eingrenzung des Gegenstands

Ich will anhand von einigen wenigen, aber aus meiner Sicht wichtigen Kategorien den bisherigen Stand skizzieren:

- Man spricht von Massen- und Individualkommunikation, wobei letztere vor allem das "Neue" an den Medien ausmacht, man spricht auch von Geschäftskommunikation, einschließlich der Bürokommunikation, auch von Einweg- und Zweiwegkommunikation.
- Es ist von öffentlich-rechtlichem Rundfunk und privat-rechtlich organisiertem Rundfunk die Rede; letzterer ist der casus belli in der momentanen Auseinandersetzung über die I- und K-Techniken. Dabei wird u.a. um die Organisationsprinzipien "Binnenpluralität" - "Außenpluralität" gestritten, um "offene Kanäle" gefeilscht und gekämpft, um die Verteilung der Programme bzw. Kanäle erbittert gefochten usw.
- Die Verkabelung der Bundesrepublik steht ebenso im Zentrum der Diskussion wie die Integration des Satellitenrundfunks in bestehende oder aufzubauende Netze und Systeme. Generell ist Integration fast ein Zauberwort, aber auch die Leitlinie bundespostlicher Aktivitäten geworden - integrierte Netze, die private, berufliche und öffentliche Nutzung zusammenschalten. Damit ist
- die Verwendung von elektronischen Rechnern aller Größen zwangsläufig notwendig geworden. Die sog. "neuen Dienste" sind undenkbar ohne die Computer (z.B. BTX). Von daher stellt sich auch das Problem der Vernetzung des Menschen, wobei man diese Tatsache (eben auch Datenschutzprobleme) mit Begriffen wie Dialogfähigkeit, Benutzerfreundlichkeit, interaktive Systeme, Zweiweg-Kommunikation etc. zu verschleiern versucht.
- Um in das hier sicherlich nur verkürzt dargestellte Wirrwarr des Einzuges "neuer Medien" Ordnung hineinzubringen, sind ordnungspolitische Entscheidungen auf Bundesebene und Landesebene auf den Weg gebracht bzw. schon getroffen worden. Das Land Baden-Württemberg hat das Landesmediengesetz Ende 1985 verabschiedet. Die Argumente dafür oder dagegen sind zur Genüge ausgetauscht.

- Im Rahmen der politischen Regelungen und im Gerangel der unterschiedlichen Anbieter geht es letztlich dann auch um die räumliche Strukturierung: auf internationaler Ebene wird ebenso verhandelt wie auf subregionaler, und dies auch auf den Zwischenebenen der Nation, der Länder und einzelner Regionen.

Überblickt man die Diskussion und die Realisierungen im Bereich der Informations- und Kommunikationstechniken, so gut man es kann, so komme ich zu dem Ergebnis, daß wir vor einer deutlichen Zäsur sozialen Wandels stehen, der weder mit kulturpessimistischer Aktion bzw. Reaktion begegnet werden kann, noch mit einer - im Augenblick, so glaube ich - dominierenden Technologieeuphorie.

2. Nun zu den Begründungszusammenhängen, mit denen die sogenannten "neuen Medien" favorisiert werden; ich will derer drei nennen und kurz kommentieren:

- Mit den neuen Technologien werden nicht nur künftig Arbeitsplätze geschaffen, sondern sie werden auch gerade im Bereich der Elektrotechnik, Feinmechanik und der Nachrichtenübermittlung gesichert. Dies ist im übrigen eine Begründung, die man von allen Befürwortern der neuen Technologien immer wieder hört, ja einige sind sogar der Ansicht, die Arbeitslosigkeit sei gerade über die Entwicklung und den Ausbau dieser Technik deutlich zu mindern. Hinzu kommt das Argument, die Wettbewerbsfähigkeit der Bundesrepublik müsse auf den internationalen Wirtschaftsmärkten gesichert bleiben bzw. werden, um somit der Krise, in der wir uns im Augenblick noch befinden, entgegenzuwirken.

  Prinzipiell ist dem Argument der Schaffung und teilweisen Sicherung von Arbeitsplätzen zuzustimmen, dennoch muß in gleicher Weise hinzugefügt werden, daß einerseits über die neuen Technologien, gerade über die Verkabelung, unzählig viele Arbeitsplätze wegrationalisiert werden, ein Faktum, das sich heute schon in der Bürokommunikation größerer Betriebe, Banken, Versicherungen usw. abzeichnet.
  H. Kubicek, ehemaliges Mitglied der Enquete-Kommission "Neue Informations- und Kommunikationstechniken" des Deutschen Bundestages und Professor für BWL, kommt in einer Studie über dieses Problem zu folgendem Ergebnis - und dies vor dem Hintergrund bereits vorhandenen Datenmaterials: "Die Idee vom Informationssektor und der Informationsgesellschaft bietet

beschäftigungspolitisch keine Perspektive, weil er heute schon rationalisiert wird und die neuen technischen Entwicklungen auf die Verschärfung dieser Rationalisierung zielen".
"Es wird also auf eine Technik gesetzt, die selbst so hochgradig automatisiert erstellt wird, daß ein Produktionswachstum in diesem Bereich überhaupt nichts über die Zahl der Arbeitsplätze aussagt" (in: medium 9, 1983, S. 10/9).

- Eine weitere Begründung für die Forcierung der neuen Technologien ist in anderer Hinsicht immer wieder der Hinweis auf den "freien Markt", nämlich den der Information gemäß Artikel 5 des Grundgesetzes. Bei Lothar Späth heißt dies dann so:
"Die Landesregierung ... das ist die Ausgangslage - hält den freien, ungehinderten Informationsfluß für die zentrale Voraussetzung jeder demokratischen Grundordnung", womit der Ministerpräsident selbstredend recht hat. Aber: Wie verhält es sich mit der Forderung nach dem "free flow of information"? Und was wird zum Fließen gebracht?

Gerade in den Pilotprojekten und den Reaktionen der öffentlich-rechtlichen Rundfunkanstalten, übrigens auch in Staaten wie Belgien, Japan, den USA usf. läßt sich aufzeigen, daß es zunächst vor allem um die Ausweitung von Programmen geht, d.h. um einen höheren Umsatz an Sendungen. Man hat eine größere Auswahl und kann aussuchen, was man braucht. Und hierzu, nämlich auf die Frage, welche Bedürfnisse haben die Bürger der Bundesrepublik hinsichtlich des Fernsehens, ergibt sich aus vielerlei Untersuchungen die Tatsache, daß eine weitere Nachfrage nach Vermehrung von Programmen relativ gering ist. Die SDR-Medienforschung stellt so für 1983 z.B. fest, daß 70 Prozent einer repräsentativ befragten Gruppe von 1050 Probanden den Umfang des gegenwärtigen TV-Angebots für ausreichend halten, ja darüber hinaus 4 Prozent noch meinen, der Umfang sei ohnehin zu groß. Wenn dies so ist, was andere Studien übrigens bestätigen, stellt sich die Frage, wie man aus fehlenden Bedürfnissen des Publikums einen möglichen Bedarf für die Ausweitung der Programme schaffen kann. Und auch hierzu liegen z.T. Erfahrungen aus dem Ausland vor, die eindeutig zeigen, daß eine Bedarfsausweitung vorrangig über Unterhaltungssendungen mit häufig geringem Informationswert erzielt werden kann. Wir beobachten dies übrigens ja auch auf dem Videokassettenmarkt, der eben genau in diesem Trend liegt.
Darüber hinaus muß hinzugefügt werden, daß eine Vermehrung

der Programme durch die öffentlich-rechtlichen Rundfunkanstalten aus finanziellen und frequenzbedingten Gründen im Augenblick nur bedingt möglich sein wird, und damit dann die privatrechtlich kommerziellen Anbieter auf den Plan kommen. Nun geht es mehr denn je um hohe Einschaltquoten der Programme, die dann entweder in Form von "Pay TV" oder mit Hilfe massiver Werbung finanziert werden. Konsequenz: Unterhaltungsprogramme, ja -kanäle könnten sich vermehren; andere, informative Sendungen werden wegen mangelnder Akzeptanz absterben, ja auch die Rundfunkanstalten werden aus der Konkurrenzsituation heraus zur Ausweitung der Unterhaltungssendungen gezwungen, um den Hörer bzw. Fernseher "bei der Stange zu halten". Vervielfältigen muß also nicht Vielfalt zur Folge haben, ein Argument übrigens, das im Für und Wider des Kabelfernsehens (einschl. des Satellitenfernsehens) immer wieder zu hören ist. Ich verschweige an dieser Stelle nicht, daß über die Verkabelung natürlich viel mehr Information zu beschaffen ist, und dies vor allem im Hinblick auf Informationsdienste und Dienstleistungen der Anbieter wie Banken, Reiseunternehmen, Fernlehrinstitute usf. Nur - besteht hierfür eigentlich Bedarf auf seiten der künftigen Abnehmer? Das weiß man nicht. Aus England und auch jetzt aus der Bundesrepublik ist zumindest bekannt, daß dort z.B. der BTX-Versuch von nur ganz wenigen Privatempfängern (also "Normalbürgern") angenommen und BTX zum Medium der Geschäftswelt wurde (Prestel-System).

Und eine weitere Argumentationskette muß im Hinblick auf das Problem des freien Informationsflusses geknüpft werden: wir wissen, daß der Bundesbürger durchschnittlich ungefähr zwei Stunden täglich vor dem Bildschirm zubringt, Kinder weniger, Ältere mehr. Diese Zahl stagniert übrigens seit 2 Jahren, ja ist minimal rückläufig. Und dies gilt für die bislang feststehenden Sendezeiten bzw. Zeitstrukturen, wie wir sie im Augenblick vorfinden. Wir wissen allerdings nichts von dem, was passiert, wenn sich nicht nur die Inhalte/Programme vervielfältigen, sondern eben auch die Sendezeiten. Ein Fernsehen "rund um die Uhr" könnte das oben gezeigte Ergebnis verändern, was z.B. die Akzeptanz der Programme in den USA und gerade auch in Japan zeigt. Erhöht sich in diesem Fall die Nutzungsdauer pro Tag, so hat dies Auswirkungen auf die Freizeit und das Freizeitverhalten, auf die zeitliche Einteilung unseres Alltags überhaupt, auf die Kommunikationsprozesse in und außerhalb der Familie, auf die Mitgliedschaft in Vereinen usf. Und das Bildschirmtelefon tut das Seine dann dazu.

Zum Gedanken der Informationsfreiheit und -vielfalt ließen sich noch weitere hinzufügen. Im Hinblick auf den zur Verfügung stehenden Raum nur noch eine Überlegung: Das Land Baden-Württemberg hat im Gegensatz z.B. zum Ludwigshafener Kabelprojekt auf den "offenen Kanal" verzichtet, also jenen "Bürgerkanal", über den jedermann, jedefrau, verschiedene Randgruppen, aber auch Vereinigungen, die sich nicht zu den"gesellschaftlich relevanten Kräften" (wie es so schön heißt) zählen, Informationen, Meinungen, Anliegen usw. vortragen, zeigen, dokumentieren können. Gerade auch im Hinblick auf das in der Tat positive Anliegen einer möglichen Verkabelung, nämlich die lokalen und regionalen Belange in Form eines Lokal- oder Regionalfernsehens sehr viel stärker berücksichtigen zu können als die Rundfunkanstalten dies tun, scheint mir die Ausklammerung des Bürgers unerklärlich, übrigens auch unter demokratischen Gesichtspunkten. Lothar Späth wendet sich, wie er sagt, einerseits gegen das "staatliche Gouvernantentum", zugleich weist er andererseits auf einen möglichen Mißbrauch dieser Einrichtung hin, hat also Sorge, daß Gruppen zur Sprache kommen, die z.B. eventuell politisch andere Zielsetzungen verfolgen als die Mehrheit der Bürger. Ich muß hinzufügen, daß dieses Problem rechtlich durchaus in den Griff zu bekommen ist, wie es sich im Kabelprojekt Ludwigshafen gezeigt hat. Ich halte gerade den "offenen Kanal" aus schon genannten Gründen für einen Versuch wert. Sollte er Alibifunktion für die Demokratisierung neuer Medien erhalten, läßt sich dies mit Sicherheit feststellen und ändern.

- Eine weitere Begründung für den Einstieg in die neuen Technologien ist die Aussage, daß die Bundesrepublik den eben international bereits vehement sich entwickelnden technischen Fortschritt auf diesem Gebiet nicht einfach negieren und so tun könne, als gäbe es diese Entwicklung überhaupt nicht. In kürzester Zeit befände sich unser Land in der Situation einer Nation wie Länder der Dritten oder gar Vierten Welt, und dies bei einem hohen wissenschaftlichen und wirtschaftlichen Standarf, über den die Bundesrepublik ja durchaus noch verfügt. Dies ist sicherlich richtig und wird von mir auch nicht bestritten.

Und dennoch - so glaube ich - begeht man den Fehler, den man in der Vergangenheit hinsichtlich der Technik immer wieder begangen hat: So wird nämlich im Augenblick weitgehend eine Informations- und Kommunikationsentwicklung in der Bundesrepublik vehement vorangetrieben, ohne die Sozialverträglichkeit im individuellen und gesellschaftlichen Bereich mit eben der gleichen Vehemenz zu überprüfen. Technikfolgen-Abschätzung - um ein modernes Schlagwort zu verwenden - darf sich nicht nur auf die Entgrenzung der Technologie selbst beziehen (z.B. Gentechnologie oder die möglich werdende Verselbständigung von Computern in unüberschaubar werdenden Riesennetzen), sondern muß sich gerade auch auf die sozialen, d.h. die individuellen und gesellschaftlichen Auswirkungen richten, auch wenn Prognosen hier äußerst schwierig sind. D e n n o c h : Mangel an prognostischer Validität von Ergebnissen bedeutet nicht, Vorstellbares zu thematisieren bzw. rückzubeziehen auf schon gemachte Erfahrungen im Umgang mit der Technik. Die Machbarkeit in der Lösung von Problemen darf nicht zu Lasten der Denkbarkeit ihrer möglichen Auswirkungen gehen. Eine Ethik der Technik ist angesprochen.

- Ein weiterer - wenn auch in seiner Wertigkeit längst nicht so favorisierter - Grund wie die bereits genannten zur Entwicklung der "neuen Medien" ist die Tatsache, daß man mit und von den Medien auch lernen kann, Gutes wie Böses. Medien, so hört man immer wieder, machen aggressiv oder gar kriminell; mit Medien, so hört man auch, könne man die sogenannten Unterprivilegierten in notwendige Bildungsprozesse einbinden, um einmal zwei Beispiele zu nennen. Und damit bin ich beim dritten Zentralpunkt meiner Ausführungen angelangt, nämlich bei der Frage nach den "Wirkungen" von Medien.

3. Zur Wirkung von Medien

Im Bereich des latenten Lernens müssen wir uns von der einfachen Vorstellung lösen, daß z.B. das Medium Fernsehen, wenn es häufig genutzt wird, Kinder und Jugendliche durch die Rezeption z.B. von Kriminal-, Action- oder Horrorfilmen zu potentiellen Verbrechern werden läßt. Da die Medien im Sozialisationsgefüge immer nur eine Instanz neben anderen (z.B. der Familie, der Schule, den Gleichaltrigengruppen) darstellen, sind die häufig zitierten Wirkungen nur aus der lebensgeschichtlichen Gesamtkonstellation heraus zu interpretieren bzw. zu verstehen. Und dennoch wende ich mich gegen eine Ausweitung der Programme, und zwar aus mehreren Gründen, die ich kurz erläutern will:

- Ich denke an jene 30 Prozent der fernsehenden Bevölkerung, die zu den "Vielsehern" gehören, weil sie 3 Stunden und mehr täglich fernsehen, darunter auch viele Kinder. Werden Sendezeiten und Programme ausgeweitet, wird der Konsum gerade dieser Gruppe steigen.
- Die meisten Ergebnisse aus der Wirkungsforschung beruhen auf kurzfristig angelegten Untersuchungen. Langzeitstudien gibt es nicht allzu viele. Wenn das aber so ist, dann darf man zumindest Wirkungen, die forschungsmäßig noch nicht erkannt sind, nicht ausschließen. So denke ich z.B. daran, welches Bild der Wirklichkeit sich im Laufe der Entwicklung von Kindern herauskristallisiert, wenn sie durch das Fernsehen ständig in die Welt der Erwachsenen hineingeführt werden, so daß es die Kindheit als Lebensphase, wie N. Postman in seinem Buch "Das Verschwinden der Kindheit" befürchtet, bald nicht mehr geben könnte.
- Ein nächster Grund für meine reservierte Haltung hinsichtlich der Ausweitung von Fernsehprogrammen ist die ebenfalls nachgewiesene Tatsache, daß vor allem jene Menschen häufig fernsehen, die alleine sind. Dies können Kinder vor allem aus den Unterschichten ebenso sein wie alte Menschen. Ich weiß aus Gesprächen mit Sozialarbeitern und Sozialpädagogen, die in der Altenpflege tätig sind (und aus ganz wenigen Veröffentlichungen, die es zu diesem Thema gibt), daß sehr viele alte Menschen am Medium Fernsehen hängen wie an einem Tropf. Dies ist oft die einzige Verbindung zur Außenwelt, man erlebt nochmals so etwas wie Zwischenmenschlichkeit, was auf "soziale Bezüge" hinweist, die diese Menschen entwickeln, ohne daß sie "beantwortet" werden können. Und dennoch, wo gelangen die Bedürfnisse, geheimen Probleme, ja auch offen vorgetragenen Wünsche ins Programm? "Schaukelstuhl" und noch einige ganz wenige ähnliche Programme (man höre nur den Titel "Schaukelstuhl") sind ebenso wenig für einen Großteil der Älteren unserer Gesellschaft produziert wie die vorher angesprochenen Kindersendungen für Kinder. Und ich meine, daß trotz aller Beteuerungen, eben gerade auch der Politiker, auch in Zukunft sog. "Randgruppen" unserer Gesellschaft in den Medien weder

zur Sprache kommen noch dort erscheinen. Einschaltquotenfetischismus verhindert dies heute schon, eben auch bei den öffentlich-rechtlichen Rundfunkanstalten. Denken wir nur an die Sitation unserer ausländischen Mitbürger, wie sie in den Medien permanent tabuisiert werden, natürlich deswegen, weil man mit Kulenkampf , P. Alexander, Dallas, Denver etc. und den Vorabendserien schlichtweg eine millionenfache Mehrheit bei der (Fernseh-)Stange halten kann. Dies beweist uns die Teleskopie in einfacher und unzweideutiger Weise. Vielleicht bringt die Regionalisierung von Programmen hier ein Stück Alltag der sogenannten Randgruppen ins Bild. Man wird diese Entwicklung mit großem Interesse verfolgen.

- Und auf einen weiteren Gesichtspunkt will ich hinweisen, nämlich auf die Veränderung der Kommunikationsstruktur im zwischenmenschlichen Bereich. Wir kennen alle die typische Fernsehsituation der Familie, die aus dem Kreis einen Halbkreis werden läßt, und dies deswegen, weil das Fernsehgerät zum Kommunikationszentrum schlechthin geworden ist, steht es doch auch meist inmitten der Wohnstube. Kinder essen abends nur noch dann etwas, wenn sie fernsehen können, wie mir Eltern auf einem Elternabend eines Kindergartens mitgeteilt haben. Gespräche bleiben aus, Familienkonflikte werden verdrängt usf. Mit anderen Worten: Interaktions- und Kommunikationsprozesse innerhalb der Familie reduzieren sich, und dies umso mehr, wenn noch mehr Programme angeboten werden. Wer den Dokumentarfilm "Vier Wochen ohne Fernsehen" gesehen hat, der kann ermessen, wie sprachlos viele Familien schon geworden sind, entzieht man ihnen das Fernsehgerät, wie in dem Beispiel zweier Berliner Familien. Entzugserscheinungen, die fehlende Fähigkeit, die Zeit anderweitig zu nutzen, eben auch über die Partnerprobleme zwischen Frau und Mann zu reden, Apathie können die Folge sein.
Und wenn die Ergebnisse einer bundesrepublikanischen Zehnjahresstudie des Instituts für Demoskopie in Allensbach richtig sind, daß die Zeit für das Gespräch zwischen Ehepartnern immer geringer geworden ist, nachdem das Fernsehen eingeführt worden war, dann wird die Programm- und Sendezeitausweitung auch hier weitere "Wirkungen" zeitigen. Die sozialen Folgen dieser Entwicklung werden deswegen auch von der Expertenkommission "Neue Medien", die von der Landesregierung Baden-Württembergs 1980 eingesetzt wurde, erkannt, wenn sie folgendermaßen formuliert:

"Kinder, Jugendliche und Familien müssen vor den gefährdenden Einflüssen durch audiovisuelle Massenmedien geschützt werden" (Bd. 1, S. 23), oder an anderer Stelle heißt es: "Wichtiger als die Ausweitung medialer Angebote erscheint die Pflege und Förderung der persönlichen Kommunikation als Grundlage der gesellschaftlichen Integration, des Familienzusammenhaltes, des Vereinslebens und eines positiven Verhältnisses der Generationen zueinander" (Bd. 1, S. 15).
Wer könnte dem nicht zustimmen?

- Schließlich gehe ich noch auf einen letzten Punkt ein, allerdings darauf hinweisend, daß eine Fülle anderer Gesichtspunkte ungenannt bleibt, die aus meiner und der Sicht anderer gegen die neuen, aber auch zum Teil alten Kommunikationsmedien gewendet werden können. Ich will nämlich noch auf die Tatsache hinweisen, daß sich über die Vielfalt der Angebote das im Prinzip positiv zu wertende selektive Auswählen des Rezipienten ins Gegenteil kehren kann, nämlich insofern, als man nur noch auswählt, was einem behagt. Während man im bisherigen Programm der Rundfunkanstalten sozusagen im Huckepackverfahren relativ breit gestreut ganz unterschiedliche Inhalte übermittelte und somit dem Zuschauer eben auch zumindest teilweise dadurch kontroverse Informationen lieferte, wird es über den individuellen Zugriff zu Programmen auf breiter Basis zum ersten Mal möglich, nur noch das zu sehen, was man will. Dies kann einerseits darauf hinauslaufen, daß die "schöne neue Welt", durch die vielen dann angebotenen Unterhaltungssendungen entpolitisiert, noch mehr entpolitisiert wird; andererseits könnte es zu einer weiteren Aufspaltung unserer Gesellschaft in weltanschauliche Segmente und ziemlich abgeschlossene Teilkulturen kommen. "Je mehr Programme gleichzeitig angeboten werden, die sich ideologisch an verschiedene Gruppen wenden, desto mehr wächst die Chance für den Zuschauer, das auszuwählen, was in sein Weltbild paßt. Man weicht dem Neuen und dem Unbekannten (möglicherweise, d.Vf.) aus. Und das verringert die Kommunikationsfähigkeit mit anderen Gruppen der Gesellschaft, es verstärkt das Abkapseln in einzelne Teilbereiche der Gesellschaft" (A. Müller: Wie kommunikativ ist die Mediengesellschaft?, in: L. Franke (Hg.), Die Medienzukunft, Frankfurt 1983, S. 61). Und gerade in dieser Hinsicht soll nochmals darauf hingewiesen werden, daß auch unter Berücksichtigung der schichtspezifischen Akzeptanz der Medien die Schere zwischen den sozial Schwachen und den sozial besser

Gestellten ein weiteres Mal auseinandergerät. Die Ergebnisse der Fernsehforschung zeigen nämlich, daß der Fernsehkonsum sozial benachteiligter Bevölkerungsgruppen deutlich höher ist als bei anderen Gruppen der Bevölkerung. Und es bleibt zumindest zu vermuten, daß z.B. das Pay-TV eben mehr von jenen Gruppen genutzt wird, die es sich leisten können, und die sehr viel stärker anspruchsvollere Programme jetzt schon sehen und dann sehen werden (z.B. Bildungsprogramme, politische Magazine etc.). Andere Gruppen der Bevölkerung könnten sich auf die Konfektions- und Massenware konzentrieren, die vor allem über die Werbung finanziert wird.

Lange Zeit diskutierte man in der Theorie der Massenkommunikation die Frage, ob und inwieweit das Fernsehen, aber auch die anderen Medien die Funktion der sozialen Integration in der Gesellschaft neben anderen Institutionen wahrnehmen. Man kam trendmäßig zu dem Ergebnis, daß die Medien einen solchen Beitrag leisten. Im Hinblick auf die Zukunft wird man dieses Ergebnis einer möglichen Revision unterziehen müssen.

4. Pädagogische, medienpädagogische Konsequenzen meiner Ausführungen

Werfen wir nochmals kurz einen Blick auf das Thema "Neue Medien als pädagogische Herausforderung", so muß ich zunächst darauf hinweisen, daß Medien immer schon eine pädagogische Herausforderung darstellten bis hin zum Buchdruck bzw. der dem Volk zugänglich gemachten Bibel. Im Rückblick auf die vergangenen 30 Jahre bleibt auch zu konstatieren, daß die Medienpädagogik in Theorie und Praxis bis heute noch nicht ausreichend mit dem klassischem Massenmedium Rundfunk klarkommt. Ich will die Gründe hierfür nicht erläutern. Im Hinblick auf das geballte Ensemble sogenannter "alter" und sogenannter "neuer" Medien scheint es derzeit eine Offensive medienpädagogischen Handelns und Denkens zu geben, die ganz langsam eine Basis findet.

Ich versuche, im folgenden einige wichtige Tendenzen der medienpädagogischen Diskussion anzureißen und mit Konsequenzen zu versehen:

- Wenn es richtig ist, daß gerade die neuen Informations- und Kommunikationstechniken zunehmend das berufliche, aber auch das persönliche Leben des Menschen in vielfältiger Weise beeinflussen, so wird es zu einer dringenden Aufgabe aller Bildungseinrichtungen, die Veränderungen des individuellen und gesellschaftlichen Alltags in ihr Curriculum mitaufzunehmen. Dabei gilt es, in zweifacher Hinsicht Qualifikationsleistungen zu erbringen, nämlich: auf gesellschaftliche Veränderungen in Form von Anpassungs- bzw. Integrationsleistungen zu reagieren und zugleich aber auch die soziale und natürliche Wirklichkeit und deren Entwicklung kritisch distanziert aufzuarbeiten, zu kommentieren, zu interpretieren.

Dies hat für alle Bildungsinstitutionen zur Folge, daß sie nicht zu ausschließlichen Dienstleistungseinrichtungen verkommen dürfen.Ziel muß bleiben oder auch erst werden, Menschen in ihrer gesamten existentiellen Betroffenheit ernstzunehmen. Die Sinn- und Wertkrise in unserer Gesellschaft kann nicht durch eine Sozialtechnologie von Bildungs- und Ausbildungsprozessen ihre Fortsetzung erfahren.
Wir kennen diesen Gedanken ja nicht nur aus der Zeit der Reformpädagogik. Im Blick auf die Rolle der Informations- und Kommunikationstechniken muß dies zur Folge haben, daß diese in lebensweltorientierte Lernerfahrungen und -prozesse und mit Hilfe entsprechender Lerninhalte in die Arbeit mit Medien integriert werden. Es genügt eben nicht, den Umgang mit den Technologien einzuüben. Es muß den Menschen auch die Ambivalenz des verhängten Fortschritts bewußt gemacht werden.

- Ein zweiter übergreifender Gedanke sei angeführt. Wenn es richtig ist, daß sich mit der Veränderung der Kommunikationslandschaft unserer Gesellschaft zugleich auch deren Kommunikationskultur verändert, so muß diese sich abzeichnende Entwicklung, vor längerer Zeit schon beginnend mit dem vehementen Ausbau der bereits vorfindbaren Massenmedien, analysiert und auf ihre Folgen hin bewertet werden.

  Ich will dies nur andeuten: zunehmende Verlagerung direkter Kommunikationsprozesse zugunsten indirekter/medialer, Verlust vielfältiger sinnlicher Erfahrungen zugunsten optisch-akustischer Zugänge zur "Wirklichkeit", Sprachlosigkeit, Handlungsunfähigkeit zugunsten z.B. politischer Apathie usf., all dies sind nur Schlagworte, die im einzelnen entfaltet werden müßten. Ohne dies hier in Angriff zu nehmen, bleibt dennoch die Feststellung, daß diese Entwicklung den Menschen in seiner vielfältigen anthropologischen Offenheit zunehmend reduziert, was eben auch für die Verwendung von Informations- und Kommunikationstechniken im Bildungsprozeß gilt. Von daher stellt sich aus meiner Sicht für die verschiedenen Institutionen der Bildung, Weiterbildung und Ausbildung zuvörderst die Aufgabe, einen Beitrag zur Wiederentdeckung und Förderung der "kommunikativen Kompetenz" zu leisten, in der Sozialbeziehungen und deren Gestaltung grundgelegt sind. Was wir bräuchten, ist weniger eine Medienpädagogik als vielmehr eine Kommunikationspädagogik. Sie müßte uns alle in die Lage versetzen, zwischen vordefinierten, durch Medien und Computer programmierten und offenen, sozial- d.h. lebensweltbezogenen Kommunikationssituationen auch vor dem Hintergrund der gesellschaftlichen Rahmenbedingungen unterscheiden zu lernen, um sie entsprechend auswählen und im Sinne der Stärkung eigener Ich-Identität nutzen zu können. Sonst bleibt es ohnehin fragwürdig, Medienpädagogik als isolierte Pädagogik zu sehen. Nur so kann sie dann auch erst zum "Reparaturbetrieb" für mögliche Folgen technologischer Prozesse und Entwicklungen hochstilisiert werden; sie gerinnt zur Kompensationspädagogik, die nur mehr reaktiv bleibt. Konkret heißt dies, daß übergreifende zentrale Fragestellungen, Forderungen und wissenschaftliche Befunde der Pädagogik (z.B. der Sozialisationsforschung oder der Auseinandersetzung mit der Frage: Was ist Erziehung?) eingebunden werden müssen in die Auseinandersetzung mit pädagogischen Fragen der Verwendung von Medien. Eine medienimmanente Betrachtung, wie sie die Medienforschung bislang weitgehend betrieben hat, verkürzt zentrale Bereiche medialer Praxis. Kurzum: Da es die Pädagogik eben auch mit der äußerst wichtigen Thematik zu tun hat, wie über die Erziehungsprozesse in und außerhalb der Schule Zukunft menschlich gestaltet werden kann, erhalten medienpädagogische Überlegungen, Konzepte, Handlungsanleitungen ihre deutlich gestaltende Prägung und verlieren damit zum Teil zumindest ihre bloß auf reaktive Maßnahmen beschränkte Einseitigkeit. Daraus folgt für uns, daß die Medienpädagogik sich zum Ziel setzt, ihre Adressaten als jetzt und künftig handelnd eingreifende Bürger zu erziehen, die ihren - auch medialen - Sozialisationsprozeß aktiv gestalten, sich nicht in falsche Abhängigkeit drängen lassen müssen, um somit einen Beitrag zur individuellen und sozialen Bewältigung künftiger Lebenssituationen leisten zu wollen und zu können.

Im einzelnen heißt dies, exemplarisch nur ausgeführt, folgendes:

- Wir müssen lernen, die neuen und alten Technologien als offene Ressourcen für Lernprozesse, d.h. als Bestandteile von offenen Lernsituationen zu verstehen und zu nutzen. Produktion und Konstruktion stehen neben Konsumtion und Rezeption.
- Der Gedanke und die Kompetenz, Medien kommunikativ (z.B. im Sinne der Eigenartikulation von Empfindungen, Meinungen usf.) verwenden zu können, müssen sich entfalten können. Hier reduziert sich Medienpädagogik eben dann nicht auf "Fernseherziehung" oder den "richtigen Umgang" mit der Technik.
- Darüber hinaus meine ich aber auch, daß es die Medienpädagogik mit Aufklärung zu tun haben müßte, und dies in mehrfacher Hinsicht:

  Zum einen geht es um das Kennenlernen, das Umgehenkönnen und um die technisch mögliche Verwendung der Medien in ganz unterschiedlichen Lebensbereichen;

  zum weiteren geht es um die Darstellung der derzeit laufenden technologischen Innovationen in der Bundesrepublik (übrigens auch ein Gebiet, auf dem sehr viele Bürger unserer Gesellschaft dringend "aufgeklärt" werden müßten);

  schließlich geht es aber auch um die reflexive Aufarbeitung unseres Medienalltags und unserer Einbindung in Medienverbundsysteme, auch unter der Zielsetzung, sich der eigenen Mediennutzung bewußt zu werden, allerdings nicht mit bewahrpädagogischen Konsequenzen angereichert.

- Die medienpädagogische Arbeit sollte sich übrigens schon im politischen Vorfeld von Entscheidungen mit ins Spiel bringen. Sie muß sich gerade hier schon zu Wort melden und politische Entscheidungen zu beeinflussen versuchen, was allerdings bislang - übrigens in vielen Bundesländern - gescheitert ist. Wirtschaftliche Interessen waren bisher immer stärker als die Einwände, die in Stellvertretung vor allem von Kindern und Jugendlichen oder Randgruppen vorgebracht wurden.
- Medienpädagogische Aktivitäten müssen sich innerhalb der öffentlich-rechtlichen und privatrechtlich organisierten Rundfunkeinrichtungen breit machen können. Die wenigen "offenen Kanäle", die Bürgerkanäle u.ä., könnten eine Chance eröffnen, auf regionaler, subregionaler Ebene Initiativen zu ergreifen; aber auch die Regionalisierungskonzepte der Rundfunkanstalten müßten dies zulassen. Vor allem im Bereich der außerschulischen Bildungsarbeit wäre dies außerordentlich wichtig, gerade in Ergänzung zu den konventionell konsumorientierten Angeboten.
- Die freien Träger und kommunalen Behörden sollten medienpädagogische Vorhaben fördern und gleichzeitig auf eine Beteiligung an Medienvorhaben drängen, was selbstredend einen Ausbau der personalen und sachlichen Ausstattung bestehender Kommunikations- und Bildungseinrichtungen in diesem Bereich zur Folge haben muß. Die Ausbildung von "Kommunikationshelfern" einerseits und die Etablierung medienpädagogischer Zentren andererseits, in der alle die Institutionen, zum Beispiel einer Region, die sich mit Medien befassen, einen Pool bilden, in dem sich eben personale und sachliche Ressourcen aus den beteiligten Einrichtungen mischen, wäre eine sinnvolle Möglichkeit, medienpädagogische Projekte zu initiieren, aber auch die verstreuten Einzelaktivitäten zu koordinieren. Arbeitsteilig könnten die betroffenen Einrichtungen zu einem "Kulturzentrum" werden,

in dem freizeitpädagogische Aktivitäten, Angebote der Weiterbildung, interkulturelle Kommunikationsanlässe, medienpädagogische Rezeptions- und Produktionsmöglichkeiten usf. ihren Platz haben.

Ich fasse zusammen, bevor ich versuche, einige Konsequenzen zu ziehen. Die Deutsche UNESCO-Kommission hat in einem in Auftrag gegebenen Gutachten "Zum Stand und Selbstverständnis der Medienerziehung in der Bundesrepublik Deutschland" feststellen können, daß Medienpädagogik zumindest folgende zwei Sachverhalte umfaßt:

- Die Erziehung zum kompetenten Umgang mit den Massenmedien bzw. den neuen Medien.
- Den Einsatz der Massenmedien bzw. der neuen Medien im Erziehungs- und Bildungsprozeß.

Das bedeutet:

1. Medienpädagogik darf nie und nimmer zu einer Bewahrpädagogik werden, die auf kulturpessimistischer Grundlage zur Enthaltsamkeit und Askese auffordert.
2. Medienpädagogisch unzureichend wäre es auch, sich nur analytisch-theoretisch mit den Medien als notwendige Elemente der Gesellschaft auseinanderzusetzen, um ein "rechtes Verständnis" oder die Fähigkeit, "kritisch auszuwählen", zu erlernen. Dies allein reicht als medienpädagogisches Konzept im Hinblick auf die Zukunft nicht aus. Aufklärung tut zwar not, doch ist sie nicht schon dafür geeignet, bei den dann so Aufgeklärten deren habitualisierte Verhaltensweisen zu ändern.
3. Neuere Ansätze der Medienpädagogik machen stattdessen immer deutlicher, daß die Kommunikationsfähigkeit allgemein gefördert werden muß, um die kommunikativen Möglichkeiten der Medien zu sehen und für Lernprozesse fruchtbar zu machen. Dies bedeutet, daß z.B. Kinder, Jugendliche, Schüler, aber auch Stadtteilgruppen usf. lernen, sich der Medien produktiv zu bedienen, indem sie sich über die Medien artikulieren.
4. Medienpädagogik darf sich nicht nur auf Kinder erstrecken, sondern die Medienpädagogik muß ihren Platz auf Elternabenden ebenso finden wie im Altenheim oder in der Volkshochschule und in der Pädagogischen Hochschule.

5. Abschließende Bemerkungen zum Stand der Informatik in Schule und Hochschule

1. Die Vorbemerkungen z.B. zu den Lehrplänen Baden-Württembergs im Hauptschulbereich bis zum Grundkurs Informatik in der Sekundarstufe II, aber auch die Vorgaben zu anderen Schularten lassen mich zu dem Ergebnis gelangen, daß trotz der Beteuerung, daß die Schule nicht die Aufgabe habe, "dort die Technikakzeptanz zu fördern, wo bestimmte Anwendungen einzelner Techniken als problematisch angesehen werden" (Ministerium für Kultus und Sport Baden-Württemberg, Neue Medien und moderne Technologien in der Schule - Stand, Ziele, Maßnahmen. Stuttgart 1984, S. 13),

der Bereich der individuellen und sozialen Auswirkungen auch in der Konkretisierung der Lehrplaneinheiten zu kurz kommt. Die deutliche Dominanz technologisch orientierter Lerninhalte wird ganz spärlich relativiert bzw. ergänzt durch wenige Hinweise auf die Vermittlung "grundlegender Konzepte und Einsichten", z.B. im Fach Gemeinschaftskunde. Da ich aber der Ansicht bin, daß es vor allem die Schule sein muß, die nicht nur anwendungsorientiert, sondern eben auch folgenorientiert (wer sollte es denn später tun?) auf die Einbindung eines jeden von uns in den von Wissenschaft und Technik durchdrungenen Alltag vorzubereiten hat, müßte dort gerade der "Technologiefolgenabschätzung" im individuellen und sozialen Bereich mehr Aufmerksamkeit geschenkt werden, auch wenn die Befunde noch zum Teil widersprüchlich sind.

2. Insofern wende ich mich nicht gegen die Ausbildung der Schüler im Bereich der EDV, sondern bin der Ansicht, daß z.B. die Vorschläge der BLK für ein Rahmenkonzept einer informationstechnischen Grundbildung weitaus ausgewogener erscheinen, als dies für die o.g. Lehrpläne gilt. Als Aufgaben werden dort genannt (IPN-Blätter 2, 1985, S. 6), neben der "Vermittlung von Grundstrukturen" der Informationstechniken, der "Einübung von einfachen Anwendungen" und "Vermittlung von Kenntnissen über die Einsatzmöglichkeiten und die Kontrolle der Informationstechniken" folgende Ziele in ein mögliches Rahmencurriculum mitaufzunehmen:

   - "Aufarbeitung und Einordnung der Erfahrungen, die Schüler in ihrer Umwelt mit Informationstechniken machen,
   - Darstellung der Chancen und Risiken der Informationstechniken,
   - Einführung in Probleme des Persönlichkeits- und Datenschutzes,
   - Aufbau eines rationalen Verhältnisses zu den Informationstechniken."

   Diese Zielsetzung erscheint mir - bei aller Kritik am Gesamtpapier - deshalb vernünftig, weil sie relativ ausgewogen technologische wie soziale und individuelle Ausbildungsinhalte miteinander verbindet, wobei fächerübergreifende Orientierung empfohlen wird. Rückwirkungen auf die Lehrerbildung sind analog; vielleicht jedoch müßte auch unsere Schule geändert werden, um wesentliche hier angestellte Überlegungen in Praxis umzusetzen.

In einem Aufsatz über "Die Angst des Pädagogen vorm Computer" hört sich dies so an:

> "Nicht der Umgang mit dem Computer macht die Kinder zu kleinen Robotern, sondern die bisherige Schule hat zu maschinenhaftem Verhalten erzogen. Nicht der Computer entmenschlicht das Kind, sondern eine Lernfabrik, die im 45-Minuten-Takt Informationshappen verabreicht, daß sie in einem Test auf einer Skala von 1 bis 6 wieder abgerufen werden können. 'Wo bleibt die Kreativität, die Humanität, das Emotionale?', wird jetzt gefragt, wenn der Computer in der Schule Einzug hält. Doch wo blieb all dies im konventionellen Schulunterricht?" (R. Lutz, in: WPB H. 9, 1984, S. 418).

Und wenn der medienpolitische Sprecher der CDU des Landes Baden-Württemberg unlängst öffentlich bekannt hat, daß jede Gesellschaft die Medien habe, die sie verdiene, so bin ich der Ansicht, daß weder radikale Schulkritik noch zynische Bestätigung der vorfindbaren Medienlandschaft dem hier aufgezeigten Problem des menschlichen Umgangs mit der Technik gerecht werden. Vielmehr sollen Schule und Gesellschaft in einen notwendigen Dialog eintreten über den normativen und Werte-orientierten Kontext, in dem sich die Entwicklung der Technik vollzieht. Technologiefolgenabschätzung kann sich nicht um die Frage herumdrücken, was gesellschaftlich wünschenswert sei. Von der Technik selbst und den zugrundeliegenden Wissenschaften erhalten wir hierauf keine Antwort. Also sind andere aufgefordert, auf diese Frage den Versuch einer Antwort zu unternehmen. Diese Ausführungen sind hierzu ein erster Schritt.

A. Vogel

Realismus als Kategorie -
Gedanken zur Unausweichlichkeit des Bildes

Er sagt zu ihr: "Das ist nicht wahr",
und sie erwidert: "Doch, das ist wahr!"
Er verneint erneut, und sie beendet das 'Match' mit:
"Du wirst schon sehen!!!"

Ein Anschlag: Hier Broterwerb!
Wie meinen die das?
Kommt ein Arbeitsloser und ein Hungriger dazu: Beide grinsen!

"Die Leistung des Begriffes liegt darin, daß er mit einem einzigen Wort einen Ausschnitt des Ganzen für das Denken zugänglich macht"[1].

Die Sprache liefert also Bilder im übertragenen Sinne.

Bilder dagegen wirken unmittelbar anschaulich, bedürfen nicht des Begriffes als auslösendem Medium. Bilder sind ein anderes Medium.

Die Kunst beschäftigt sich nämlich immer schon mit dem Medium Bild und zwar ursächlich. - Meine Gedanken betreffen das alte Medium Bild, um das neuere Medium Fernsehen zu behandeln. Dabei möchte ich nichts beweisen, sondern etwas ausstreuen und muß nun wegen des Charakters des Auszustreuenden auf Bilder verzichten. (Die Tatsache einer Bebilderung nämlich wäre in ihrer Wirkung die eines Beweises.)

Fernsehen ist seit der Heiligsprechung der Fernsehaufzeichnung zum Universalheiligen Sankt Video einer erneuten Betrachtung würdig.
Leichte Handhabung, geringere Kosten im Vergleich zum Film sorgen für eine rasche Verbreitung und eine verbreiterte Nutzung. Vor allem aber aus Gründen der Gleichheit des technischen Systems von Video mit dem späteren Hauptabnehmer, dem gesendeten Fern-

sehen und der Video-Filmkonserve, rückt das Fernsehen durch Fürsprache ihres Heiligen in die Dimension eines 'neuen' Mediums.

Die kritische Auseinandersetzung mit dem Fernsehen und dessen Dauerkonsum ist meistens eine Diskussion über die Auswirkungen unterschiedlich starker Fernsehbelastung. Dabei interessiert, welche Sendungen z.B. Kinder sehen, oder eben besser, nicht sehen sollten.

Es werden die durch Fernsehen "erzeugten Verhaltensweisen" beleuchtet und schließlich für Erwachsene wie Kinder Alternativen ersonnen (Programme: diesmal andere!), um sie vom Fernsehen wegzubringen. - Man hofft dabei, so die Schäden des Fernsehkonsums unter Kontrolle bzw. überschaubar zu halten.

Meine Anmerkungen wollen dagegen die Machart von Fernsehsendungen vor Augen, zu Ohren führen. Nachrichten, Diskussionen, Filme, Western, Krimis, Dokumentarfilme, Reportagen und Spielfilme werden vermittelt - nicht die Regie oder das Drehbuch oder die Qualität der Darsteller, sondern die Art der Bilder interessiert mich, die in rasender Folge auf dem Bildschirm erscheinen.

Nicht (nur) die spannenden und fürchterlichen Themen sind es, die uns ver-bilden, sondern die Motive, in die diese Themen 'verbildert' sind.

Zur Erläuterung und Definition von Thema und Motiv:
Das Thema ist Liebe,
- das Motiv ein sich umarmendes Paar,
- oder der Kindlein um sich scharende Christus,
- oder der innige Dialog zweier Wellensittiche.

Das Thema ist Krieg,
- das Motiv eine zerfetzte Leiche,
- oder ein in der Entfernung durch ein zerschossenes Birkenwäldchen schleichender Panzer.

Das Thema ist Gewalt,
- das Motiv ein mit einem Sack überstülpter gefesselter Mann,
- oder eine zertretene Brille.

Welche Bilder gewählt werden, um für etwas zu stehen, ist wichtiger als die schlüssig zu verfolgende begriffliche Entwicklung des Stoffes.

Mich beschäftigt das, was bleibt, das Bild! -
Wer wen zuerst gereizt hat, der Böse den Guten/der Gute den Bösen? - damit zugeschlagen werden kann, das vergesse ich; aber wie das aussah, als sie Django mit den Pferdehufen die Finger zertraten, das verfolgt mich, unabhängig davon, ob das in der Geschichte zurecht oder zu Unrecht geschehen war.

Spätestens seit der Erfindung der Fotografie haben die Leute vergessen, daß wir Bilder im Kopf speichern können[2].

Erinnerung besteht aus einer immensen Galerie von Erinnerungsbildern, und ohne daß wir es vorzeigbar wissen, sind noch unzählige solcherErinnerungsbilder in einem uns zuweilen unbetretbaren Depot verborgen. Die Erinnerung speichert in Formen höchster Komplexität: höchste Komplexität der Information ist Bildern eigen.

Seit der Überschrift "Realismus als Kategorie" ist der Realismus offenbar eine entscheidende Größe: Der Realismus fungiert als Generalisierung, um dadurch allgemein verständlich zu werden. Der Realismus ist allen verständlich, weil er bei Bildern mit realistischem oder abbildlichem Charakter (Nachrichten, Western, Dokumentationsfilm ...) aus der Wahrnehmungserfahrung des Einzelnen schöpft, ist allen verständlich, weil er sich dieses Repertoires von Erfahrungen bedient, d.h. der Sprung in den Einzelnen ist damit erfolgt. Für ihn werden die Bilder unausweichlich wahr, weil in der eigenen Erfahrung verankert.
Diese realistischen Bilder sind im Feld unserer eigenen Wahrnehmungserfahrung als wahrscheinlich angesiedelt. Diese Bilder bereichern - vermeintlich! - unseren eigenen, angeblich gleichförmigen, sich wiederholenden Wahrnehmungsschatz um Bilder, um Szenen, die wir zwar selbst nicht so erleben, die aber alle Kennzeichen des "So-könnte-das-hier-und-mir-auch-passieren" besitzen.

Das Bild war immer ein Kunstbild: hergestellt, gemacht, gemalt! Seit der Erfindung der Fotografie nimmt die Anzahl der wie Naturbilder erscheinenden Bilder zu. Was wie ein Naturbild (also ein Bild aus einer uns möglichen Umgebung) aussieht, ist in Wirklichkeit ein Kunstbild; gemacht, nicht geworden. Also:

Auch das realistische Bild, das einfach von der Wirklichkeit genommen scheint, ist ein gemachtes Bild.

Das Bild/der Film löst einen Gedanken aus, den man für den aus der Bildfolge konsequent entstandenen, vor allem eigenen Gedanken hält. Aber das so trefflich eigen Erdachte folgt der Intention des Stoffes (zumeist); man hält die Situation für die möglich eigene, ja als eigentlich entwickelbare und ist hingegen ganz und gar abhängig vom Auslöser, dem Bild. Sein Realismus beweist uns seine Richtigkeit, aber dennoch ist das Bild selbst Werk des Autors [3].

Der realistische Charakter von Bildern/Filmen ermüdet die Distanz und Reflexion über das Gesehene, weil es so nahtlos eingliederbar ist als zwar besonderes, aber auch mir möglich widerfahrendes Ereignis, nahtlos eingliederbar in die Felder der eigenen realistischen Erfahrungen. Diese Wahrnehmung ist, wie die häufigsten im Alltag, allenfalls eine "orientierende Wahrnehmungsleistung , die unserem Lebensvollzug zugrundeliegt"[4], d.h. sie kommen oder bleiben nicht in der Region des durchdringend Bewußten. - Der Umgang mit unserer täglichen Umwelt ist nicht dauernd bildbewußt, sondern eher "orientierende Wahrnehmungsleistung" - die Vermischung von Gelebtem und Ferngesehenem ist programmiert in der Gleichartigkeit der Machart der Bilder.

Dem Realistischen mangelt es an undefinierbarem Spielraum; jener Spielraum, der vergleichbar einem freien Platz, der für viele Zwecke zur Verfügung steht, dann verschwindet, wenn der Platz überbestimmt wird durch Sanierungs- oder Verschönerungsmöblierung.

Natürlich ist die Situation im Film fiktiv, gespielt, inszeniert, gemacht, aber in der Schlüssigkeit des Realismus, der sich sozusagen in/mit sich selbst begründet, liegt der Grund für die Aufhebung der Grenze zwischen wirklicher Realität und gespieltem Realismus.

Leben und Fernsehen bedeutet eine Realitätsverdoppelung, die leider auch zu Verwechslungen führt. Eine Angleichung beider Realitätsebenen ist unvermeidbar. Wo hört die Darstellung auf, wo fängt die Realität an?

Es allen verständlich zu machen, erfolgt durch das fortgesetzte Wichtigmachen von Banalitäten: Bilder/Filme voller Alltag, aber eben irgendjemandes Alltag, biedern sich an mit ihrem auf unterster Ebene trivialisiertem Realismus; jenem Realismus nämlich, der die Fehlbarkeit des Helden, der die Pannen, der das Gerade-nocheinmal-Davongekommensein, das Menschliche einschließt.

Keinesfalls bemüht sich jemand um die Höflichkeit abstrahierender Distanz. Vielmehr wird uns die Wahrheit der Wirklichkeit um die Ohren - in die Augen - gehauen, und wir müssen mit dieser Tugend der Wahrhaftigkeit (des Fernsehens) fertig werden. Es ist unhöflich, immer gleich die Wahrheit gesagt zu bekommen, und kaum jemand verträgt die 'ganze' Wahrheit. So hilft, schützt er sich, indem er mit in den Wahrheiten wühlt, sich darin suhlt als Zuschauer, als Informierter, der erlebt bekommt. Höflichkeit wäre der mittelbare Ausdruck der Wahrheit, wäre eine Form von Wahrhaftigkeit [5].

Der Traum vom Besitz aller Informationen verzerrt sich zum Alptraum der nicht mehr verdaubaren Bilder. Wir bewältigen die gestrigen, indem wir glauben, sie durch die heutigen verdrängen zu können. Aber Bilder sind - anders als Worte - aus Gründen ihrer enorm hohen Information wie Kletten in unserem Gedächtnis. "Es ist schwer, sich gegen die Massivität und Einseitigkeit des Wirklichen zu behaupten" [6].
Eine Spätkultur verwirklicht den Traum des 'Urmenschen' - alles zu wissen, überall und zu jeder Zeit, aber die Wirklichkeit der Verwirklichung zerstört diesen Traum. Die Demokratisierung aller Informationen bringt ein Absinken auf ein niedrigstes Niveau mit sich.

Natürlich ist die Umsetzung aus dem Trivialen in eine Bildsprache ein Anspruch, der dieses niedrigste Niveau des total Verständlichen, der totalen Demokratisierung des Informationszuganges verläßt. Derartige Umsetzung hat etwas Anspruchsvolles, Elitäres an sich, aber Qualität hat ursprünglich und ursächlich mit dem Elitären zu tun:
'Elitäres' ist nicht einseitig gesellschaftlich zu verstehen; vielmehr möchte kaum jemand etwas schlecht machen. Selbst die

Understatement-Ideologie der Punk-Kultur möchte ihr 'Anti' gut machen. Alle (die meisten) wollen ihre Sache gut oder besser machen, für sich und vor anderen. Elitär sein ist also das Streben nach dem Besseren, das sich vom Schlechteren abhebt, ist also ein Ergebnis von Qualität.
Beiläufig: Man stelle sich vor, man säße erhöht über der Bundesrepublik und hörte das gleichzeitige Lachen aller Feierabendfernseher über ein Späßchen von 'Tim Woele'; alle gleichzeitig!' - Mir vergeht bei einer derartigen Verabsolutierung eines Maßstabes das Lachen. Außer der inhaltlichen, bildlichen Nivellierung wird - ganz nebenbei - auch eine gesellschaftliche vollzogen.

Fernsehen ist nicht nur durch seine Omnipräsenz, sondern auch durch die Machart seiner Bilder totalitärer als jedes politische Regime und so repressiv wie kein anderes Medium zuvor.

Das Fernsehen ist gekennzeichnet von der Art der Verarbeitung von Stoff zu Motiven, ist gekennzeichnet von seiner Art der Darstellungen. Die vorrangige Machart ist die realistische. - Zunächst ist das ein Vorzug, ist das die Eigenart der Fotografie, abbildlich zu sein. Aber Realismus als Dauerform regt nicht an, sondern benutzt uns: Okkupation und Hingabe!

Die Darstellung wird Maßstab für die eigene Realität. Die Verwechslung der beiden findet zwangsläufig statt. Die abbildliche Darstellung (das Bild) wird benutzt, um das objektive Bild einer neu erschaffenen, filmimmanenten Realität erstehen zu lassen. Diese filmimmanente Realität nähert sich der objektiven Wirklichkeit umso mehr, als sie lückenlos abbildlich ist - das Bild wird als Beweis für Wirklichkeit benutzt -:
- Allen zeigen wir das Foto von uns mit dem Eiffelturm.
- Die Presse entkräftet ein offizielles Dementi des "Wer mit wem" durch ein heimlich aufgenommenes Foto von der Prinzessin X mit ihrem neuen Freund - vom Blitzlicht überrascht.

Zwischen der Abbildung von Wirklichkeit und der Darstellung mit Hilfe des realistischen Bildes besteht kein Unterschied mehr. Wo ist die Grenze zwischen Fiktion, Manipulation und Wirklichkeit? Bewegt man sich schon in der Wirklichkeit, oder bewegt man sich noch in der Darstellung?
Bewegt man sich schon in der Wirklichkeit oder noch im System zur Vermittlung von Wirklichkeit?

Da in beiden die Elemente - die Bilder - gleich sind, ist letztlich keine Unterscheidung möglich. Es kann nicht mehr unterschieden werden zwischen eigenem Erlebnis und wahrscheinlicher Fiktion.

Der Betrachter "nimmt das (...) Abbild nicht als ein Bildmaterial, sondern als den präzisen, in jedem Fall eingefahrenen Widerschein gegebener Körperlichkeiten. Er kehrt also den Vorgang, wie eine Fiktion entsteht, um" [7].

Der Sinn des Wahrzunehmenden, die Bedeutung und die Bewertung des Wahrzunehmenden fallen im Realismus "augenscheinlich" zusammen. Sinn und Bewertung decken sich ohne Diskrepanz, denn Realismus und Kausalketten logischer Erklärung paaren sich leicht [8].

Fernsehen macht durch den wirklichen Charakter glauben, es spiele sich etwas aus einem Leben, ja aus dem eigenen Leben ab, obwohl das Betrachten einer Handlung - und das ist der Unterschied - keine selbständige Erfahrung der Handlung selbst ist. Vielmehr hat sie den Charakter einer durch ihren Realismus gerechtfertigten Belehrung, hat eine begründete Eindeutigkeit; - deswegen Okkupation (durch Fernsehen)! "So war es, so ist es, so ist es möglich."

"Die Formel" - die Zeichen auf einem flachen Viereck - "ist [wohl] sehr zweckmäßig, andererseits ist ihr eine gewisse Engbrüstigkeit nicht abzusprechen". Immer wieder ist es als Distanzbildung zu leisten, "auf den Widersprüchen zu beharren: zwischen dem gegebenen Viereck und dem, was er als räumliche und körperliche Metapher bevölkert", den Widerspruch zwischen der "Frontalität und den Greifbarkeiten" [9].

Auch an anderer Stelle nimmt man realistische Fakten hin: Beim Tod eines Nahestehenden tröstet man sich und wird getröstet mit der den Fakten entsprechenden Feststellung 'So sei das Leben eben' und 'das Leben gehe weiter'. Die Tatsache der Wirklichkeit wird mit der Tatsache der Wirklichkeit begründet.
Ganz im Unterschied zum Schauspiel, noch mehr zum Puppenspiel. Dort bleibt die Spannung zwischen betrachtender Distanz und hinreißender Fiktion gewahrt. Niemals wird die Puppe Abbild,

immer bleibt das Primat des Wortes, das in uns je eigene Bilder erzeugt, erhalten.

Unser Vorstellungsvermögen ist durch die Bildermengen in Bahnen gelenkt worden [10]. Die dauernde Überwältigung durch das Fernsehen erfolgt aufgrund, erfolgt mit Hilfe des Realismus der benutzten Bilder. Diese kann man ja nicht in Frage stellen, diese beweisen sich durch sich selbst, weil sie sich decken mit der hauptsächlichen Auffassung und Erfahrung von Welt. Es findet eine "Überwältigung durch Belehrung" [11] über die eigene Wirklichkeit statt.

Die Information läßt keine Lücke, auch wenn sie inzwischen beiläufig geworden ist, wie das Dauerplätschern des ersten Südfunkprogramms in der Hausdruckerei. - Den Stellenwert des willentlich aufgesuchten Ohrenerlebnisses (z.B. Konzert) hat es längst eingebüßt.
Information ist alles! Information ist Besitz! Früher waren Entwicklungen eingebunden in das System des Besitzens oder Nicht-Besitzens, und dazu hatte die Zivilisation jeweils Regeln entwickelt. Jetzt unterliegt es kaum mehr der willentlichen Entscheidung des Einzelnen, ob er besitzt oder nicht, denn er ist besessen. - Der Besitz von Gütern ist äußerlich; der Besitz von Information (gleich welcher Art) ist innerlich und unterliegt anderen Regeln.

Trotz des allgegenwärtigen Realismus sind wir dem Realitätsbetrug ausgesetzt: "Wir halten das Schrumpfbild der Mattscheibe für die Welt, nachgewiesen durch objektive Plattheiten. Das ferngesehene Bild ist so schwer zu widerlegen wie alles, was uns die zugreifende Vernunft unter, respektive über die Nase hält. Der Betrachter wird um die Zeit betrogen, die die Situation eigentlich braucht" [12].

Wir haben durch das Medium unser eigenes Tempo überschritten, und jetzt, da das Vehikel losgebunden ist, wird es beschleunigt, um anzukommen. Der unmerkliche Start bedingt ein Ziel. - Ist es die unausweichliche, totale Information, die sinn- und nutzlos wird?

"Schon das statische perspektivische Bild ist die Verflüchtigung eines Gegenwärtigen in eine Nicht-Hiesigkeit. Die Welt wird zweidimensional abgeplattet"[13] und wird zum leicht konsumierbaren Keks.

"Denken gehört nicht zu den darstellenden Künsten", sondern zu den vorstellenden und bildenden Künsten. "Das Fernsehen verlangt keine besonderen Fähigkeiten, und es entwickelt auch keine besonderen Fähigkeiten"[14]. Vielmehr oktroyiert es uns eine unausweichliche Auffassung durch Benutzung unausweichlicher Bilder. Realismus aber ist nur eine Machart von Bildern, aber sie wird durch ihren Dauereinsatz zur Kategorie schlechthin.

Anmerkungen:

1) Rudolf Zeitler: Die Kunst des 19.Jahrhunderts, in: Propyläen Kunstgeschichte. Berlin 1984, Band 11, S. 21

2) Vgl. dazu: Gerd Heidenreich: Die Nähe der Entfernung, Notizen einer Reise durch 3 sowjetische Städte, SDR 29.12.1985

3) Vgl. dazu: Max Frisch: Die Tagebücher 1946-1949, 1966-1971. Frankfurt a.M. 1983, S. 104,105,106

4) Walter Barth: Kunstbetrachtung als Wahrnehmungsübung im Kontextunterricht. Frankfurt/M., Bern, New York 1985, S. 15

5) Max Frisch, a.a.O., S. 51,52,53

6) Hartmut von Hentig: Das Leben mit der Aisthesis. Stuttgart 1969, S. 29

7) Hans Platschek: Das Privileg der Malerei, in Zeitschrift: Düsseldorfer Debatte 2/84, S. 43

8) Vgl. dazu: Wolfgang Iser: Der Akt des Lesens. München 1976, S. 14 ff., S. 244 ff.

9) Hans Platschek, a.a.O., S. 45

10) Vgl. dazu: Hans Platschek, a.a.O., S. 44

11) Walter Barth: a.a.O., S. 12

12) Christoph Stählin: Oblaten, aus Ferne gebacken, in: Stuttgarter Zeitung vom 6.4.1985, S. 50

13) Ebd.

14) Neil Postman, zitiert in: SDR, 12.2.1985, Journal am Morgen: Lesekultur - gibt es die noch?

H. Bredl

Welches Weltbild vermittelt die Film- und Vilmwirklichkeit?

Die nachstehenden Ausführungen sind ein Exzerpt der im Juli 1985 an der Pädagogischen Hochschule für die Diplomprüfung (Schulpädagogik) vorgelegten freien wissenschaftlichen Arbeit mit dem Titel "Von A (-pokalypse) bis Z (-ombies). Welches Weltbild vermittelt die Film- und Vilmwirklichkeit?" Schon die eigenwillige - nichtsdestotrotz in der Videobranche übliche - Schreibweise verweist auf den inhaltsanalytischen Schwerpunkt der Arbeit. Darüber hinaus war es ein zentrales Anliegen, auf bislang in diesem Bereich sozialwissenschaftlicher Untersuchungen nicht oder nur tangentiär vermerkte Problemstellungen hinzuweisen.
Ein zugegebenermaßen recht populistisch formuliertes Vorwort verweist auf diese erkenntnisleitenden Fragestellungen und beinhaltet ebenso relevante Hinweise auf Ergebnisse der Arbeit. Daher ist es diesem Exzerpt vorangestellt.
Es sei noch darauf verwiesen, daß die im dritten Kapitel der Zusammenfassung formulierten Thesen selbstredend in dieser Verkürzung so nicht immer unbedingt wissenschaftlichen Bestand haben können. Für einen Diskurs sei die Lektüre der vollständigen Arbeit angeraten.

Vorwort

Hanns Dieter Hüsch, der große, alte Mann des deutschen Kabaretts, stellt auf einer Live-LP drei Jahrzehnte seiner lyrischen Satire vor. Da die Häme der Kleinkunstbühnen sich stets in allen Varianten spöttischer Mäkelei über die kleinen und großen Mängel der politischen Größen und der kleinen Bürger ergießt, ist sie immer ein Stück Zeitgeschichte.
"Frieda und der Wilde Westen" heißt ein Stück der kabarettistischen Reise Hüschs durch die fünfziger Jahre. Eine Filmzeit, in der uns häufig ein geschriebener Vorspann in ein Geschehen einführte, das damit begann, daß ein undurchsichtiger Fremder sein Pferd vor dem Saloon festband. Das damit endete, daß das Gute und das Böse klischeehaft personifiziert sich beim "showdown on mainstreet" einfand, der mit konstanter Regelmäßigkeit mit dem Sieg von Recht und Gesetz endete.
Hüschs Satire auf die Trivial-Epen endet mit den Worten "Das Licht ging an, die Männer schlugen alle ihre Kragen hoch und die Damens (sie) sahen alle aus wie Yvonne de Carlo".
Die Zeiten der Richard Widmarks, der Waynes und der Robert Mitchums sind vorbei - und dies sei nun nicht in einem "Ach-ja-früher-Seufzer" bedauert. Doch die klischeehaften Handlungsstränge sind auch im Film unserer Tage erhalten geblieben. Ein "Django" vereinigt für den Zuschauer ebenso den Macho-Wahn wie es ein Audie Murphy konnte. "Mad Max" steht für die endlose Kette von Survival-Helden, die die Leinwand-Dramen füllen, seit es das Kino gibt. "Rambo" ist der Dschungel-Tarzan der achtziger Jahre, Arnold Schwarzenegger als "Conan, der Barbar" steht für archaische Mythengestalten, die uns in den klassischen Sagen begegneten, die, ebenso wie Karl Mays deutschtümelnde Fünfundsiebzig-Bände-Bibliothek, von kurzgeschorenen Buben der Nachkriegsära geradezu selbstverständlich verschlungen wurden.
Und wenn heute das Licht im Kino angeht, schlagen die Männer zwar nicht mehr ihre Kragen hoch und die Damen bewegen sich nicht mehr mit der dezent lasziven Nonchalance einer Bardame aus den Stuhlreihen, dafür knirschen die Lederjacken derer, die anschließend wie Mad Max oder irgendein anderer Apokalypse-Fighter auf der Enduro durchstarten oder das dynamische junge

Paar von heute zwängt sich in die Recaro-Sitze eines kleinen Wagens, an dessen Heck das "i" für "injection" steht.
Der Stand der Dinge, so also könnte man vermelden, ist der gleiche geblieben. Kino ist Kintopp, die Wirklichkeit kommt einem morgen sowieso wieder mit voller Wucht in Gestalt der Stechuhr entgegen, doch - trotzdem - schön wars, spannend und jetzt gehen wir noch ein Bier trinken. Die Welt der Leinwand also als Welt der Illusionen, in der dennoch jeder ein "reales" Husarenstück mit dem Billet erkaufen kann; eine Welt auch, aus der man schließlich wieder entlassen wird, daß auch die geisterhafteste Odyssee durch das Labyrinth der Ängste am Ende dann doch wieder im sonnendurchfluteten Hafen von Hellas enden wird.
Nichts von letzerem ist wahr. Wer an die Mär der Filmbranche glauben will, daß wir, abgesehen von den durch technische Innovationen bedingten special effects so etwas wie das "ewige" Kino vorgesetzt bekommen, wenn wir uns in ein 'Lichtspieltheater' begeben oder eine Kassette ins Video-Gerät legen, der hat entweder keine Ahnung davon, was uns der moderne Film präsentiert, zählt zu den 'Cineasten', die auch noch die größte Schweinerei oder Blasphemie für 'Kunst' deklarieren, wenn sie nur von einem Pasolini oder einem Achternbusch abgedreht wurde (mit sozialkritischem Anspruch, versteht sich) - oder aber gehören zur Gruppe der Spätteens und Twens, die mit 72 Prozent den größten Teil der 2,2 Millionen Kinobesucher pro Woche stellen und nichts so sehr schätzen wie "Action".
Wer nicht auf der allerbanalsten Ebene eines Vergleiches der Filmwirklichkeit gestern und heute verharren möchte, der kann nicht die Augen verschließen vor dem, was Millionen von Augen Woche für Woche fasziniert - eine Spulen- und Kassettenwelt, in der die Gewalt regiert in einer bis dato nie gekannten Art, in einem für den temporären Filmkonsumenten unvorstellbaren Ausmaß.
Helden sind gewiß Helden geblieben. Doch sie agieren mit derselben satanischen Grausamkeit wie ihre Gegenspieler, die das Böse personifizieren. Gewalt-Akribie und Gewalt-Permanenz sind die Ingredienzien des modernen Filmes.
Django zerschießt Köpfe, Mad Max durchschneidet Kehlen, Conan teilt die Gegner in Zeitlupe mit dem Schwert - und immer hält die Kamera in die offene Wunde.

Die Botschaft, die sich durch die, einst mit dem heute altmodisch klingenden und völlig unzulänglichen Attribut "spannend" belegt, permanent zieht, ist nur eine: ob archaisches Schlagetot-Spektakel, ob Gun-Fight-Orgie mit dem Rotations-MG im Westernstädtchen, ob Großstadtdschungel, in dem sich ein wölfischer Detektiv mit Namen Eastwood in Selbstjustizmanier sein Recht verschafft - die Welt ist überall und zu jeder Zeit grausam und bedrohlich und wer darin selbst nicht mit Killer-Methoden sich zur Wehr setzt, der fällt den Killern zum Opfer.
Es gibt kein Angstphänomen in uns, das von den Regisseuren nicht voyeuristisch ausgeleuchtet würde. Ob es die Kindheitstraumata sind in Gestalt von Ratten, die Angst vor dem Mörder im Fahrstuhl, ob es die Angst ist vor der Vertuschung von Atomkraft-Katastrophen, die Furcht vor der funktionalen, menschenverachtenden Ratio von Militärs oder der Gier nach wissenschaftlicher Reputation wahnsinniger Gen-Manipulatoren.
Es ist eine Welt, in der das Gute nicht mehr siegt in der Gestalt von Recht und Gesetz. Denn, wie uns beständig suggeriert wird, der Verlaß auf Rechtsstaatlichkeit ist nichts als eine Leer-Formel. Gesiegt wird von Vollstreckern, den "Exterminatoren", den "Liquidatoren", den "Terminatoren". Und sie siegen nur deshalb, weil sie die schnelleren und besseren Wölfe sind als die anderen zweibeinigen Bestien. Und gesiegt wird häufig genug nicht in einem happy-ending, sondern in einer Verschnaufpause. Nicht bis zur Fortsetzung in einem Teil II, sondern bis zum nächsten in Action-Manier abgedrehten Streifen. Wir werden aus den Filmen nicht mehr entlassen mit der Gewißheit, daß es nun genug ist, eine Gewißheit, die am Ende auch der spannendsten und aufregendsten Film-Spektakel der Vergangenheit stand. Wir werden heute aus dem Kino entlassen mit dem "killthrill" im Nacken.
All dies geschieht fast völlig unter Ausschluß einer kritischen Öffentlichkeit. Das Problem der Gewalt-Visualisierung hat sich bislang in der Printmedien-Diskussion und in den Aufsätzen der Sozialwissenschaftler ausschließlich als Video-Problem dargestellt. Und dieses wurde wiederum begriffen als Konsum von Kindern und Jugendlichen von sogenannten Horror-Filmen. Diese schließlich wurden unter dem Aspekt der Zombie-, Kannibalen- und

sonstiger Menschenschlächter-Filme nur gesehen.
Daß dies notwendig war, steht außer Zweifel. Nur: Filme dieses Horror-Genres hatten nur anfänglich, zu Beginn der Video-Welle (Ende der siebziger, Anfang der achtziger Jahre) einen einigermaßen signifikanten Marktanteil.
Heute kommt ihnen unter ökonomischen Aspekten nur noch Marginal-Charakter zu. Paralysiert durch die Presse, in der sich vom seriösen Wochenblatt bis zur Boulevard-Presse eine Blutspur fand, die Zombies und sich schließlich selbstzerfleischende Kannibalen zogen, die selbst ein Horror-Spektakel nach altbewährter, auflagensteigernder Marketing-Manier betrieb, glaubten landauf, landab die Leser an ein Problem, das das eigentliche nie war, sondern nur ein Symptom.
Zu Hunderten schienen 'Untersuchungen' dies zu bestätigen. "Pappa, Mamma, Zombie" hieß eine Fernsehsendung, die schon durch den Titel nachweisen sollte, daß Kleinkinder gewissermaßen mit der Muttermilch auch in filmischen Blutrausch verfallen. Der Titel hätte ebenso lauten können: "Pappa, Mamma, Idiot". Denn die Beherrschung eines negativ besetzten Vokabulars läßt noch lange nicht den zwingend notwendigen Schluß auf gelebte Erfahrung zu, genauso gut wird hier die Alltagserfahrung bestätigt, daß Kinder durch die verschiedensten Sozialkontakte ein Vokabular mit nach Hause bringen, über das die Eltern nur die Köpfe schütteln können. Die durch den Titel suggerierte These vom generellen Zombiefilmkonsum der Kinder wurde im übrigen denn auch nicht belegt.
Überall wurden, wie der Medienforscher Zielinski höhnisch vermerkt, Jugendliche vor die Mikrofone "gezerrt", um zu bestätigen, daß sie schon Zombie-Filme gesehen haben. Konsequenterweise glaubte man dem Kannibalismus auf Kassette ein Ende bereiten zu können, in dem man ein neues Jugendschutzgesetz verabschiedete. Nun gibt es nicht einmal mehr einen Shop-in-shop-Verleih für indizierte Filme bzw. für Filme, die von FSK ab 18 freigegeben sind.
Doch es wird auch fürderhin für Jugendliche dennoch kein Problem sein, an Filme heranzukommen, die für sie verboten sind. So wie es auch künftig für sie kein Problem sein wird, in Mad Max III im Kino zu kommen oder in den neuen Rambo-Film.

Wie leicht beides ist, belegen die Ergebnisse der Gmünder Untersuchung.
Was ernsthafte Beobachter der Video-Szene und erst recht die den Horror-Meldungen der Presse glaubende breite Öffentlichkeit ("Nach Porno-Videos Frau zerstückelt") übersah - das Video-Problem ist das Problem der Gewaltvisualisierung des Filmes schlechthin. Fast hundert Prozent der Video-Filme sind Filme, die für das Kino produziert wurden. Eine kritische Medien-Analyse darf also nicht beim mittlerweile bedeutungslosen Zombie-Film stehenbleiben (es spricht im übrigen viel dafür , daß diese Streifen von Jugendlichen in einer Video-Anfangsphase konsumiert werden, weil "eben jeder davon erzählt hat und man so etwas auch einmal gesehen haben muß") - sie muß in einer Film-Analyse schlechthin ansetzen.
So wurde die Wirklichkeit, das Weltbild, das uns die Film- und damit die Vilmwirklichkeit präsentiert, der zentrale Aspekt der vorliegenden Arbeit. Zum Gegenstand der öffentlichen, der politischen Diskussion muß der GA-Film (Gewalt-Action) gemacht werden. Denn er ist die eigentliche Bedrohung nicht nur für Kinder und Jugendliche, sondern für uns alle. Wenn es stimmt, daß ökonomische und ästhetische Produktion einer Gesellschaft Ausdruck des Befundes eben dieser sind, ist die unsere eine der Gewalt-Permanenz und der Gewalt-Akzeptanz. Wenn dem aber so ist und der Film nur Spiegelbild einer Entwicklung, so haben wir einen Werte-Wandel, eine Werteverschiebung beängstigenden Ausmaßes erfahren.
Die formalen Finessen und die inhaltlichen Aspekte der Filmwelt aufzuzeigen, war mein Anliegen. Über dreihundert Video-Kassetten wurden dazu in einem Zeitraum von drei Jahren ausgewertet. Diese mühselige und immer wieder deprimierende Arbeit zeitigte zum Teil traumatische Effekte: es ist mir heute unmöglich, Vergewaltigungsszenen in irgendeiner Form im Film anzusehen.
Die Untersuchung im Kapitel II muß als Anhang zum ersten Teil gesehen werden. Sie belegt, daß die 'Zombie-Ära' der Anfangszeit des Home-Video zuzurechnen ist. Sie belegt aber vor allem, daß unsere Kinder das sehen, wovon im Kapitel I geschrieben wird, worüber aber in der Presse oder im Fernsehen nichts zu

lesen und zu hören ist.
Nicht nur die Spurensuche nach den Elementen des apokalyptischen Bildes, das der Film uns zeichnet, der zentrale erste Teil meiner Ausführungen ließ in mir den Entschluß reifen einen weiteren, dritten Teil in die Arbeit aufzunehmen. Die Befragung Gmünder Realschüler erbrachte für mich das völlig überraschende Ergebnis, daß Jugendliche in ihrer Popularitätsskala zwar den Action-Film durchweg mit den höchsten Rangpunkten versehen, daß sie aber Gewalt in der Form, wie sie uns der moderne Film permanent vorführt, ablehnen.
So drängt sich der Verdacht auf, daß es im Grunde die Erwachsenen sind, die hinter dem von ihnen aufgestellten Wertekodex herhinken und nicht die angeblich nach Gewalt gierende Jugend. Sie hat internalisiert, zumindest als positives Gegenbild zur filmischen und realen Welt, was wir ihnen als "positiv" und "richtig" pausenlos vorgebetet haben. Nun lassen wir sie mit diesem 'Überbau' allein, nun lassen wir es zu, daß der Film eine Welt schafft, die wir nicht wollen.
Wir können dem nur begegnen, wenn wir, wie in den neun Schluß-Thesen postuliert, den Mut haben Standpunkte zu beziehen. Das heißt Wertsetzungen treffen. Dabei geht es nicht um die restaurative Etablierung von Sekundärtugenden.
Für die Pädagogik als Wissenschaft bedeutet dies Identitätssuche jenseits eines empirisch-positivistischen Verständnisses. Wer nach einer ethischen Erkenntnis sucht, begibt sich in Gefahr der 'Vorwissenschaftlichkeit' bezichtigt zu werden. Ich habe mich in meinen neun Thesen bewußt in diese begeben, weil es zu meinem 'erkenntnisleitenden Interesse' gehört, nicht länger auf Grund des naturwissenschaftlich geprägten Verständnisses von Wissenschaft als objektivierbarem Logizismus vor Medienmachern zu resignieren, die höhnisch meinen: Man möge doch, bitteschön, beweisen, bei all den widersprüchlichen Wirkungshypothesen, daß das Betrachten von Gewalt im Film irgendeine negative Auswirkung hat.
Entweder beweisen wir, daß die Welt eine andere ist, als die all der Eastwoods und all der Exterminatoren - und das können wir nur, wenn wir um neue, dem Technologie-Zeitalter adäquate Werte ringen, diese leben und damit den Kindern und uns selbst Orientierung geben - oder wir melden den Bankrott der Erziehung an.

Zum Kategorisierungsproblem des Videomarktes

In der Literatur, die sich mit dem Konsum von Kassetten-Filmen befaßt, als auch in den Materialien des Video-Software-Marktes und in den Schriften der Bundesprüfungsstelle (BPS-Report) wird der Terminus "Action-Film" benutzt, um ein spezifisches Film-Genre auszuweisen. Dabei wird dieses gleichgesetzt mit dem "Abenteuerfilm" oder als solcher verstanden; er findet sich wieder mit Horror- und Kriegsfilmen in einer Kategorisierungssparte; er verbirgt sich schließlich als Subsumption unter dem Begriff "Spielfilm" oder er läuft einfach unter "andere Filme".

Durch die inhaltliche Fixierung auf die besonders eklatanten Beispiele blutrünstiger Filme (Kannibalen- und Zombie-Filme, Horror-Filme) schien in der Beschäftigung mit dem Video-Markt - und diese ging in erster Linie durchweg von den stets gleichen Grundfragen aus: Was sehen Kinder? Wie ist das möglich? - keine Notwendigkeit geboten, einem "Sonderproblem" nachzugehen, das keines war, sondern das z e n t r a l e schlechthin und das da "Action" heißt.
Dabei kommt dem "Action-Film" eben nicht als eigenständigem Genre diese Bedeutung zu, sondern als P R I N Z I P , mit dem der moderne Film unserer Tage gedreht werden muß, soll er Erfolg haben. Dieses Prinzip besteht in einer permanenten Abfolge von Szenen, in denen akribisch und auf eine bis dato nicht gekannte Weise Gewalt dargestellt wird.
Ähnlich wie das Nichterkennen oder die Negierung der Action-Problematik wurde im Bereich der sozialwissenschaftlichen Analysen des Video-Bereiches ein weiterer signifikanter Fehler gemacht: die undifferenzierte Betrachtung des Genres "Horror" berücksichtigte nicht, daß die Gefahren für die Rezeption und die daraus resultierenden möglichen Wirkungen bei weitem nicht nur in Menschenschlächter- und Menschenfresserfilmen liegen.

Das Stieren auf diesen "Video-Müll" (Zielinski), die "Entlarvung" des Video-KZ-Syndroms (Kannibalen- und Zombie-Filme) ließ im kollektiven Empörungstrend den beruhigenden Trugschluß zu, daß hier vornehmlich Subgruppen zugange seien - eine statistische Relevanz im Sinne einer gesamtgesellschaftlichen Konsumierung nicht zu verzeichnen sei. Die Video-Problematik wurde zu einer Horror-Problematik verengt. Die 'neue Eigent-

lichkeit' des modernen Films, das Action-Prinzip, wurde so aus der wissenschaftlichen und öffentlichen Diskussion ausgeklammert und ließ sich unter dem schirmenden Deckmantel unverdächtig erscheinender Genres (Abenteuer-, Spiel-, Westernfilm) forcieren und uneingeschränkt fortsetzen.
Daran änderte auch der partielle Zugriff der BPS nichts durch gelegentliche Indizierungen, weil in diesem Feld durch die Medien keine Öffentlichkeit geschaffen wurde, die den Gesetzgeber hätte veranlassen können, hier einzuschreiten. Dazu kam, daß die 'Selbstindizierung' von Videothekaren, die mit dem abflauenden Boom der Zombie-, Kannibalen- und sonstigen Schlächterfilme diese Streifen von sich aus aus den Regalen nahmen, durch die Erschwerung des Zugriffs auf indizierte Filme durch Sonderräume in den Videotheken (auf Grund des neuen Jugendschutzgesetzes), Verschleierungs- und Verharmlosungstaktiken der Branche, die zu einem Kategorisierungswirrwarr führten, durch versiegende Horror-Meldungen in den Medien - durch all dies man sich als 'Fazit' in dem Glauben wiegte, daß die öffentliche Empörung in der ersten Hälfte der achtziger Jahre positive Folgen gezeitigt habe. Das Video-Problem war keines mehr und wurde ad acta gelegt. Das Gewalt-Problem des modernen Filmes blieb.

ACTION - der Stoff, aus dem die Filme sind

Erklärbar wird die Dominanz der Gewalt im Film durch eine prinzipielle Strukturänderung des Handlungsablaufes mit der Intendierung, Spannung nicht nur mehr systematisch kumulierend aufzubauen, sondern permanent zu erzeugen. Während die Leinwand-Produkte der Vergangenheit nach dem Schema des Klassischen Dramas (Exposition, Verwicklung, Höhepunkt, Katharsis) konzipiert waren, kennzeichnet das Action-Prinzip die Dauerfolge von "Highlights", das beständige Aneinanderreihen von dramatischen Höhepunkten. So sind in der Science-Fiction-Vision "Terminator" (mit Arnold Schwarzenegger in der Hauptrolle) von 112 Minuten Filmlänge lediglich 16 (!) Minuten nicht dadurch geprägt, daß Spannung im Sinne von Gewaltvisualisierung erzeugt wird bzw. daß mit dem Geschehen in einer Szene nicht unmittelbar als Nächstes antizipiert wird. Es bleibt keine Zeit zu einer Ent-

wicklung einer Verwicklung, die Verwicklung selbst ist das Thema und verwickelt werden die Akteure in den Dauerkampf mit personaler Gewalt, und der Betrachter wird eingebettet in permanenten "thrill". Das Leben besteht aus Abnormitäten, und das Normale ist die Ausnahme.
"Action" wurde so das Meta-Prinzip des Filmes unserer Tage, und da dies synonym für Spannung gesetzt wird, diese wiederum aus der Gewalt lebt, wurde das Action-Prinzip und damit die Gewalt zum Selbstzweck.
Nach diesem Prinzip sind ganz neue Genres entstanden (die aber bei den Kategorisierungen des Video-Marktes eben als eigenständige nicht ausgewiesen werden). Sie sind präzedente Exempla für Gewalt-Permanenz und Gewalt-Akribie: Einzelkämpfer-Filme ("Rambo"), Apokalypse-Fighters ("Stryker", "Mad Max"), Selbstjustiz-Filme ("Ein Mann sieht rot"), Chuck-Norris-Filme ("Octagon"), Barbaren-Filme ("Conan, der Zerstörer"), Banden-Filme ("The wanderers"), Karate-Filme ("Die 18 Bronzekämpfer"), Ninja-Filme ("Ninja, the master"), der Action-Western ("Django"), Söldner-Filme ("Megaforce"), Animal-Killer ("The Doberman-Gang"), nach dem Action-Prinzip gedrehte, nicht eindeutig in die genannten Kategorien einzuordnende Filme, etwa Kriminalfilme (sonstige) oder Abenteuerfilme ("Flug des Adlers", "Nur 48 Stunden").
Es bleibt noch anzumerken, daß mittlerweile auch schon begonnen wurde Filme, die man mit dem antiquierten Terminus "Unterhaltungsfilme" kategorisiert, nach dem Action-Prinzip (in seiner Gewalt-Dimension) zu drehen. Präzedentes Beispiel hierfür wäre der US-Streifen (1985) "Kopfüber in die Nacht". In die durchaus amüsante Rahmenhandlung werden Szenen von ungeheurer Brutalität eingestreut (der durch eine Kugel zerfetzte Kopf eines Mitgliedes einer iranischen Killer-Gang spritzt als blutiger Brei gegen eine Wand).

Die Gmünder Untersuchung

Im Dezember 1984 wurden 448 Schülerinnen und Schüler der Schiller-Realschule (Klasse 8 und 10) gebeten, den der Arbeit (auf die sich das hier vorliegende Exzerpt bezieht) zugrundeliegenden Fragebogen auszufüllen. Nach dem schriftlichen Einverständnis der Eltern nahmen 386 Schüler an der Befragung teil. Ausgewertet werden konnten 320 Fragebögen (jeweils 160 Mädchen bzw. 160 Jungen).
Die Recorder-Dichte in den Haushalten, aus denen die Schüler kommen, lag damals bei 20,3 Prozent und damit über dem Bundesdurchschnitt von 13 Prozent.
Die Zahl der Befragten reduzierte sich schließlich auf 303 (Zahl der Schüler, deren Bögen ausgewertet werden konnten und die über Erfahrungen mit dem Videokonsum verfügten; der statistischen Einfachheit halber wurde mit 302 Bögen, jeweils zur Hälfte männliche und weibliche Probanden) gearbeitet.
Bei der Erhebung des Videokassetten-Konsums (VCK) der Probanden (P) konnte festgestellt werden: durchschnittlich wurden zwischen 10 und 15 Videofilme gesehen. Der VCK war zu einem integralen Bestandteil der Freizeitgestaltung (hinsichtlich des Medienkonsums) geworden.
Einen VF (Videofilm) sieht der Schüler am liebsten innerhalb eines Bezugssystems, der Freundesgruppe. Der VCK ist ein Gemeinschaftserlebnis, dessen interaktionale Komponenten ein emotionales Auffangen (Erleben des "thrill" in jedweder Form) und Bestätigung im Gleichklang der Emotionen ermöglichen.
Die Filme, die in den Recorder gelegt werden, werden in der Hauptsache von älteren Geschwistern oder Freunden ausgeliehen. Hier liegt eine Erklärung für die Tatsache, daß Jugendliche Zugang zu VF haben, der ihnen auf Grund der Alters- bzw. Index-Restriktionen verboten ist.
Bemerkenswert ist ein weiteres Ergebnis der Befragung: es wurden 78-Verleih-Vorgänge (von den befragten Schülern selbst ausgeliehene Filme) festgestellt, die in das Horror-Genre bzw. in den Bereich der GA (Gewalt-Action) Filme fallen (5 weitere sogar in den Bereich der pornographischen Filme).
Zudem ließ sich dem Befragungsbefund eindeutig entnehmen, daß

Jugendliche über den VCK Zugang zu allen GA- und Horrorgruppen haben. Der VCK der Probanden entspricht dem VCK des allgemeinen Marktes, d.h. die "Hits" der in der Untersuchung erfaßten Filme entsprechen den Rennern des Video-Marktes des Jahres 1983/84 ("Rambo", "Die Wildgänse kommen", "Die Klasse von 1984" etc.). Und 37,6 Prozent aller P haben schon einen pornographischen Film gesehen, 29,3 Prozent der befragten Schüler in Klasse 10 haben gar schon mehrere gesehen.
Bei einer kategorialen Auflistung der Video-Filme (wobei die Kategorie Action nicht weiter subsumiert wurde, ebenso die Sparte Horror nicht), nahm der Action-Film unabhängig von Klassenstufe und Geschlecht den ersten Platz ein. Das gleiche gilt auch für das Ergebnis zur Frage, welche Filme denn im Kino am liebsten gesehen werden.
Bei VCK folgen auf den Plätzen 2, 3 usw. Western, Horror, Söldner, Karate, Zombies.
Auf der Suche nach einer attributiven Rangreihe (mehrere Items konnten angekreuzt werden), konnte festgestellt werden, daß bei den weiblichen (wP) Probanden und den männlichen (mP) das Item "spannend" an erster stelle steht. Weit dahinter folgen "gruselig", "brutal" und "Sex".
Das I (Item) "brutal" kam dabei bei den mP auf 36,1 % (total), bei den wP dagegen nur auf 11,2 % (total). Einen ähnlich hohen Unterschied ergab die Frage nach dem I "Sex": 30,2 % total mP, jedoch nur 13,9 % total wP.
Die Frage 16.0 war die problematischste, aber zugleich in ihrem Ergebnis aufschlußreichste der Untersuchung. Hier wurde (zum erstenmal im Rahmen einer Untersuchung von Jugendlichen hinsichtlich ihres VCK bzw. generellen Filmkonsums) danach geforscht, welche Form der Gewaltdarstellung welchen Grad der Appetenz bzw. Aversion findet.
Ausgangspunkt bildete dafür (für die Items der Frage 16, die sich im nachfolgenden Auszug der Arbeit finden) die Frage, ob es tatsächlich so ist, daß der junge Film-Konsument, gleich ob er es mit der Video- oder Kino-Wirklichkeitzu tun hat (die ja fast hundertprozentig identisch sind) auch Spannung in der

Form erleben, wie man sie ihm präsentiert; filmtechnisch raffiniert als Action-Menü zubereitet? Existiert die Gewalt im Action-Film deshalb, weil der "Markt", sprich der Filmbetrachter, es so will - oder ist sie nur eine Folge eines allgemeinen Werteverlustes der uns nun als "Freiheit der Kreativität", gar als "Kunst" im Film entgegentritt. Gepaart mit den computergesteuerten "special effects Wurde hier so synthetisch ein Markt geschaffen, der in einem Umkehr schluß nun seine Legitimation aus den angeblichen Bedürfnissen (Logik der Werbe-Branche) des Publikums nach dem Action-Kino bezieh

Die folgenden Seiten geben einen Überblick über die Ergebnisse.

Item	8w	9w	10w	w gesamt	8m	9m	10 m	m gesamt	I tot
16.1 Kugel zerfetzt...	3	14	14	31	21	24	23	68	99
16.2 Kehle durchschneiden	5	12	6	23	17	20	13	50	73
16.3 jmd. erwürgen	17	21	29	67	36	31	33	100	167
16.4 jmd. niederschlagen	29	36	36	71	39	41	46	126	227
16.5 jmd. auffressen	4	5	4	13	11	12	8	31	44
16.6 jmd. zerstückeln	3	4	2	9	12	10	10	32	41
16.7 jmd. vergewaltigen	12	10	6	28	19	16	23	58	86
16.8 Geschlechtsverkehr	10	13	24	47	27	18	33	78	125
16.9 Kopf abhacken	4	4	3	11	10	17	16	43	54
16.9.1 jmd. überfahren	19	12	14	45	34	33	32	99	144
16.9.2 jmd. aufspießen	2	6	6	14	16	16	18	50	64
16.9.3 jmd. foltern	7	13	5	25	21	23	18	62	87
16.9.4 jmd. erhängen	18	25	21	64	31	31	38	100	164
16.9.5 jmd. ertränken	16	22	21	59	32	27	29	88	147
N = 3o3/NwP = 151/NmP = 152									

Erläuterung: Lies (Bsp. I 16.1): 3 wP (Klasse 8) finden nichts dabei, sich dies in einem Film anzusehen bzw. dies in einem Film zu zeigen. Die Gesamtheit aller wP, die dieser Ansicht ist, beträgt 31 (N=151) oder 20,5 %. Die Ergebnisse für die mP sind entsprechend zu lesen (N=152). Das Item 16.1 erhielt eine Gesamtakzeptanz (total) von 99 (N=303)

Item	8w	9w	10w	w gesamt	8m	9m	10 m	m gesamt	I total
16.1 Kugel zerfetzt...	3	14	14	31	21	24	23	68	99
16.2 Kehle durchschneiden	5	12	6	23	17	20	13	50	73
16.3 jmd. erwürgen	17	21	29	67	36	31	33	100	167
16.4 jmd. niederschlagen	29	36	36	71	39	41	46	126	227
16.5 jmd. auffressen	4	5	4	13	11	12	8	31	44
16.6 jmd. zerstückeln	3	4	2	9	12	10	10	32	41
16.7 jmd. vergewaltigen	12	10	6	28	19	16	23	58	86
16.8 Geschlechtsverkehr	10	13	24	47	27	18	33	78	125
16.9 Kopf abhacken	4	4	3	11	10	17	16	43	54
16.9.1 jmd. überfahren	19	12	14	45	34	33	32	99	144
16.9.2 jmd. aufspießen	2	6	6	14	16	16	18	50	64
16.9.3 jmd. foltern	7	13	5	25	21	23	18	62	87
16.9.4 jmd. erhängen	18	25	21	64	31	31	38	100	164
16.9.5 jmd. ertränken	16	22	21	59	32	27	29	88	147

N = 3o3/NwP = 151/NmP = 152

E wP ("Rangreihe" der Gewaltakzeptanz) - im Vergleich zu - E mP ("Rangreihe" der Gewaltakzeptanz)

PL	I		Z		PL	I		Z
				E				
1	16.4	jmd. niederschlagen	71	R	1	16.4	jmd. niederschlagen	126
2	16.3	jmd. erwürgen	67	E GI	2	16.3	jmd. erwürgen	100
3	16.9.4	jmd.erhängen	64	D	2	16.9.4	jmd. erhängen	100
4	16.9.5	jmd. ertränken	59	E	3	16.9.1	jmd. überfahren	99
5	16.8	Geschlechtsverkehr	47	I	4	16.9.5	jmd. ertränken	88
6	16.9.1	jmd. überfahren	45	N	5	16.8	Geschlechtsverkehr	78
7	16.1	Kugel zerfetzt...	31	(Gewaltintensität) X	6	16.1	Kugel zerfetzt...	68
8	16.7	jmd. vergewaltigen	28		7	16.9.3	jmd. foltern	62
9	16.9.4	jmd. foltern	25		8	16.7	jmd. vergewaltigen	58
10	16.2	jmd. die Kehle durchs.	23	GI	9	16.9.2	jmd. aufspießen	50
11	16.9.2	jmd. aufspießen	14	E	9	16.2	jmd. die Kehle durchs.	50
12	16.5	jmd. auffressen	13	H	10	16.9	jmd. Kopf abhacken	43
13	16.9	Kopf abhacken	11	O	11	16.6	jmd. zerstückeln	32
14	16.6	jmd. zerstückeln	9	H	12	16.5	jmd. auffressen	31
			507					985

A 1

Die Gesamtpunktzahl (Z) - identisch mit der Zahl der Probanden, die sich für eine Akzeptanz der diversen Items entschieden hat - betrug bei allen wP 507. Theoretisch möglich:Höchstzahl (151(= GZ der P)x 14(= Zahl der Items)von 2114.

Der Durchschnittswert pro Item bei den wP lag somit bei 36,2 - d.h. rein statistisch haben 36,2 Schülerinnen (23,9 % aller wP) jedes Item akzeptiert.

Das heißt aber auch, daß 115 (114,8) Schülerinnen jedes Item ablehnen (= 76 %)

DIE MEHRHEIT ALLER WEIBLICHEN PROBANDEN LEHNT ALLE AUFGEFÜHRTEN FORMEN DER GEWALT-DARSTELLUNG (bzw. die Visualisierung des Geschlechtsverkehrs) AB, WILL SICH DAS NICHT ANSEHEN UND SPRICHT SICH AUCH DAGEGEN AUS, DASS DIES IN FILMEN ÜBERHAUPT GEZEIGT WIRD.

A 2

Unterteilt man die Items in solche mit relativ hoher Gewalt-Intensität (Platz 7 bis 14) und solche mit relativ geringerer Gewalt-Intensität (Platz 1,2,3,4,6 - Platz 5 = Geschlechtsverkehr ausklammernd), so ergibt sich:

Akzeptanz (Platz 1 - 6, 5 ausgeklammert) der Items mit relativ geringer Gewalt-Intensität: 61,2 wP/Item (40,5 %)

Die Ablehnung beträgt 89,8 wP/Item (59,4 %)

Akzeptanz (Platz 7 - 14) der Items mit relativ hoher Gewalt-Intensität: 19,3 wP/Item (12,7 %).

Die Ablehnung beträgt 131,7 wP/Item (87,2 %)

Je höher die Intensität der Gewalt, desto stärker ist bei den weiblichen Probanden die Ablehnung.

A 3

Das Item 16.8 (Geschlechtsverkehr) erfährt eine Akzeptanz von 45 (29,8 %) bzw. eine Ablehnung von 106 der wP (70,1 %).

A 4

Die Z betrug bei den mP insgesamt 985. Theoretisch möglich: Höchstzahl (152(= GZ der P) x 14 (= Zahl der Items) von 2128.

Der Durchschnittswert pro Item bei den mP lag somit bei 70,4 - d.h. rein statistisch haben 70,4 Schüler (46,3 %) jedes Item akzeptiert.

Das heißt aber auch, daß 82 männliche Probanden (81,6) jedes Item ablehnen (= 53,6 %).

DIE MEHRHEIT ALLER MÄNNLICHEN PROBANDEN LEHNT ALLE AUFGEFÜHRTEN FORMEN DER GEWALT-DARSTELLUNG (bzw. die Visualisierung des Geschlechtsverkehrs) AB, WILL SICH DAS NICHT ANSEHEN UND SPRICHT SICH AUCH DAGEGEN AUS, DASS DIES IN FILMEN ÜBERHAUPT GEZEIGT WIRD.

A 5

Dennoch liegt die Gewalt-Akzeptanz bei Jungen höher als bei Mädchen (mögliche Abweichung pro Item: jeweils 3,o3 %)

Unterteilt man die Items in solche mit relativ hoher Gewalt-Intensität (Platz 1 - 4, Platz 5 = Geschlechtsverkehr ausklammernd) und solche mit relativ geringer Gewalt-Intensität, so ergibt sich:

Akzeptanz (Platz 1 - 4, 5 ausgeklammert) der Items mit relativ geringer Gewalt-Intensität: 128,3 mP/Item (84,4%).

Die Ablehnung beträgt 23,8 mP/Item (15,6 %).

Akzeptanz (Platz 6 - 14) der Items mit relativ hoher Gewalt-Intensität: 49,3 mP/Item (32,4 %).

Die Ablehnung beträgt 107,8 mP/Item (67,6 %).

Die Gewalt-Akzeptanz bei den mP ist bei den Items mit relativ geringer Gewalt-Intensität höher als die Ablehnung, bei den Items mit relativ hoher GI (Gewalt-Intensität) ist die Ablehnung weit höher als die Akzeptanz.

Insagesamt kann auch für die mP festgestellt werden:

Je höher die Intensität der Gewalt, desto stärker ist die Ablehnung.

A 6

Das Item 16.8 (Geschlechtsverkehr) erfährt bei den Jungen eine höhere Akzeptanz (78 mP = 51,3 %) als bei den Mädchen (29,8 %). Ebenso das Item 16.7 (jemand vergewaltigen). Es erhielt bei den wP eine Akzeptanz von 28 (18,5 %), bei den mP jedoch 58 (38,2 %).

E wP + mP ("Rangreihe" der Gewaltakzeptanz total)

PL	I	Z	% (303 = 100 %)
1	16.4 jmd. niederschlagen	227	74,9
2	16.3 jmd. erwürgen	167	55,1
3	16.9.4 jmd. erhängen	164	54,1
4	16.9.5 jmd. ertränken	147	48,5
5	16.9.1 jmd. überfahren	144	47,5
6	16.8 Geschlechtsverkehr	125	41,2
7	16.1 Kugel zerfetzt...	99	32,6
8	16.9.3 jmd. foltern	87	28,7
9	16.7 jmd. vergewaltigen	86	28,3
10	16.2 jmd. die Kehle durchs.	73	24,0
11	16.9.2 jmd. aufspießen	64	21,1
12	16.9 Kopf abhacken	54	17,8
13	16.5 jmd. auffressen	44	14,5
	Totaler I-Wert: (möglich: 4242)	1522 =	35,8

A 7

Die Z (total) betrug bei wP + mP 1522. Der Durchschnittswert pro Item lag somit bei allen Probanden bei 108,7 P. Das heißt, daß rein statistisch 108,7 Schüler (m+w) jedes Item akzeptieren (35,8 %).
Das heißt aber auch, daß 194 Probanden (194,3) jedes Item ablehnen (64,2 %).
Der mittlere Unterschied liegt bei 85,6 P (28,2 %), d.h. im Durchschnitt lehnen 28,2 % der Probanden ein Item mehr ab, als daß sie es akzeptieren.

Die Ergebnisse aus 16.0 belegen:

DIE MEHRHEIT ALLER PROBANDEN LEHNT ALLE AUFGEFÜHRTEN FORMEN DER GEWALT-DARSTELLUNG (bzw. die Visualisierung des Geschlechtsverkehrs) AB, WILL SICH DAS NICHT ANSEHEN UND

SPRICHT SICH AUCH DAGEGEN AUS, DASS DIES IN FILMEN ÜBERHAUPT GEZEIGT WIRD.
MIT DER ZUNAHME DER GEWALT-INTENSITÄT SINKT AUCH DIE BEREITSCHAFT, DIES ZU AKZEPTIEREN (JE HÖHER DIE INTENSITÄT DER GEWALT, DESTO STÄRKER IST DIE ABLEHNUNG).

Dies ist ein Schlag gegen die Vertreter der These, daß eine zusehends nach Gewalt gierende Jugend heranwächst, der man nur durch eine "härtere Gangart", sprich durch die besagte Renaissance der Sekundärtugenden begegnen kann. Es ist paradox: die Film- und Vilm-Wirklichkeit wird so eigentlich gar nicht gewollt und der Normen-Kodex (s.S. 153), der von den Erziehern in Abrede gestellt wird und von den Jugendlichen abgelehnt wird, wird er normativ verbalisiert, scheint unbewußt vorhanden und (zumindest bei den Befragten) intakt zu sein.
Vereinfacht gesagt: Jugendliche wissen sehr wohl, daß die in den Filmen gezeigten Gewalt-Darstellungen negativ zu bewerten sind.Nur wird wohl niemand von einem 15-, 16- oder 18jährigen verlangen wollen, daß er dagegen in der Öffentlichkeit Front macht.
Das erzieherische Problem, aber auch die pädagogische Chance liegen auf der Hand: akzeptieren wir die neue Filmwirklichkeit als "normative Kraft des Faktischen", das heißt im Klartext: wollen wir einfach davon wegsehen, wo andere (angeblich) hinsehen wollen? Wollen wir also nicht sehen, daß das Gewalt-Problem des Filmes ein ganz anderes ist als bisher vermutet? Wollen wir uns der neuen Gewaltdiskussion und damit der neuen Werte-Diskussion nicht stellen? Oder entscheiden wir uns für ein anderes erzieherisches Wirken (was aber in der Konsequenz auch eine Veränderung des eigenen Medienkonsums bedeutet) und ein politisches Engagement, das unbequeme, ja "unzeitgemäße" Fragen nach "Moral" und Verantwortung aufwirft und Fragen nach den Interessen einer ganzen Industrie, die einen Markt geschaffen hat, der so ist, weil sie es so will?

Einige Thesen

Daß Kinder, Jugendliche und junge Erwachsene, die psychostrukturell in ihrer Sozialisation deformiert wurden, eher zu aggressiven Mustern von Konfliktlösungen neigen, ist eine gesicherte Erkenntnis der (pädagogischen) Psychologie. Daß bei (später der Delinquenz verfallenen) Video-Konsumenten ein Gewalt-Film (gleich welcher Kategorie) eine höhere Stimulanz hinsichtlich einer Gewalt-Appetenz hat, darf vermutet werden.
Doch ein Zusammenhang zwischen dem Konsum visualisierter Gewalt (hier in Bezug auf die "nasty videos") und individuellen Gewalthandlungen läßt sich als stringente Kausalität nicht ableiten (I).
Bei Eingrenzung der Gewalt-Problematik im modernen Film auf den Adressatenkreis der jugendlichen Film-Konsumenten (das eigentliche Problem liegt jedoch in der Gewalt-Akzeptanz der Gesellschaft schlechthin, worauf in der Arbeit immer wieder hingewiesen wurde. Schließlich sind über 90 % der VC zuvor Kinofilme gewesen.) läßt sich m.E. folgende weitere These formulieren: "Möglicherweise beschränkt sich das Interesse der Jugendlichen an Videogewalt auf eine relativ kurze Phase ihrer Entwicklung, so daß sich aus diesem Grunde eine vorschnelle moralische Verurteilung und Stigmatisierung der Jugendlichen verbietet" (II Armbruster/Kübler: "Video-Bewältigung in der Schule". In: medien praktisch, Heft 2/84, S. 6)
Erweitert man diesen Adressatenkreis auf den Kreis der Erwachsenen (18 bis 27, aus dieser Altersgruppe rekrutiert sich das Gros der Kinobesucher), der ein ungebrochenes Verhältnis zur Gewaltvisualisierung hat (siehe das Action-Prinzip des Filmes, siehe die Verkaufserlöse entsprechender Kassenmagneten), stellt sich die Frage, wie die Gesellschaft mit dem Problem der Gewalt-Akzeptanz umgeht.
Und spätestens hier erweitert sich der Gegenstand der Untersuchung zur Frage nach den Wertesetzungen.
Letztendlich geht es um die Suche nach einer neuen, dem Technologie-Zeitalter angepaßten Moral (III).
Gerade hier ist die Pädagogik ureigen gefordert, aber in

einer bislang nie dagewesenen Dimension. Konnte sie sich früher in Fragen der Erziehung auf einen Grundkonsens der Gesellschaft (Normen, deren statische Moralvorstellungen aus der Deduzierung 'höherer Wahrheiten' dem Individuum Halt gaben) berufen, wenden sich heute hilfeheischende Eltern an Lehrer, die diese Statik von der Schule fordern, selbst aber (unter anderem) durch eine mediatisierte Wirklichkeit nichts mehr leben können, was dem Kinde vorlebenswert wäre.
Die Welt der Erwachsenen wirft jungen Menschen heute oft genug vor, daß sie verächtlich den ethischen Setzungen, die ihnen von eben dieser Welt tradiert werden (wenn auch häufig genug nicht gelebt werden) den Rücken kehren.
Die Ergebnisse der Befragung (vor allem der 16. Frage) haben neben vielen Punkten, die ein Alarm-Signal bedeuten, das uns wachrütteln muß, auch gezeigt, daß Jugendliche sehr wohl das verinnerlicht haben, was wir im menschlichen Zusammenleben als positiv und richtig (zumindest als konkrete Utopie) empfinden. Wenn wir sie nun allein lassen in einer mediatisierten Wirklichkeit, in der das alles nun plötzlich nicht mehr gelten soll, müssen wir den Bankrott eines elementaren Teiles der Erziehung anmelden. Nicht eine legische Idylle, nicht eine heile Welt, die sowieso niemals existierte, sind unsere Aufgabe - aber das gelebte Einstehen zu dem Wort, daß die Welt anders ist als die all der Exterminatoren und Terminatoren, all der Conans und Vollstrecker.

Gewalt im Fernsehen - Wirkungen von Gewaltdarstellungen im Fernsehen auf Aggression und aggressives Verhalten

Seitdem das Fernsehen Einzug in die Wohnzimmer hielt - seit ungefähr dreißig Jahren -, wurde weltweit viel über dieses Massenmedium geschrieben und diskutiert. Da dieses Kommunikationsinstrument tiefgreifend in das Leben der Menschen eingreift, stehen Untersuchungen über die Wirkungen im Mittelpunkt der Massenkommunikationsforschung. Unter Wirkungen sind alle Veränderungen zu verstehen, die beim Menschen durch die Zuwendung zu Massenmedien und durch das Aufnehmen von Aussagen der Massenkommunikation erfolgen.

Die Frage nach den Effekten des Fernsehens auf Emotionen, Einstellungen und Meinungen, Verhalten, Wissen, kognitive Fähigkeiten, Sprache, Kreativität und Gesundheit des Rezipienten wurde in den 50er bis 60er Jahren zunehmend daraufhin differenziert, ob das Fernsehen schädlich für den Rezipienten, besonders für Kinder und Jugendliche, ist. In den Mittelpunkt des Forschungsinteresses rückt die Frage nach den Wirkungen von Gewaltdarstellungen auf die Aggressivität, das aggressive Verhalten des Zuschauers.
Wie Aggression definiert wird, hängt ab von der Theorie über die Entstehung der Aggression, die der jeweilige Forscher vertritt (Triebmodell, Frustrations-Aggressions-Theorie, Lerntheorien). Ich beschränke mich auf die in der Psychologie weit verbreitete Definition von Aggression: "Unter aggressivem Verhalten versteht der Psychologe gehäuft auftretendes, feindseliges, sich in verbalen und/oder tätlichen Angriffen äußerndes Verhalten bzw. das Überwiegen feindselig-ablehnender und oppositioneller Einstellungen beim Menschen" (Schmidt-Mummendey, Fröhlich, 1973, S. 33).

Zur Erklärung des Zusammenhangs von violenten Darstellungen und Aggression des Rezipienten stehen sich völlig entgegengesetzte Hypothesen gegenüber: "Gewaltdarstellung führt zu Brutalisierung und wachsender Kriminalität in der Gesellschaft", "Fernsehgewalt führt zum Abbau von Aggressivität des Zuschauers, indem dieser die aggressiven Handlungen stellvertretend miterlebt und nachvollzieht", "Fernsehen ist ein neurosenprophylaktisches Mittel, ohne Fernseher wissen die Leute nichts mit ihrer Zeit anzufangen und streiten sich".

Mediale Gewalt wird in allen älteren Untersuchungen reduziert auf personale Gewalt (Gewalt durch Personen), d.h. auf physische Gewalt (Schläge, Schüsse usw.), selten wird sie auch als psychische und verbale Gewalt verstanden (Beleidigungen, Beschimpfungen usw.). So gut wie keine der vorliegenden Untersuchungen (Ausnahme die von Schorb und Theunert) stellt die Frage nach der strukturellen Gewalt (Gewalt durch Strukturen, wie Herrschaft, Interaktionen usw.). Die meisten Untersuchungen beziehen sich auf Darstellungen fiktiverGewalt in Unterhaltungssendungen, selten nur auf reale Gewalt in Informations- und Unterhaltungssendungen.

Das Fernsehen als Institution ist selbst Teil struktureller Gewalt. Die Fernsehanstalten produzieren violente Sendungen und reproduzieren gesellschaftliche Macht- und Herrschaftsstrukturen (bzw. -verhältnisse), in denen wir leben, meist affirmativ sozialisiert sind, häufig ohne dies zu erkennen.

Fernsehen übt Gewalt auf den Rezipienten aus:

bei der Programmgestaltung: Die Sender stehen unter Erfolgszwang; der Erfolg wird durch hohe Einschaltquoten gemessen. Weil viele Zuschauer violente Sendungen sehen wollen, werden solche vermehrt gesendet. Popularität korreliert eng mit der Quote der Darstellung von Gewalt (Comstock). Im visuellen Bereich hat das Fernsehen eine Monopolstellung bei Nachrichten-, Kultur- und politischen Sendungen. Art, Inhalt und Form von Produktionen und Sendungen unterliegen der Kontrolle der obersten Spitze der Fernsehanstalten.

beim Einsatz dramaturgischer Mittel: Sendungen sollen den Zuschauer informieren, unterhalten, bilden, "fesseln". Kameraführung, Schnittfolgen, Szenenwechsel, Zeitabläufe, Szenenarrangements sind bildformale Strukturen, um die Aufmerksamkeit des Zuschauers zu binden. Akustische Mittel (wie Musik, Tontechnik usw.) verstärken diese "Manipulation".

als technisches Medium: Viele Zuschauer sind von der Technologie des Fernsehens, der visuellen und akustischen Brillianz fasziniert, was bis zur "Glotzensucht" führen kann. Das Medium verlangt eine starke Aufmerksamkeit. Folgen können polysymptomatische Bildschirmsyndrome (z.B. Augen- und Kopfschmerz, allgemeine Abgespanntheit usw.) sein.

durch permanentes Angebot: Der Warencharakter der Fernsehsendungen kommt den Konsumwünschen der Rezipienten entgegen. Fernsehen beeinflußt den Tagesablauf der Leute, verdonnert zu körperlicher, oft auch geistiger Passivität (Konsumentenhaltung) und Distanzlosigkeit, beeinflußt z.B. durch Werbung Stereotypisierungen und Konsumverhalten.

Die Medienwirkung des Fernsehens liegt im physischen, psychischen und sozialen Bereich. Sie ist ein Spezialfall der Sozialisationswirkung. Massenkommunikationsprozesse sind Teil des Sozialisationsprozesses. Der Einfluß des Fernsehens - unterschwellig bzw. unmittelbar - im Sinne von Stabilisieren, Verändern, Schaffen von Kenntnissen, Wissen, Emotionen und Motivationen, Einstellungen und Meinungen, Verhalten und Handeln des Rezipienten ist nur im Gesamtzusammenhang der Sozialisation des Rezipienten zu verstehen bzw. zu erklären. Sozialisation ist ein wechselseitiger Vermittlungs-, Aneignungs- und Veränderungsprozeß zwischen Gesellschaft und Individuum. Sozialisation wird nicht eindimensional als Aneignungs- oder Lernprozeß verstanden, sondern interaktiv.

Untersucht man nun die Wirkung violenter Fernsehsendungen auf die Aggressivität bzw. das aggressive Verhalten des Rezipienten, so ist dem Zusammenhang von Gesellschaft und Individuum, von Gewaltdarstellung und Dispositionen, Fähigkeiten bzw. den bisherigen Alltagserfahrungen des Individuums Rechnung zu tragen. Da Individuen unterschiedlich auf Gewaltdarstellungen reagieren, ist letztlich eine individuelle Analyse der Lebensgeschichte des Rezipienten notwendig mit all ihren Interdependenzen von gesellschaftlichen Bedingungen und persönlichen Ausprägungen. Möglich wäre dies mit qualitativen Methoden, wie z.B. der Einzelfallanalyse oder Psychoanalyse. Die Mehrzahl der Wirkungsforscher arbeitet jedoch mit quantitativen Methoden (der Empirie und Statistik). Aus Gründen der Intersubjektivität, Gültigkeit und Zuverlässigkeit sind sie an repräsentativen Samples, an statistischen Mehrheiten interessiert. Solche "objektive" Daten lassen sich mittels empirischer Methoden gewinnen.

In der sehr umfangreichen Literatur aus der psychologischen und sozialwissenschaftlichen Forschung (Bergler/Six 1979; Haase 1982; Kunczik 1975) zum Thema Wirkung medialer Gewalt werden mehrere, teils widersprüchliche Theorien vertreten.

1. Stimulationstheorie

Zugrunde liegt die These, daß Gewaltdarstellung zu einer Erhöhung des Aggressionsniveaus beim Zuschauer führt und weiter, daß durch Lernmechanismen neue aggressive Verhaltensweisen erworben werden und das Auftreten schon vorhandener wahrscheinlicher wird.

Die Betrachtung violenter Darstellungen auf dem Bildschirm steigert die Aggression bzw. Aggressionsneigung besonders bei Kindern und Jugendlichen (Bandura, Berkowitz, Comstock, Gerbner, Belson, Lefkowitz). Die Betrachter werden aggressiv aufgeladen (Erregungsmodell) und reagieren auf Umweltreize intensiver bzw. neigen zu Imitations- und Identifikationshandlungen (Lernmodell). Bandura et al. (1963) stellten fest, daß aggressive Handlungsabläufe und Techniken der Gewaltanwendung beim Betrachter Lerneffekte auslösen, über die sich die violenten Inhalte langfristig im Gedächtnis festsetzen und in konkreten Situationen erinnert und angewandt werden können. Lefkowitz et al. (1972) behaupten die Möglichkeit aggressionsstimulierender Einflüsse der Medien und auch die Wahrscheinlichkeit der Anwendung in realen Zusammenhängen.

Nach Ansicht von Berkowitz (1965) erweitern violente Medieninhalte das Repertoire von Stimuli, welche aggressive Handlungen auslösen können. Aus den Gewaltdarstellungen wird ein spezifisches aggressives Verhalten gelernt. Die Möglichkeit der Aggressionssteigerung durch dargestellte Gewalt ist gebunden an verschiedene Bedingungen: der Rezipient muß aggressiv aktiviert oder frustriert sein, die Darstellung muß als gerechtfertigtes Verhalten vom Rezipienten aufgefaßt werden, und es muß eine Ähnlichkeit zwischen dem Filmopfer und potentiellen Aggressionsobjekten gegeben sein (Haase, 1984, S. 24). Belson (1978) ermittelte in seiner retrospektiven Studie in Großbritannien, daß langfristiger Medienkonsum die Aggressivität steigert. Negativ wirken Sendungen, in denen enge persönliche Beziehungen zentral sind und in denen verbale und physische Gewalt gezeigt und realistisch dargestellt wird, ferner Gewalt um ihrer selbst willen und im Dienste einer guten Sache sowie gewalttätige Western. Violente Cartoons, Slap stick-Filme, aggressive Sportsendungen (außer Boxen und Ringen) zeigen keine negativen Wirkungen. Belson sieht den wesentlichen Effekt des Konsums von Fernsehgewalt in einer Enthemmung jener Schwellen, die in unserer Gesellschaft gegen eine unkontrollierte Entladung der Aggression aufgebaut werden.

In der Bundesrepublik gelangten Krebs und Groebel (1979) in einer Längsschnittstudie zu dem Ergebnis, daß dem Fernsehen eine erkennbare Rolle bei der Beeinflussung der Einstellung zu spezifischen aggressiven Handlungen zuzuschreiben ist. Die Einstellungen beziehen sich auf destruktive, reaktive und legitimierte Aggressionen.

Singer / Singer (1981) deuten die Ergebnisse ihrer Langzeitstudie in USA dahingehend, daß violente Fernsehsendungen (hauptsächlich action shows) einen deutlichen Einfluß auf die Aggressivität drei- bis vierjähriger Kinder nehmen würden.

2. Katharsisthese

Dieser These liegt das tiefenpsychologisch orientierte triebdynamische Aggressionskonzept zugrunde. Die Betrachtung violenter Medieninhalte senkt die Aggression bzw. Aggressionsneigung der Betrachter. Beobachtungen von Gewaltszenen erlauben dem Zuschauer ein Ausleben seines Aggressionspotentials auf der Vorstellungs- und Phantasieebene. Feshbachs (1969) Hypothese besagt, daß durch das Miterleben stellvertretender Gewalt auf dem Bildschirm eigene Aggressionen abgebaut werden können, indem sich eine Identifikation mit der dargestellten Gewalt vollzieht, die auf eigene aggressive Handlungen verzichten läßt. Die These über die Ventilfunktion des Fernsehens konnte auch nicht durch das bekannte Experiment von Feshbach/Singer (1971) belegt werden. Auch nachfolgende Untersuchungen konnten die These nicht bestätigen, so daß heute kaum mehr ernsthaft von Sozialwissenschaftlern und Psychologen angenommen wird, der Konsum gewalttätiger Medieninhalte senke die Aggressionsbereitschaft.

3. Habitualisierungstheorie

Diese Theorie besagt, daß sich der Fernsehzuschauer an Gewaltakte auf dem Bildschirm gewöhnt. Der ständige Konsum violenter Medieninhalte führt zu einer Reduzierung der Reaktionsintensität auf mediale Aggressionsstimuli, d.h. zu einer Verminderung eigener Aggressionshemmungen. Thomson (1959) und auch Berger (1962) konnten diese These bestätigen. Häufige Gewaltdarstellungen führen zu emotionaler Abstumpfung der Rezipienten und dazu, daß Gewalt eher toleriert wird, wie Drabman und Thomas (1974) in einer Langzeitstudie nachgewiesen haben. Bisher sind ihre Befunde nicht widerlegt worden. Abstumpfung der Sensibilität gegenüber Aggression sowie das Tolerieren von Gewalt auf dem Bildschirm wie in der Realität könnten entsprechend psychologischer Gesetzmäßigkeiten zu aggressiverem Verhalten führen. Dieser Zusammenhang ist jedoch experimentell noch nicht bestätigt worden (Lang, o.J., S. 122).

4. Inhibitionstheorie

Diese These besagt, daß Mediengewalt hemmend auf die Ausführung aggressiver Handlungen wirkt. Wie auch bei der Habitualisierungsthese wird die Frage verneint, ob violente Darstellungen Aggressionshandlungen zur Folge haben. Im Unterschied zur Habitualisierungsthese sind nicht Abstumpfung und Gewöhnung ausschlaggebend für das Ausbleiben aggressiver Reaktionen, sondern Aggressionsängste, d.h. Mediengewalt löst Aggressionsangst aus, die hemmend auf die Äußerung aggressiven Verhaltens wirkt. Berkowitz et al. (1963) fanden heraus, daß moralische Verurteilung von Filmaggression bei zuvor verärgerten Versuchspersonen Aggressionshemmung hervorrief. Aggressionshemmende Faktoren sind soziale Mißbilligung aggressiven Verhaltens und die Bestrafung des aggressiven Modells.

Die Ergebnisse der psychologischen Laborstudien über die Wirkungen violenter Darstellungen im Fernsehen auf Aggressivität der Rezipienten werden von Lang (o.J., S. 128/129) in vier Punkten zusammengefaßt:

1. Aggressive Filme erhöhen das Aggressivitäts- und Erregungsniveau.
2. Kinder lernen Verhalten von Fernsehfilmen und können dieses noch nach sechs Monaten imitieren.
3. Wenn Aggressionsangst entsteht, wird aggressives Verhalten gehemmt.
4. Häufiges Sehen violenter Darstellungen führt zu Gewöhnung und emotionaler Abstumpfung gegenüber Gewaltanwendung.

Sinn der Experimente ist das Erforschen von Bedingungen, die bestimmte Verhaltensweisen beeinflussen, d.h. aggressives Verhalten begünstigen oder hemmen. Die Begrenzung auf die Experimentalsituation führt dazu, daß mitwirkende Umweltfaktoren nicht mitberücksichtigt werden und Untersuchungsergebnisse nicht verallgemeinert und bedenkenlos auf die Wirklichkeit übertragen werden können. Ebenso bleibt der Einfluß der individuellen Persönlichkeitsstrukturen auf Effekte medialer Gewaltdarstellungen fast völlig außer acht.

Sozialwissenschaftliche Feldstudien untersuchen in natürlicher Umgebung, welche Beziehung zwischen Fernsehkonsum, Persönlichkeit des Zuschauers und seinen Lebensbedingungen besteht. Die frühen Feldstudien (Himmelweit et al., 1958; Schramm et al., 1961) fanden keine langfristigen Wirkungen von Gewaltdarstellungen im Fernsehen auf das Verhalten von Kindern. Spätere Untersuchungen wie die von Eron et al. (1972) und Lefkowitz et al. (1972) zeigten, daß bei Jungen (und nicht auch bei Mädchen) eine signifikante Korrelation zwischen Gewaltkonsum und aggressivem Verhalten besteht. Huesman und Eron (1983) fanden ebenfalls erhebliche Auswirkungen des Fernsehens auf Tendenzen zu aggressivem Verhalten. Auch bei Mädchen zeigte sich ein deutlicher Aggressionsanstieg, was dem sich ändernden weiblichen Rollenbild entspricht. Krebs und Groebel (1979) gelangten bei ihrer Langzeitstudie zu dem Resultat, daß dem Fernsehen eine erkennbare Rolle bei der Beeinflussung der Einstellung zu spezifischen aggressiven Handlungen zuzuschreiben ist.

Einschränkend müssen jedoch die Mängel von Feldstudien angeführt werden, die einerseits in ihren unzulänglichen Kontrollmöglichkeiten liegen und andererseits generell in der Verkürzung auf die Wirkung eines Sozialisationsmediums, d.h. Fernsehen, auf den Rezipienten. Sozialisationseffekte hängen stark von individuellen Dispositionen ab, die sich wiederum aus einer Vielzahl von Variablen zusammensetzen (Alter, Geschlecht, Beruf, Bildungsstand usw.). Der Mensch ist ständig eingebunden in einen Sozialisationsprozeß, d.h. der Beeinflussung und Auseinandersetzung durch und mit der Umwelt, mit Werten, Normen, Einstellungen, Verhaltensweisen, Emotionen, Motivationen, Wissen und Interpretationsmustern.

Sozialisation ist ein wechselseitiger Interaktionsprozeß zwischen Gesellschaft und Individuum. Massenmedien beeinflussen Emotionen, Einstellungen, Handlungen von Rezipienten nicht unmittelbar, sondern immer in Abhängigkeit von der individuellen Befindlichkeit, den Dispositionen, den bisherigen Erfahrungen. Die Frage nach der Wirkung von medialer Gewaltdarstellung auf den Rezipienten ist deshalb verkürzt gestellt und muß erweitert werden um die Frage: Was macht der Rezipient mit der Gewaltdarstellung? Neuere Untersuchungen (Schorb et al., 1984) nehmen diesen Interaktionsansatz aus der Kommunikationstheorie auf.

Faßt man unter diesen Einschränkungen die Ergebnisse der psychologischen und sozialpsychologischen Untersuchungen zusammen, so kann man nach Lang (o.J., S. 139) sechs Punkte festhalten:

" 1. Aggressive Filme erhöhen das Erregungs- und Aggressionsniveau.

2. Fernsehgewalt wird häufig so dargestellt, daß Aggressionshemmungen gelockert werden.

3. Häufige Gewaltdarstellung führt zu Gewöhnung und emotionaler Abstumpfung.

4. Kinder lernen Verhalten von Fernsehfilmen.

5. Es besteht eine enge positive Korrelation zwischen dem häufigen Ansehen von Gewalt und aggressivem oder abweichendem Sozialverhalten. Wie groß der Einfluß anderer Variablen auf diese Beziehung ist und die Frage nach der Ursache und der Wirkung, kann nur näherungsweise beantwortet werden.

6. Es ist gesichert, daß Fernsehen gesteigerte Aggressivität oder seelische Gestörtheit nicht abbaut, sondern verstärkt."

Lang ist aufgrund dieser Ergebnisse der Ansicht, daß häufige Gewaltdarstellung und hoher Fernsehkonsum Kindern schadet.

Kunczik (1975, S. 692) kommt bei der Bewertung der empirischen Untersuchungen zu einem völlig anderen Schluß: "Insgesamt weisen die vorliegenden empirischen Befunde nicht nur eindeutig darauf hin, daß eine Aggressivitätsreduktion auf Grund des Konsums violenter Fernsehsendungen nicht zu erwarten ist. Genauso wenig lassen sich empirische Belege für eine durch Gewaltdarstellungen in den Unterhaltungssendungen des Fernsehens bewirkte Aggressivitätssteigerung anführen. Im Fernsehen beobachtete fiktive Gewaltakte nehmen ganz offensichtlich keinen Einfluß auf die Bereitschaft der Rezipienten, selbst aggressives Verhalten zu zeigen."

In ihrer Auseinandersetzung mit der Schlußfolgerung von Kunczik (der sich hauptsächlich auf die methodischen Schwächen bzw. Fehler der Studien von Berkowitz und Bandura stützt) weist Lang (S. 140) nach, daß Kunczik die von ihm zuvor herangezogenen Studien von Siegel (1956), Peterson und Thrustone (zit. bei Kunczik, 1975, S. 423), McLeod, Atkin und Chaffee (1972) sowie Steuer et al. (1971), welche eine filminduzierte Aggressionssteigerung belegen, bei seiner Schlußfolgerung nicht mehr berücksichtigt.

Die Mehrheit der Forscher (insbesondere Psychologen) vertritt heute die Ansicht, daß Fernsehgewalt zur Aggressivität der Rezipienten beiträgt. Monokausale Wirkungsforschung kann in Experimenten einzelne Bedingungen für aggressives Verhalten aufdecken. Multivariate Untersuchungen berücksichtigen individuelle Eigenschaften und das soziale Umfeld der Rezipienten (z.B. Geschlecht, Alter, Bildungsstand, Schichtzugehörigkeit). Sie versuchen, Wirkungen differenzierter von der Art und dem Inhalt der Sendungen abhängig zu machen und zu kategorisieren. Die Beschreibung und Erklärung medialer Gewalt wird hier vielschichtiger geleistet.

Werden bei den psychologischen und sozialpsychologischen Untersuchungen Methoden der Beobachtung und Befragung angewandt, so benutzt die Kommunikationsforschung ursprünglich die Methode der Inhaltsanalyse (content-analysis oder Aussagenanalyse). Als Faustregel des Kommunikationsprozesses gilt die Formel von Harold D. Lasswell (1948): "Wer sagt was zu wem und mit welcher Wirkung?" Entsprechend läßt sich Kommunikationsforschung in folgende Felder (idealtypisch) aufteilen: Senderanalyse, Inhaltsanalyse, Rezipientenanalyse und Wirkungsanalyse.

Die Analyse sprachlichen Materials ermöglicht Rückschlüsse auf individuelle und gesellschaftliche nichtsprachliche Phänomene. Die Inhaltsanalyse wird von Mayntz et al. (1971, S. 151) als Forschungstechnik definiert, "die sprachliche Eigenschaften eines Textes objektiv und systematisch identifiziert und beschreibt, um daraus Schlußfolgerungen auf nicht-sprachliche Eigenschaften von Personen und gesellschaftlichen Aggregaten zu ziehen". Der "Text" kann dabei ein geschriebener, gesprochener oder ein Bild-Text sein. Durch die inhaltsanalytische Untersuchung violenter Fernsehsendungen kann auf die Beeinflußbarkeit des Rezipienten, seine Einstellungen und Verhaltensweisen geschlossen werden. Aber erst die Kombination mit Beobachtungs- und Befragungsverfahren der Wirkungsforschung erlauben gesicherte Ergebnisse.

Schorb und Theunert (1982) weisen darauf hin, daß die Grundannahme der Inhaltsanalyse, das vom Forscher entwickelte Kategoriensystem entspreche der Wahrnehmung und Nutzung der Inhalte durch die Rezipienten, nicht zutrifft. Aus der Wahrnehmungspsychologie ist bekannt, daß Kinder und Jugendliche entsprechend ihrem Alter gleiche Inhalte unterschiedlich wahrnehmen. Erst im Alter von zehn bis zwölf Jahren nehmen Kinder die Inhalte wie Erwachsene wahr (Winick, Winick 1979). So kann z.B. durch Inhaltsanalyse ein Cartoon wie 'Tom und Jerry' als sehr brutal eingestuft werden, Kinder dagegen nehmen diese Filme kaum ernst, erleben sie als fiktiv und nicht als gewalttätig (van der Voort, 1982). Van der Voort und Kunczik (1984) verwenden deshalb den Begriff der funktionalen Inhaltsanalyse. "Funktionale Inhaltsanalysen legen bei der Bildung inhaltsanalytischer Kategorien die Wahrnehmungen der jeweiligen Rezipienten zugrunde, wobei davon ausgegangen wird, daß Wahrnehmung ein selektiver Prozeß ist" (Kunczik, 1984, S. 14).

Kunczik (1984) faßt die Ergebnisse der neueren Untersuchungen zusammen:

1. Rezipienten nehmen weniger Gewalt in Fernsehprogrammen wahr, als aufgrund der Resultate von Inhaltsanalysen erwartet wird (Tate, 1977).
2. Mit zunehmendem Alter (9 - 13 Jahre) nimmt die Involviertheit ab und Filme werden immer weniger als gewalttätig angesehen (van der Voort, 1982).
3. Gewalt im Western wird als ritualisierte bzw. stereotypisierte Handlungen wahrgenommen, die nichts mit Realität zu tun haben (Howitt und Cumberbatch, 1975, S. 127; Schorb und Theunert, 1982).
4. Zeichentrickfilme werden von Kindern nicht als gewalttätig wahrgenommen, sondern als lustig eingestuft (Howitt und Cumberbatch, 1975).
5. Realistische Filme werden im Unterschied zu phantastischen Filmen ernster genommen und als gewalttätiger angesehen (van der Voort, 1982).
6. Jungen bevorzugen durchschnittlich Gewaltsendungen, Mädchen dagegen gewaltlose Programme (van der Voort, 1982).

7. Vielsehende Kinder nehmen weniger Gewalt wahr (van der Voort, 1982). Dieses Resultat stimmt mit der Habitualisierungsthese überein.
8. Kinder mit einer hohen unkritischen Vorliebe für Gewaltfilme, einer niedrigen Intelligenz, einer starken Gleichgültigkeit und großer Unbesorgtheit sind durchschnittlich aggressiver. Involvierung korreliert nicht mit Aggressivität (van der Voort, 1982).

Multivariate Ansätze in der Medienforschung, wie bei der Untersuchung von van der Voort festgestellt, sind ein verbesserter Zugang zur Erkenntnisgewinnung. Van der Voort bezog Perzeptionsvariablen und Rezipientenvariablen (Fragebogen) mit ein und maß nochmals in einer Nachfolgeuntersuchung (nach einem Jahr) die Aggressivität der Kinder (Beurteilung durch Lehrer und peers).

Einen weiteren Schritt bei der Erfassung des Zusammenhangs zwischen Gewalt im Fernsehen und Rezipient gehen Schorb und Theunert (1984). Da in den bisherigen Inhalts- und Wirkungsanalysen der Gewaltbegriff entweder nicht explizit definiert bzw. reduziert wurde auf individuelle physische Gewalt, selten auch auf psychische und verbale Gewalt, ist es notwendig, den Gewaltbegriff neu zu definieren. In Anlehnung an Galtungs Gewaltbegriff ("Gewalt liegt dann vor, wenn Menschen so beeinflußt werden, daß ihre aktuelle somatische und geistige Verwirklichung geringer ist als ihre potentielle Verwirklichung", Galtung, 1971, S. 57) definieren Schorb und Theunert Gewalt als "die Manifestation von Macht und/oder Herrschaft, mit der Folge und/oder dem Ziel der Schädigung von einzelnen oder von Gruppen von Menschen" (Schorb, Theunert, 1984, S. 30). Sie unterscheiden nach Galtung zwischen personaler Gewalt (physische und psychische Gewalthandlungen) und struktureller Gewalt (liegt in den Strukturen eines gesellschaftlichen Systems, resultiert aus Herrschafts- und Machtverhältnissen) und legen diesen dreidimensionalen Gewaltbegriff (physisch, psychisch, strukturell) ihrer Analyse von Fernsehsendungen zugrunde.

Ihre Inhaltsanalyse zeigt, daß personale Gewalt den größten Anteil in den Programmen hat. Physische Gewalt wird hauptsächlich bildlich in Unterhaltungssendungen (Krimis, Spielfilme, Slapsticks) dargestellt, psychische Gewalt wird meistens in Informationssendungen (Nachrichten usw.) sprachlich vermittelt. Strukturelle Gewalt tritt häufiger in Informations- als in Unterhaltungssendungen auf. Sie läßt sich meistens nur über inhaltliche Kontexte erschließen, durch Dramaturgie, Auswahl an Informationen, suggestive Sprache; in Unterhaltungssendungen durch Handlungs- und Rollenmuster. Strukturelle Gewalt wird im Fernsehen reproduziert und produziert, in Informationssendungen ungefähr anteilsgleich, in Unterhaltungssendungen überwiegt der Anteil in der Produktion.

Bei der Frage, wie gehen Jugendliche mit Gewaltdarstellungen und den Inhalten von Fernsehsendungen (Interaktionsdimension) um ?, kommt die Studie zu folgendem Ergebnis:
Jugendliche nahmen zunächst ausschließlich physische Gewalt wahr, psychische erst, wenn sie Anregungen (im Gespräch) erhielten. Sie meinten jedoch, daß ihnen psychische Gewalt im Alltag am häufigsten begegne und ihnen am meisten zu schaffen mache. Strukturelle Gewalt konnten die Jugendlichen kaum wahrnehmen. Ursachen struktureller Gewalt wurden auch von Jugendlichen mit höherem Bildungsniveau nur bis zu einem gewissen Grad erfaßt. Jugendliche ordneten die medialen ihren alltäglichen Gewalterfahrungen zu.

Es kann vermutet werden, daß die Subtilität psychischer Gewaltformen und das Herrschaftsgefüge struktureller Gewalt im Fernsehen leicht und unauffällig in die Köpfe der Rezipienten dringen, unreflektiert wahrgenommen und übernommen werden und sich mit den realen Gewalterfahrungen der Rezipienten verbinden. Sozialisationseffekte solcher mittelbaren und unmittelbaren "realen" Erfahrungen sind stärker als die von fiktiven Produktionen, die als solche auch vom Rezipienten erkannt werden. Die Wirkungsforschung hat diesen Zusammenhang in Bezug auf Aggressivität bisher nicht untersucht.

Methodisch ist das Forschungsprojekt von Schorb/Theunert auch insofern eine Erweiterung der bisherigen Medienforschung, als hier neben empirischen Methoden bei der Inhaltsanalyse auch qualitativ vorgehende Methoden (Rollenspiele, Gruppendiskussionen, teilnehmende Beobachtung) bei der Verarbeitungsanalyse eingesetzt wurden.

Grundlegend bei qualitativen Untersuchungen ist die These, daß das Erleben und Verarbeiten violenter Fernsehsendungen von der nicht-medialen Alltagsrealität, den subjektiven Erfahrungen des Rezipienten abhängig und nur in diesem Zusammenhang zu analysieren ist. Die so gewonnenen Daten gelten dabei als subjektiv interpretierte, nicht als objektiv meßbare. Ihnen wird von Empirikern mangelnde Übertragbarkeit und Verallgemeinerbarkeit vorgeworfen, weil sie nicht repräsentativ seien.

Massenkommunikationsforschung muß sich auf den wechselseitigen Beziehungszusammenhang von Gesellschaft, Medium und Rezipient beziehen. Differenzierte Zusammenhangsanalysen mittels qualitativer, hermeneutischer, psychoanalytischer und diskursiver Verfahren ermöglichen die Gewinnung theoretischer Annahmen, die durch empirische Verfahren bestätigt oder verworfen werden können.

Literaturverzeichnis

Bandura, A., Ross, D., Ross, S.A.: Imitation of film-mediated aggressive models, in: Journal of Abnormal and Social Psychology, 66, 1963, S. 3 - 11

Belson, W.A.: Television violence and the adolescent boy. Westmead, Farnborough, Hampshire 1978

Berger, S.M.: Conditioning through Vicarious Instigation, in: Psychological Review 69, 1962, S. 405 - 456

Bergler, R., Six, U.: Psychologie des Fernsehens. Bern 1979

Berkowitz, L.: Some aspects of observed aggression, in: Journal of Personality and Social Psychology, 2, 1965, S. 359 - 369

Berkowitz, L., Rawlings, E.: Effects of Film Violence and Inhibitions against Subsequent Aggression, in: Journal of Abnormal and Social Psychology, 66, 1963, S. 404 - 412

Comstock, G.: Violence in television content: An overview. Syracuse, New york 1980

Drabman, R.S., Thomas, M.H.: Does media violence increase children's toleration of real-life aggression?, in: Developmental Psychology, 10, 1974, S. 418 - 421

Eron, L.D. et al.: Does television violence cause aggression?, in: American Psychologist, 27, 1972, S. 253 - 263

Feshbach, S.: The Cathartic Effect: Research and Another View, in: Violence and the Media, o.O. 1969, S. 461 - 472

Feshbach, S., Singer, R.D.: Television and aggresion. San Francisco 1971

Galtung, J.: Gewalt, Frieden und Friedensforschung, in: Senghaas, D. (Hg.): Kritische Friedensforschung, Frankfurt 1971, S. 55 - 104

Gerbner, G., Gross, L.: The scarcy world of TV's heavy viewer, in: Psychology Today, April 1976

Haase, H.: Jugendliche und Medien. Frankfurt 1982

Haase, H.: Mediale Gewaltdarstellung und ihre Effekte, in: Aus Politik und Zeitgeschichte (Beilage zur Wochenzeitung 'Das Parlament'), 26.5.1984, S. 17 - 28

Himmelweit, H.T., Oppenheim, A.N., Vince, P.: Television and the child. London 1976

Howitt, D., Cumberbatch, G.: Mass Media violence and society. London 1975

Huesman, L.R., Eron, L. (Eds.): The role of culture and media in the development of aggressive behavior 1983 (in Vorbereitung), zitiert bei Groebel, J.: Mediengewalt: sich ändernde Perspektiven, neue Fragestellungen, in: Schorb, B. et al. 1984, S. 109 - 119, hier S. 114

Hüther, J.: Sozialisation durch Massenmedien. Ziele, Methoden, Ergebnisse in einer medienbezogenen Jugendkultur. Opladen 1975

Joy, L.A., Kimball, M.M., Zabrack, M.L.: Television exposure and childrens aggressive behavior. Paper presented at the meeting of the Canadian Psychological Association. Vancouver, June 1977

Krebs, D., Groebel, J.: Die Wirkungen von Gewaltdarstellungen im Fernsehen auf die Einstellungen zur Gewalt und die Angst bei Kindern und Jugendlichen (Projektabschlußbericht, unv., Aachen 1979, erwähnt bei: Kunczik 1982)

Kreuzer, H. (Hg.): Fernsehforschung und Fernsehkritik. Zeitschrift für Literaturwissenschaft und Linguistik, Beiheft 11, Göttingen 1980

Kunczik, M.: Gewalt im Fernsehen. Köln 1975

Kunczik, M.: Gewalt im Fernsehen. Aktuelle Forschungstrends, in: medien und erziehung, 26. Jg., 6, 1982, S. 332 - 338

Kunczik, M.: Gewalt im Fernsehen - Aktuelle Forschungstrends, in: Schorb, B. et al. 1984, S. 13 - 24

Lang, E.: Kind, Familie und Fernsehen. Freiburg o.J.

Lasswell, H.D.: The Structure and Function of Communication in Society, in: Lyman Bryson (Hg.): The Communication of Ideas. New York 1948

Lefkowitz, M.M., Eron, L.D., Walder, L.O., Huesman, L.R.: Television violence and child aggression. A follow up study, in: Comstock, G.A., Rubinstein, E.A. (Eds.): Television and social behavior. Vol. 3, Washington, D.C.1972

Löffler, M. (Hg.): Die Darstellung der Gewalt in Massenmedien. München 1973

Lüscher, K.: Gewalt im Fernsehen - Gewalt des Fernsehens, in: Neidhardt, F. et al.: Aggressivität und Gewalt in unserer Gesellschaft. München 1973

Mayntz, R., Holm, K., Hübner, P.: Einführung in die Methoden der empirischen Soziologie. Opladen 1971[2]

McLeod, J.M., Atkin, C.K., Chaffee, S.H.: Adolescents parents and television use: Adolescent self-report measures from Maryland and Wisconsin samples, in: Comstock, G.A., Rubinstein, E.A. (Eds.): Television and social behavior. Washington, D.C. 1972, Vol. 3, S. 173 - 238

Milgram, S., Shotland, R.L.: Television and antisocial behavior: Field experiments. New York 1973

Schmidt-Mummendey, A., Fröhlich, W.: Aggressives Verhalten und Massenmedien, in: Löffler, M. 1973, S. 33 - 41

Schorb, B., Mohn, E., Theunert, H.: Sozialisation durch Massenmedien, in: Hurrelmann/Ulich (Hg.): Handbuch der Sozialisationsforschung. Weinheim 1980, S. 603 - 627

Schorb, B., Theunert, H.: Gewalt im Fernsehen: In welcher Form tritt sie auf? Wie gehen Jugendliche damit um? In: medien und erziehung, 6, 1982, S. 322 - 331

Schorb, B., Schneider-Grube, S., Theunert, H. (Hg.): Gewalt im Fernsehen - Gewalt des Fernsehens? Sindelfingen 1984

Schramm, L., Lyle, J., Parker, E.B.: Television in the lives of our children. Stanford 1961

Siegel, A.E.: Film-mediated fantasy aggression and strength of aggressive drive, in: Child Development, 27, 1956, S. 365 - 378

Singer, J.L.: The powers and limitations of television, in: Tannenbaum, P. (Ed.): The entertainment function of television, Hillsdale, New York 1979

Singer, J.L., Singer, D.G.: Television, imagination and aggression. A study of preschoolars. Hillsdale, New York 1981

Sommer, A., Grobe, H.: Aggressiv durch Fernsehen? Überlegungen zur Medienerziehung von Kindern und Jugendlichen. Neuwied, Berlin 1974

Steuer, F.B., Applefied, J.M., Smith, R.: Televised aggression and the interpersonal aggression of preschool children. Journal of Experimental Child Psychology, 11, 1971, S. 442 - 447

Sturm, H., Brown, J.R. (Hg.): Wie Kinder mit dem Fernsehen umgehen. Stuttgart 1979

Tate, E.D.: Viewers perceptions of selected television programm, in: Report of the Royal Commission on Violence in the Communications Industry, Vol. 6, Toronto o.J. (1977)

Thomson, R.J.: Television-Crime-Drama. Its Impacts on Children and Adolescents. Melbourne 1959

van der Voort, T.H.A.: Kinderen en TV-geweld: waarneminq en belevinq (Kinder und Fernsehqewalt: Perzeption und Erfahrung). Lisse 1982

Winick, M.P., Winick, C.: The television experience: what children see. Beverly Hills 1979

E. Pommerenke

Medienerziehung in der Schule

Heute aufwachsende Kinder sind "Medienkinder". Mit großer Selbstverständlichkeit und teilweise sehr ausgiebig benutzen sie die verschiedenen Medien. Vor allem mit der Entwicklung der sogenannten "Neuen Medien" in den letzten Jahren hat die Mediennutzung einen neuen Schub erhalten. Mit dem Einzug von Videospielen, Computern und Videorecordern in Kinder- und Wohnzimmer scheint tatsächlich ein neues Medienzeitalter angebrochen zu sein.
Daraus ergeben sich auch für die Schule neue Herausforderungen. Auf der einen Seite muß sie mit dazu beitragen, daß sich die Schüler in einer Welt zurechtfinden, die in erheblichem Maße von Medien bestimmt wird, auf der anderen ist es ihre Aufgabe, Probleme, die in diesem Zusammenhang auftauchen, rechtzeitig zu erkennen, um ihnen entgegenwirken zu können. Mit anderen Worten: von der Schule wird - wohl zurecht - eine neue und bessere Medienerziehung erwartet.
Wissenschaftler, Lehrer, Publizisten und Politiker beschäftigen sich damit, wie eine solche Medienerziehung aussehen muß. Die veröffentlichten Beiträge zum Thema sind kaum mehr zu überblicken, sowohl was ihre Zahl, als auch ihre verschiedenen Intentionen angeht. Auffällig ist aber, daß sehr viele Autoren sich aus Sorge vor der weiteren Entwicklung zu ihren Überlegungen angetrieben fühlen. Befürchtet wird vor allem:

1. Daß mit der Ausweitung des Medienangebots - vor allem des Fernsehens - der Medienkonsum und die damit verbundenen Gefahren noch zunehmen,

2. daß immer mehr und immer jüngere Kinder Videofilme ansehen, die nicht zu verdauen sind und
3. daß sich in Videospielen und in der Beschäftigung mit dem Computer Vereinsamung ausdrückt und gleichzeitig produziert wird.

Diese Gefahren sind augenfällig, man findet sie im Alltag bestätigt. Wut und Betroffenheit machen sich bei den Lehrern breit, wenn sie erfahren, welche Machwerke über Videotheken zu bekommen sind und was sich ihre Kinder davon schon "reingezogen" haben. Klar auch, daß Medienerziehung dem wenig entgegenzusetzen hat. In den Brutal- und Horrorfilmen reproduzieren sich Mechanismen, die weit über den hier zu bearbeitenden Rahmen hinausgehen.
Ergebnis einer aus solchen Motiven gespeisten Medienerziehung ist häufig ein bewahrpädagogischer Ansatz, der zu kurz greift und schon in der Vergangenheit beim Versuch, vor "Schmutz- und Schundliteratur" zu bewahren, versagt hat.
Wenn die Schule einen Beitrag leisten will zum souveränen, das heißt selbstbestimmten und kritischen Umgang mit den Massenmedien - und so soll Medienerziehung hier verstanden werden - dann muß sie anders ansetzen.
Betrachten wir zunächst, was Medienerziehung bisher gemacht hat, denn sie ist ja nichts vollkommen Neues. Spätestens seit Ende der sechziger Jahre, als Pressekonzentration und -manipulation durch Medien zu großen gesellschaftspolitischen Themen wurden, haben sie auch Eingang in die Lehrpläne gefunden. Der Vergleich von "Bild" und Tageszeitung gehört seither zum festen Repertoire des Unterrichts - egal ob das Thema nun stärker im Deutsch- oder im politischen Unterricht angesiedelt ist. Ausgangspunkt war jedenfalls die Erkenntnis, daß Sozialisation und gesellschaftliche Entwicklung nicht unerheblich von den Gegebenheiten und Rezeptionsbedingungen auf diesem Sektor abhängig sind.
Entsprechend war der Ansatz ein vorwiegend analytischer: es galt, die Manipulationsmechanismen aufzudecken, in der Hoffnung, aus ihrer Erkenntnis heraus immuner gegen sie zu

werden. So ging und geht man die "Bild"-Zeitung an, die Werbung und das Fernsehen. Die Erfolge sind - zumeist kurzfristig - eher bescheiden. Denn auch bei den Schülern, die die Manipulationsmittel in der Klassenarbeit vollständig aufzählen können, darf man nicht sicher sein, daß sie zu Hause nicht "Bild" lesen.
Natürlich dürfen die Wirkungsmöglichkeiten von Unterricht auch nicht überschätzt werden. Einmal weil Unterricht ein Faktor neben vielen anderen - eventuell gegenläufigen - ist und zum andern, weil Veränderungen im Verhalten nur sehr langsam und kaum eindeutig bestimmbar bewirkt werden können.

Medienerziehung in Baden-Württemberg

Die Lehrpläne für die allgemeinbildenden Schulen in Baden-Württemberg sind bis zum Jahre 1984 einer gründlichen Revision unterworfen worden. Sie enthalten sowohl im Primarstufen- als auch im Sekundarbereich I Elemente zur Medienerziehung; zumeist handelt es sich - was Gemeinschaftskunde/Wirtschaftslehre betrifft - um überarbeitete oder anders plazierte Einheiten aus den alten Lehrplänen. Im Heimat- und Sachunterricht der Grundschule werden in Klasse 2 Fernsehen und Rundfunk thematisiert, in Klasse 4 Klassenzeitung und Tageszeitung. Die jeweiligen Zielsetzungen lauten:

> Fernsehen und Rundfunk
> Fernsehen und Rundfunk sind wichtige Medien. Den Schülern wird deren Vielseitigkeit bewußt. Sie lernen geeignete Sendungen gezielt auszuwählen, mit den Medien sinnvoll umzugehen und den Gefahren übermäßigen Fernsehens zu begegnen.
>
> Klassenzeitung und Tageszeitung
> Über die Herstellung einer eigenen Zeitung lernt der Schüler den Aufbau und die Bedeutung eines wichtigen Mediums kennen. Der Umgang mit der Zeitung wird vorbereitet.
>
> Lehrplan Heimat- und Sachunterricht, S. 30 bzw. 40).

In den vorangestellten Hinweisen zur Zusammenarbeit zwischen Elternhaus und Schule heißt es außerdem: "Auch der Umgang mit den Medien und die verschiedenen Möglichkeiten der Freizeitgestaltung werden dabei immer wieder zu beobachten und zu besprechen sein" (ebd. S. 12).
Innerhalb der Einheiten finden sich noch Querverweise auf die Fächer Mathematik (Uhrzeiten), Musik (Musik für bestimmte Aufgaben), Deutsch (Darstellendes Spiel und Texte verfassen), Sport (Spiele erfinden und gemeinsam spielen) und Bildende Kunst (Graphik, Drucken).
Für die Hauptschule ist in Klasse 8 im Fach Gemeinschaftskunde/Wirtschaftslehre eine Einheit "Die Massenmedien Zeitung und Fernsehen" vorgesehen. Die Zielsetzung lautet hier: "Der Schüler erkennt die Vielfalt der Informationsmöglichkeiten und lernt, aus dieser Vielfalt wichtige Orientierungshilfen zur Meinungsbildung zu gewinnen. Ihm wird die Bedeutung der Pressefreiheit und die Problematik einseitiger Informationen bewußt" (Lehrplan für die Hauptschule, Lehrplanheft 6/1984, S. 214). Querverweise finden sich hier auf das Fach Deutsch (Formen der Darstellung, Meldung und Kommentar) und auf die Einheit 2 für Klasse 9 in Gemeinschaftskunde (Presse in der DDR). Als mögliches Zusatzthema ist vorgesehen: "Neue Medien und mögliche Auswirkungen". Neben einigen Einheiten im Fach Musik (Musikhören) sind hier noch wichtig die Einheiten "Fotographie/Film" in Bildender Kunst.
Für die Realschule ist die entsprechende Einheit für Klasse 7 vorgesehen, in Klasse 8 wird ja bekanntlich Gemeinschaftskunde nicht erteilt. Die Ziele lauten hier so: Der Schüler lernt die Bedeutung für unsere Gesellschaft und unseren freiheitlichen demokratischen Staat kennen. Indem er sich mit der Art und Funktion der Medien beschäftigt und deren Einfluß erkennt, gewinnt er Handlungshilfen für den Umgang mit ihnen. Dadurch wird er befähigt, aus ihrem vielfältigen Angebot auszuwählen und die Möglichkeiten, die in den Medien stecken, sinnvoll zu nutzen.

Außerdem vorgesehen sind hier sechs Einheiten in Musik (Musikhören) und fünf in Bildender Kunst, die sich mit Fotographie und Film beschäftigen und jeweils auch praktische Versuche vorsehen. Im Fach Ethik berühren einige Einheiten die Bereiche Medien ("Zwischen Kindheiten und Erwachsensein", "Enttäuschungen und ihre Überwindungen", "Konsum", "Individuelle Freiheit in Selbstverantwortung", "Konflikte und Konfliktregelung" und "Glück").

Umfassender als in den Lehrplänen ist die medienpädagogische Konzeption der Landesregierung in der 1984 erschienenen Schrift "Neue Medien und moderne Technologien in der Schule. Stand, Ziele, Maßnahmen", dargelegt. Es heißt darin unter anderem: "Die Medienerziehung beschäftigt sich mit dem Problem, wie die jungen Menschen an den richtigen Gebrauch der Medien, vor allem der Massenmedien, herangeführt werden sollen. Sie sollen dabei also lernen, mit den Medien sinnvoll umzugehen".
Und: "Medienerziehung bedeutet insbesondere die Hinführung der Schüler zu einem sachgerechten, kritisch-distanzierten und konstruktiven Umgang mit Medien" (S. 25 f.).
Es wird auch etwas näher ausgeführt, wie dies zu erreichen ist: "Medienerziehung darf nicht nur bei der Betrachtung und Analyse von Darbietungsweisen und Techniken und ihre Auswirkungen auf die Gesellschaft stehenbleiben. Im Mittelpunkt der Medienerziehung muß die Diskussion der Inhalte und die Beschäftigung mit den intendierten Wert- und Normpositionen stehen".
Und: "Ein Schüler, der Gelegenheit hat, Medien selbst zu gestalten, lernt Produktionsbedingungen und Beeinflussungsmöglichkeiten am besten kennen und gewinnt ein kritisch-distanziertes Verhältnis". Mit dem letzten Hinweis gehen die Autoren über das hinaus, was gemeinhin unter Medienerziehung verstanden wird. Zumeist wird Medienerziehung nämlich ausschließlich verstanden als Analyse der vorgefundenen Mediensituation. Das reicht aber - das zeigen die bisherigen Erfahrungen - nicht. Allerdings sind die Schulen bisher materiell nur selten so ausgestattet, daß eine konstruktive, selbst gestaltende Medienarbeit möglich wäre. Außerdem

sind nur sehr wenige Lehrerinnen und Lehrer auf eine solche Arbeit vorbereitet. Kritisch angemerkt werden muß allerdings, daß - wie bei den Lehrplänen - auf eine fundierte theoretische Grundlegung (Medientheorie) verzichtet wird.

Kinder und Medien - einige Daten als Ausgangspunkt von Medienerziehung

Unsere heutigen Kinder sind - ich habe zu Beginn bereits darauf hingewiesen - "Medienkinder". Sie benutzen die verschiedensten Medien mit einer Selbstverständlichkeit, die Erwachsene nicht selten verblüfft. Technische Geräte stellen für sie häufig einen großen Reiz dar, den Umgang mit ihnen zu lernen, macht Spaß. Besitz und die Fähigkeit, mit den Geräten umzugehen, haben im Freundeskreis hohen Prestigewert.
Die meisten Daten zur Mediennutzung weisen nach, daß das Fernsehen am ausgiebigsten genutzt wird. Um zwei Stunden oder etwas darüber ist die tägliche durchschnittliche Nutzungszeit des Fernsehens bei Kindern und Jugendlichen. Viele haben dabei sogar die Möglichkeit, über ein Zweit- oder Drittgerät in der Familie das Programm ganz nach eigenen Wünschen zusammenzustellen oder über einen Videorecorder sogar Filme anzuschauen, die im öffentlichen Programm nicht oder noch nicht zu sehen sind. Nicht nur wegen dieses großen quantitativen Umfangs wird dem Fernsehen die nachhaltigste Wirkung nachgesagt. Die Faszination, die von den bewegten Bildern ausgeht, ist sehr groß, außerdem verlangt das Medium wenig eigene Aktivität, es ist auch über längere Strecken hinweg bequem zu nutzen.
Allerdings stehen sich in der Wirkungsforschung auch heute noch - nach einer großen Zahl von neueren Veröffentlichungen vor allem zur Wirkung von Gewaltdarstellungen (vgl. hierzu den Beitrag von Ursula Coburn-Staege) - verschiedene Positionen gegenüber. Vielleicht kann man - bei allen Gegensätzen - soviel sagen: Wirkungen lassen sich nicht monokausal auf das Fernsehen zurückführen, sie entstehen immer aus einem Wirkgefüge verschiedenster Faktoren. Will man hier genaueres sagen, sind die Kommunikationsbedingungen und der Rezeptions-

vorgang selbst mit einzubeziehen. Schon die vielfach beklagte Beobachtung, daß nach einem verregneten und damit "fernsehintensiven" Wochenende die Kinder wieder besonders unruhig und unkonzentriert sind, läßt sich nur mit Einschränkungen auf die Wirkungen des Fernsehens zurückführen, denn die Aussage läßt andere mögliche Faktoren (Streit der Eltern, Wochenendfrust, usw.) unberücksichtigt. Es wird deutlich, daß haltbare Aussagen eigentlich nur aus Einzelprofilen der Mediennutzung unter Einbeziehung einer Vielzahl anderer Daten möglich sind. (Entsprechende Untersuchungen an Einzelfällen finden sich in der Literatur in letzter Zeit häufiger; ein Beispiel für solche qualitative Medienforschung: Jan-Uwe Rogge/Klaus Jensen, 1986).
Die ausgiebige Nutzung von Massenmedien durch Kinder und Jugendliche hat sicher ihre Vorteile, bringt aber auch eine Reihe von Problemen mit sich. Wenngleich diese Gefahren manchmal überzeichnet werden und wissenschaftlich beileibe nicht als gesichert betrachtet werden können, stelle ich im folgenden einige mir wesentlich erscheinende vor:

1. Alle Massenmedien - vor allem aber Tageszeitungen, Illustrierte und Fernsehen - bieten täglich eine sehr große Zahl von Informationen an. Zu einem erheblichen Teil befassen sich diese mit "besonderen Ereignissen", also mit Unfällen, Katastrophen, Verbrechen, Kriegen, Naturkatastrophen usw., kurz mit "Sensationsmeldungen". Dafür gibt es verschiedene Gründe - wichtig in unserem Zusammenhang ist vor allem, daß mit diesen Meldungen eine Unzahl von grauenvollen und erschreckenden Bildern ins Haus kommt, und man sich fragt, ob dies auf Dauer zu verdauen ist, ohne dabei abzustumpfen oder verrückt zu werden.

2. Medien haben in unserer gesellschaftlichen und politischen Ordnung die wichtige Aufgabe, aufzudecken und anzuprangern, wo etwas nicht in Ordnung ist. Diese Aufgabe der Medien ist Bestandteil unserer demokratischen Ordnung. Die Folge ist, daß Nachrichten sich stark mit Unzulänglichkeiten, Mißständen, Fehlern, Skandalen befassen. Politik stellt sich

für Kinder - zum Teil auch für Erwachsene - als etwas Schmutziges dar, ob zu recht oder zu unrecht sei einmal dahingestellt.
Es fällt vor diesem Hintergrund schwer, gleichzeitig zum Engagement für politische und gesellschaftliche Belange zu ermuntern.

3. Medien bringen in starkem Maße Erwachsenenwelt ins Haus. Gegenstände und Fragestellungen sind erwachsenenbestimmt. Häufig werden Kinder und Jugendliche mit Antworten auf Fragen konfrontiert, die sie nie gestellt haben. Neil Postman sprach in diesem Zusammenhang schon vor einigen Jahren vom "Verschwinden der Kindheit", D. Baacke von der "bewegten Verbildlichung alles überhaupt Vorstellbaren".

4. Einige Autoren (z.B. J. Mander/Keilhacker) gehen noch einen Schritt weiter und weisen darauf hin, daß schon durch einen Versuch, Wirklichkeit im Fernsehen abzubilden, Verfälschungen entstehen. "Das Fernsehen (erschließt) nicht die volle Wirklichkeit der Umwelt einschließlich der Mitmenschen, sondern nur einen sehr einseitig ausgewählten Ausschnitt aus dieser Umwelt. Dabei verfälscht es auch noch diesen Ausschnitt so, daß ein Wahrnehmen der wirklichen Welt, vollends ein Erkennen und Verstehen derselben unmöglich ist" (Keilhacker, 1981, S. 137). Michael Schwarze faßt dies so zusammen: "In einem türkischen Witz ist von einem Besucher aus dem Weltraum die Rede, der beim Anblick der Erde in Begeisterung gerät. Das sei noch gar nichts, schwächt der Erdenbewohner ab, sie müßten sie erst einmal im Fernsehen betrachten" (M. Schwarze, 1984, S. 31).

5. Medien wollen Zuschauer bzw. Konsumenten nicht verprellen, sondern bei der Stange halten. Dies gilt verstärkt, seit es auch im Fernsehen private Konkurrenz gibt. Das bedeutet, Medien müssen in zunehmendem Maße unterhalten, das gilt unbeschadet der vorausgegangenen Punkte. Beinahe

unabhängig von der Tragweite des eigentlichen Ereignisses wird es unterhaltend verpackt; für den Zuschauer wird es zusehends schwieriger, zu unterscheiden zwischen Wichtigem und Unwichtigem, er läuft Gefahr, sich "zu Tode zu amüsieren" (N. Postman).
"Das Fernsehen ist ein Unterhaltungsmedium. Es verwandelt buchstäblich alles in 'entertainment', Spiel,Zeitvertreib, Amüsement wird verlangt, und das Fernsehen verwandelt Religion, Politik, Wirtschaft in Unterhaltung" (I.Fetscher, 1985).

6. In der eigentlichen Unterhaltung dominiert zunehmend das, was als "Massengeschmack" bezeichnet wird, eben das, womit hohe Verkaufszahlen bzw. Einschaltquoten erzielt werden. Fernsehunterhaltung bevorzugt die Serie ("Dallas", "Denver", "Schwarzwaldklinik"), und diese kommt beim Zuschauer an, eben weil sie in Serie kommt. Man kennt sich aus, womöglich besser als im richtigen Leben, nicht die Qualität der einzelnen Sendungen ist wichtig, sondern die Wiederkehr, das Wiedererkennen. Das wesentliche Prinzip des Fernsehens ist das der Dauer. "Fernsehsendungen sind sozusagen Untermieter, die schon halb zur Familie gehören" (Schwarze, 1984, S. 36).

7. Massenmedien werden von Profis produziert. Sie kennen ihr Repertoire an Möglichkeiten, das Publikum zu faszinieren und setzen es ausgiebig und zielgerecht ein. Unter dem Zwang, "attraktiv" zu sein und zu bleiben, ist der kurze Effekt gefragt, weniger die weit ausholende, nachdenklichere Geste. Alles muß kurz, bunt, knallig, poppig, fetzig, jung, dynamisch ... sein. Selbst an sich gute Kindersendungen ("Sesamstraße", "Sendung mit der Maus" o.ä.) verfallen dieser Hektik und dieser Überladung. Es bleibt keine Zeit, etwas zu verarbeiten.

8. Die bewegten Bilder des Fernsehens faszinieren. Die eigentliche Nachricht ist aber häufig im Text enthalten, die gelieferten Bilder sind nur Beiwerk. Trotzdem überlagert das Bild die Sprache - Kinder und auch Erwachsene erinnern oft

nur wenig von dem, was gesagt wurde, die Bilder verdrängen die Sprache.

9. Vor allem das Fernsehen hat das Familienleben nachhaltig beeinflußt. Der Versuch in Berlin, bei dem sich zwei Familien bereiterklärt haben, vier Wochen auf das Fernsehgerät zu verzichten, zeigt dies überdeutlich. Auch wo die Abhängigkeit nicht so ausgeprägt ist, gibt es Indizien für die Bedeutung des Fernsehens: das Gerät hat häufig einen zentralen Platz in der Wohnung, Essenszeiten und Besuchszeiten sind durch das TV-Programm bestimmt, Kinder- und Erwachsenenfernsehen gehen oft nahtlos ineinander über, nur selten stiftet das Fernsehen Gesprächsbereitschaft, wenn, dann häufig über Randerscheinungen oder Nebensächlichkeiten. Das Medium läßt durch seinen fortlaufenden Fluß ja Gespräche auch kaum zu.

Dies also einige Problempunkte aus dem Bereich der Massenmedien. Die Reihe ließe sich noch fortsetzen, mag in unserem Zusammenhang aber erst mal genügen. Was ergibt sich hieraus für die Medienerziehung an der Schule?

Folgerungen für Medienerziehung an der Schule

Massenmedien nehmen starken Einfluß auf viele Lebensbereiche, zum Teil bestimmen sie unsere Lebensgestaltung mit. Gleichzeitig stehen sie selbst in konkreten gesellschaft- und politischen Gegebenheiten, die ihre Erscheinung, ihre Rechtsform, ihre Interessen usw. mitbestimmen. Einige Erscheinungsformen oder Absichten sind politisch umstritten (Kabelfernsehen, Pressekonzentration, Enthüllungsjournalismus), zum Teil bahnen sich ganz neue Möglichkeiten an. Für Medienerziehung bedeutet dies: Massenmedien sind immer in ihren gesellschaftlichen Verhältnissen zu sehen. Breuer formuliert dies so: "Medien verdanken ihre Existenz bestimmten gesellschaftlichen Verhältnissen. Daher ist Medientheorie nur auf der Grundlage von Gesellschaftstheorie zu leisten. Medienpädagogik ist immer auch politische Bildung mit dem Auftrag, aktive Nutzung der Medien durch ihre Adressaten zu ermöglichen" (in Breuer u.a. 1979, S. 71). Ziele medienpädagogischer Arbeit sind also die Verbesserung der Kommunikationsfähigkeit und die Vermittlung von Handlungskompetenz. Mit anderen Worten, es genügt nicht, die Medien in ihren vielfältigen Aspekten zu analysieren, sondern die Fähigkeit, die Medien handzuhaben und sie zur Artikulation eigener Vorstellungen und Bedürfnisse zu benutzen, ist genauso wichtig.

Diesen Aspekt hat bisherige Medienerziehung vielfach vernachlässigt. Ihr Ansatz ging oft davon aus, daß sich allein über die Analyse der vorgefundenen Wirklichkeit Medienverhalten im eingangs definierten Sinn verändern lasse. Dabei wurde übersehen, daß für eine entsprechende Analyse der vielfältigen Themenfelder - Rechtsformen von Presse, Rundfunk und Fernsehen, Presse-/Meinungsfreiheit, Gestaltungsmittel in den Medien, Beeinflussung durch Medien, Einflüsse auf die Medien, um nur einige zu nennen - längst nicht genügend Zeit zur Verfügung steht, daß sich viele Fragestellungen ihrer Schwierigkeiten und Differenziertheit wegen - erst in höheren Klassen bearbeiten lassen und daß auf diesem Weg wieder - wie so oft in der Schule - einseitig kognitiv-analytische Fähigkeiten gefragt sind.

Konkrete eigene Medienarbeit, mit der Absicht, die eigenen Vorstellungen umzusetzen, macht quasi nebenher sensibler für bestimmte Fragestellungen. Wer auch nur bescheidene Versuche mit der Videokamera hinter sich hat, betrachtet Filme im Fernsehen und auf der Leinwand mit anderen, meist kritischeren Augen.

Der erfolgversprechendste Weg der Medienerziehung ist wohl der, der eigengestalterische Momente mit analytischen sinnvoll verbindet.

Vor allem aber wird die Rezeption selbst aktiver, d.h. die Bezüge, Zusammenhänge und Hintergründe werden vielfältiger, es findet mehr Auseinandersetzung mit dem Aufgenommenen statt. Damit ist ein ganz wesentlicher Schritt erreicht auf dem Weg zur Verbesserung der Kommunikationsfähigkeit und der Erwei-

terung der Handlungsfähigkeit.
Nun wird man einwenden, daß nicht jede Schule in ein Fernsehstudio umzuwandeln ist und überhaupt eine entsprechende Ausstattung und entsprechendes Personal fehle.
Das ist aber sicher richtig. Praktische Medienarbeit fängt aber viel bescheidener an, eigene Filme mit der Videokamera oder mit der Super-Acht-Ausrüstung zu drehen, ist nur eine Möglichkeit unter vielen - wenn auch vielleicht die reizvollste und interessanteste.
Geeignete Hilfsmittel für praktische Medienarbeit sind auch Zeichenwerkzeug, der Kassettenrecorder, eine einfache Kamera oder ein Fotolabor oder eine Schuldruckerei. Die Palette der Gestaltungsmöglichkeiten ist groß: Plakate herstellen, Hörspielszenen aufnehmen, Fotoserien herstellen, eine Zeitung machen usw. Schon einfache Versuche zeigen, daß Kinder sehr schnell beginnen, sich mit den Gestaltungsmitteln des jeweiligen Mediums auseinanderzusetzen, daß sie überlegen, wie etwas besser herauskommen könnte, kurz, daß sie mit den Möglichkeiten des Mediums umgehen lernen. Auch inhaltlich sind eigentlich keine Grenzen gesetzt: es kann sich sowohl um Gegenstände des Lehrplans handeln, die so aufgearbeitet werden, als auch um schulische Veranstaltungen, die vorbereitet werden oder eigens für die Medienarbeit ausgesuchte Aufgaben. Wichtig ist eigentlich nur, daß über die gestalterischen Momente und ihre Wirkungen gesprochen wird und diese nach Möglichkeit in die weitere Medienerziehung eingebunden werden. In diesem stärker theoretisch und analytisch orientierten Bereich wird es zunächst auch darum gehen, das Medienverhalten der Schüler möglichst genau zu erfassen. Es ist hierbei nicht damit getan, die durchschnittliche Fernsehzeit zu ermitteln und vielleicht noch ein paar Lieblingssendungen herauszusuchen. Damit ist Medienverhalten noch viel zu ungenau erfaßt, und das muß den Schülern deutlich werden. Ich will nur einige Fragen nennen, die in diesem Zusammenhang wichtig sind:
Welche Rolle spielen andere Medien? Wird beispielsweise Tageszeitung gelesen? Wenn ja, welche Teile? Welche Zeitschrif-

ten spielen eine Rolle? Wann wird Rundfunk gehört? Welche Sendungen? Wie ist die eigene Medienausstattung? Wird diese auch aktiv benützt? (eigene Aufnahmen mit dem Kassettenrecorder - Bilder mit der Fotokamera?).
Auch das Umfeld der Mediennutzung ist wichtig. Wird mit Freunden Musik gehört oder nur allein? Fernsehen als hauptsächliche Freizeitbeschäftigung oder nur, wenn sich nichts anderes anbietet? Wenn ferngesehen wird, wird darüber gesprochen? Mit wem? Schon diese wenigen Fragen machen deutlich, was ich eingangs bereits angesprochen habe: Mediennutzung ist nicht gleich Mediennutzung. Zwei Stunden Fernsehen pro Tag kann in einem Fall wirklich zuviel, im anderen recht unproblematisch sein. Neuere Untersuchungen zeigen nämlich, daß größere Fernsehnutzung durchaus auch Ausdruck eines allgemein größeren Interesses sein kann. Nicht selten haben sehr aktive Menschen auch einen relativ hohen Nutzungsgrad von - allerdings meist sehr verschiedenen - Medien. Das gilt es zu berücksichtigen, wenn mit Schülern über ihr Medienverhalten gesprochen wird.
Ganz wesentlich scheint mir auch, vor allem auch im Hinblick auf politische Bildung, daß sich die Schule und einzelne Klassen selbst der Medien bedienen, um Interessen zum Ausdruck zu bringen. In der Schülerzeitung oder mit einem Leserbrief Stellung zu beziehen, macht eigene Standorte deutlich, gibt sie frei zur öffentlichen Auseinandersetzung und zeigt auch Schwierigkeiten, eigene Positionen so darzustellen, wie sie gemeint sind. Die Auseinandersetzung mit anderen Positionen aber ist ein wesentlicher Bestandteil unserer demokratischen Ordnung, es ist gut, dies in der Schule als eine selbstverständliche Sache kennenzulernen. So verstandene Medienerziehung, das ist wohl deutlich geworden, kann auch nicht Sache eines Faches oder weniger Unterrichtsstunden sein. Dazu sind die Gegenstände viel zu komplex, es sind Fachkenntnisse aus sehr unterschiedlichen Bereichen erforderlich. Hier sind auch die Ausbildungsgänge für Lehrer gefordert, entsprechende Qualifikationsmöglichkeiten anzubieten.
Medienerziehung findet aber auch dort statt, wo sie gar nicht als solche ausgewiesen ist: überall, wo die Schule selbst Medien einsetzt - und das tut sie ja hoffentlich oft - werden

Einstellungen zu diesen geprägt. Wer sensibel ist für die Belange von Medienerziehung, wird auch dort medienkritisch arbeiten, d.h. Hinweise geben zur Gestaltung, zu fehlerhaften oder umstrittenen Darstellungen, zu anderen Darstellungsmöglichkeiten, zum Hersteller und seinen vermutlichen Interessen usw. Wenn dies umfassend geschieht, haben wir gute Chancen, daß die Abhängigkeit von den Medien nicht zu groß wird. Wer in der Lage ist, Medien selbst aktiv zu gestalten und dem Medienangebot kritisch gegenübertritt, ist sicher auch geschützt vor medienbedingter Isolation und Realitätsverlusten. Keilhacker formuliert dies so: "Je mehr die Zahl und Arten der Medien zunehmen und je weiter sich ihre Wirkungsbereiche ausdehnen, umso wichtiger wird es für uns alle, daß wir uns eine eigene, unmittelbar erfahrbare Welt erhalten, die wir mit unseren eigenen Sinnesorganen wahrnehmen, mit der wir uns unmittelbar handelnd und aktiv eingreifend beschäftigen und auseinandersetzen. Wir brauchen vor allem Freunde und Bekannte, mit denen wir unsere Erlebnisse und Erfahrungen unmittelbar austauschen können, einen festen Boden der Wirklichkeit, von dem aus wir die Wirklichkeit der Medien messen und beurteilen können" (Keilhacker, 1981, S. 137).

Verwendete Literatur:

Dieter Backe, Faszination und Einbildungskraft. Für eine produktive Aneignung der Bilderwelt. In: mp 4/1984, S. 4f.

Klaus-Detlef R. Breuer/Jürgen Hüther/Bernd Schorb, Medienpädagogik als Vermittlung von Handlungskompetenz. In: diess., Neue Texte Medienpädagogik. Jahrbuch für Forschung und Praxis. Ehrenwirth/ München 1979, S. 15-33.

Wolfgang Brudny, Bilder, die die Sprache verdrängen. In: Süddeutsche Zeitung vom 20.5.1978.

Iring Fetscher, Wie das Fernsehen alles völlig verdreht. In: "Die Zeit" vom 8.11.1985, S. 12f.

Imme de Haen, Wieviel Fernsehen braucht ein Kind? Funktionen kindlicher Mediennutzung. In: mp 3/1983, S. 7-11.

Martin Keilhacker, Das Verhältnis der Medien zur Wirklichkeit. In: Medien und Erziehung Jg. 1981/Heft 3, S. 131ff.

Neil Postman, Das Verschwinden der Kindheit. Frankfurt/Main 1983.

ders., Wir amüsieren uns zu Tode. Urteilsbildung im Zeitalter der Unterhaltung. S. Fischer/Frankfurt 1985.

Jan-Uwe Rogge/Klaus Jensen, Über dem Umgang mit Medien in Familien. Betrachtungen über alte Probleme und neue Belastungen im Alltag. In: Aus Politik und Zeitgeschichte. Beilage zur Wochenzeitung: Das Parlament vom 18.1.1986, S. 11-25.

Jan-Uwe Rogge, Wider die Zeigefingermoral in der Medienpädagogik. Verstehen und unterstützen statt Vorurteile und Schuldgefühle machen. In: Theorie und Praxis der Sozialpädagogik Nr. 6/1985, S. 301-303.

Neue Medien und moderne Technologien in der Schule. Stand, Ziele, Maßnahmen. Ministerium für Kultus und Sport Baden-Württemberg, Stuttgart, Juli 1984.

Lehrpläne für Grund-, Haupt- und Realschule in Baden-Württemberg (Stand: 1984).

F. Bay

Tierdarstellungen in den Medien - Anthropomorphismen als didaktisches Problem

1. Vorwort

Anthropomorphismen - man stolpert fast über dieses Wortungetüm. Meines Wissen spielt der Begriff nur in der Didaktik der Biologie eine gewisse Rolle, in anderen Fächern nicht. Was ist darunter zu verstehen?

Kurz gesagt: Anthropomorphismen sind "vermenschlichte Darstellungen biologischer Sachverhalte". Man kann etwas sowohl in der Sprache wie im Bild darstellen, Anthropomorphismen gibt es also auf sprachlicher wie auf ikonischer Ebene. In den audiovisuellen Medien sind beide Formen miteinander verbunden.

Mein Beitrag erörtert zunächst Anthropomorphismen in Sprache und bildlicher Darstellung jeweils getrennt, dann ihre Wirkung in den AV-Medien, insbesondere in Film und Fernsehen.

2. Anthropomorphismen in der Alltagssprache

Beobachtet man Kinder - aber auch Erwachsene - beim Versorgen ihrer Tiere, so fällt auf, daß sie mit ihnen sprechen wie mit einem Geschwisterchen oder einem guten Freund. Wir deuten dies als ein ganz normales Zeichen emotionaler Zuwendung. Das Tier versteht zwar im allgemeinen nicht die Bedeutung der einzelnen Worte, der Tonfall und die Körpersprache des Menschen sind jedoch deutliche Zeichen, aus denen das Tier etwas über die Gestimmtheit des Menschen ablesen kann. Mensch und Tier lernen in dieser Partnerschaft voneinander, sie verstehen einander. Allerdings überschätzen Menschen oft dabei die Rolle der Sprache.

Dieses gegenseitige Verstehen zwischen Mensch und Tier ist ein ganzheitliches Phänomen, bei dem die Sprache ein Faktor unter anderen ist, vielleicht nicht einmal der wichtigste.

Weil in der Kommunikation unter Menschen jedoch der Sprache eine ganz entscheidende Rolle zukommt, lassen wir uns täuschen. Wir denken und handeln egozentrisch und erwarten, daß das Tier mit uns "spricht", wenigstens jedoch auf unsere Ansprache erwartungsgemäß reagiert. Besonders anschaulich wird dies in unserem Verhältnis zum häufigsten Haustier, dem Hund. Hunde sind neugierig und lernen schnell. Ein frisch gekaufter, junger Hund gewöhnt sich rasch an seinen neuen Herrn. Er lernt auch einige Worte zu verstehen, die er häufig zu hören bekommt. Für die Erziehung und Ausbildung eines Hundes ist jedoch konsequentes Vorgehen erforderlich. Der Hund lernt am Tonfall, wann welche Leistung von ihm erwartet wird. Ob z.B. dabei das Wort "sitz" oder "gion" gebraucht wird, ist gleichgültig. Der Mensch muß nur immer dasselbe Hörzeichen einsetzen und den Hund nach der Leistung reichlich loben. Verläßliche Partnerschaft zeigt sich darin, daß man sich an Vereinbarungen hält.

Eine wichtige Aufgabe des Sachunterrichts in der Grundschule bzw. des späteren Fachunterrichts ist es, die Schüler schrittweise aus ihrer egozentrischen Sicht der Welt herauszuführen. Das ist zumindest bei Grundschülern schwer und erfordert Geduld. In diesem Alter fehlt dem Kind noch die logische Konsequenz und Widerspruchsfreiheit des Denkens, die zwar auch der Erwachsene nicht immer leisten kann, die jedoch die Grundlage der Naturwissenschaften bildet. Das Pflegen von Pflanzen und Tieren ist dafür ein wichtiges, altersgemäßes Thema. Wenn wir tiergerecht denken, handeln und argumentieren und dabei Anthropomorphismen abbauen bzw. vermeiden wollen, brauchen wir kindgerechte Beispiele.

Man muß z.B. Schüler der 1./2. Klasse schrittweise zu einem tiergerechten Verhalten hinführen. Den Kindern soll erst einmal bewußt werden, daß Tiere kein Spielzeug, sondern Lebewesen mit eigenen Bedürfnissen sind. Die Kinder urteilen vorschnell und ungerecht, wenn sie einfach sagen, ein Tier sei "böse" oder "lieb". Darin besteht ja der Unterschied zwischen einem Stofftier (z.B. Plüschhase) und einem Kaninchen, daß wir anerkennen, daß es mal nicht so will wie wir. Ein Stofftier ist immer zur Hand und nimmt keine Vernachlässigung übel. Ein lebendes Tier hat eigene Bedürfnisse, die es zu respektieren gilt. Die Schüler müssen lernen, Tiere genau zu beobachten. Ein Kaninchen, ein Hamster oder ein Hund können uns sehr genau ihre Stimmungen signalisieren. Sie "sprechen" zu uns in ihrer "Körpersprache", d.h. ohne Worte (vgl. Abb. 1). Aufmerksame Schüler wissen dies bereits aus Erfahrung, den anderen muß man es erklären. Haben die Kinder jedoch einmal diesen Gedanken der Verständigung über optische Signale erfaßt (die es in ähnlicher Form ja auch beim Menschen gibt) lassen sie sich gerne auf dieses "Denkschema" ein und finden eigene Beispiele. So ist die Anleitung zur tiergerechten Pflege ein verläßlicher Weg, um Schüler aus ihrer egozentrischen Sichtweise herauszuführen und zu einem partnerschaftlichen Verhalten zu erziehen.

«Ich will mit dir spielen.»

«Grüß dich, freut mich, dich zu sehen.»
(Dazu heftiges Schwanzwedeln.)

«Hoch aufgerichtet bekomme ich einen guten Überblick über die Lage»

«Jetzt hört der Spaß aber auf!»

«Ich brauch ein bißchen Ruhe»

«Ich habe Angst.»

Pfoten hoch und Ohren flach: der Hamster droht «Laß mich in Ruhe!»

Pfoten runter, Ohren hoch: der Hamster ist neugierig

«Du bist mein Herr, sei lieb zu mir.»

«Komm mir nur nicht näher, sonst schnapp ich zu.»

Abb. 1: Körpersprache bei Tieren.
Für die Kommunikation zwischen Tier und Mensch sind oft Signale der Körpersprache wichtiger als die Laute, die abgegeben werden. Sprachliche Begriffe fehlen den Tieren. Man kann jedoch die beobachtbaren Körperhaltungen und Bewegungen in die menschliche Sprache übersetzen. Dafür gibt es Fachbegriffe wie "Spielaufforderung", "Grußzeremoniell" oder "Demutsgebärde". Für den Sachunterricht genügt jedoch eine Übersetzung in die Alltagssprache. (Abbildungen aus Adrian, Ch.: Welches Haustier paßt zu mir? Hamburg 1982)

Anthropomorphismen gibt es jedoch nicht nur bei Kindern. Auch Erwachsene verhalten sich den Lebewesen in der Natur gegenüber nicht anders, nämlich egozentrisch. Wir sprechen von "Unkraut" oder "Ungeziefer", wir teilen die Lebewesen in "Schädlinge" und "Nützlinge" ein. Jahrzehntelang hat auch die Schule dieses Denken im Biologieunterricht gefördert. Es ist eine Denkweise, die von der Allmacht des Menschen ausgeht, ihn selbst in den Mittelpunkt stellt und zu wenig beachtet, daß wir ja selbst ein Teil der Natur sind. Alte Schulbücher strotzen in ihrer Sprache manchmal geradezu von Anthropomorphismen. In jeder Disziplin erfolgt jedoch eine ständige Überprüfung der Fachbegriffe. So kann man anhand eines Schulbuchvergleichs gut erkennen, daß in der Biologie-Didaktik Fortschritte im Vermeiden von Anthropomorphismen erzielt worden sind.

Man hat erkannt, daß der Sprachgebrauch in der Schule wesentlich darüber entscheidet, welche Grundvorstellungen wir unseren Schülern vermitteln. So gesehen ist es nicht gleichgültig, ob wir von "Greifvogel" oder "Raubvogel" sprechen. Den Begriff "Räuber" assoziiert bei uns die Vorstellung von etwas Unrechtmäßigem, das bestraft werden muß. Greifvögel verhalten sich jedoch ganz naturgemäß. Tiere, die andere Lebewesen zum Zweck der Ernährung töten, gehören notwendig zum eingespielten biologischen Gleichgewicht in der Natur. Menschliche Moralvorstellungen sind hier fehl am Platz, ja sie verhindern geradezu das Entstehen einer sachgerechten Einstellung. Zum Verständnis des biologischen Gleichgewichts brauchen die Schüler einen Text, der den Sachverhalt in neutralen Begriffen beschreibt (s. Textvergleich).

Zwei Schulbuchtexte:

Der Hühnerhabicht.

1. Ein Räuber.
Der Habicht ist der schlimmste Räuber unter unseren Vögeln. Fast kein Vogel ist vor ihm sicher. Besonders hat er es auf die Singvögel abgesehen. In seiner Frechheit stößt er aber auch mitten auf dem Bauernhofe zwischen die Küchlein...

2. Seine Mordwaffen.
Zu seinem Räuberhandwerke ist der Habicht mit furchtbaren Waffen ausgerüstet. Der Oberschnabel ragt mit harter Spitze wie ein Haken über den Unterschnabel hervor. Mit ihm zerreißt und zerhackt er seine Beute. Die Krallen sind gekrümmt und spitz wie Nadeln. Mit ihnen packt er die Tiere so fest, daß gleich das Blut aus den Wunden fließt.

3. In der Räuberhöhle.
...Der Horst wird dann zu einer wahren Schlachtbank. Des unschätzbaren Schadens wegen wird der tückische Räuber eifrig verfolgt. Er wird daher immer seltener und steht heute unter Naturschutz.

(aus dem Realienbuch von Kahnmeyer und Schulze, 1934, zitiert nach Friemann 1981, S. 69)

4.4 Mäusebussard und Feldmaus

Das Bussardrevier. Am Waldrand, ganz oben auf einer Eiche hat ein Mäusebussardpaar seinen Horst gebaut. Im April legte das Weibchen nacheinander 3 Eier in das Nest. Inzwischen sind alle Jungen geschlüpft. Immerzu reißen sie ihre Schnäbel auf und betteln um Futter.
Das Jagdgebiet des Paares ist 2 km^2 groß. Felder, Wiesen und ein Stück Wald wechseln sich darin ab. Hier leben etwa 200 000 Feldmäuse. Früher, als dieses Gebiet noch Gras- und Heideland war, reichte die Nahrung in diesem Bussardrevier für 20 000 Feldmäuse.
Nahrungsbedarf. Ein erwachsener Bussard nimmt täglich 150 g Nahrung zu sich, ein Bussardpaar also 300 g. Alle Jungen verzehren zusammen ebenfalls 300 g. Damit kann die Rechnung beginnen: Eine Feldmaus wiegt etwa 30 g. Bei reiner Mäusekost frißt eine Bussardfamilie etwa 20 Mäuse am Tag. Allein in den 40 Tagen bis zum Ausfliegen der Jungen sind das 800 Mäuse. Berechnet man den Nahrungsbedarf der Bussardfamilie für das ganze Jahr, so kommt man auf 5000 bis 6000 Mäuse. Eine Bussardfamilie wird weder mit 20 000 noch mit 200 000 Feldmäusen im Jahr fertig. Warum nehmen die Feldmäuse aber dann nicht von Jahr zu Jahr weiter zu?
Die Feldmaus und ihre Feinde. Der Bussard ist nicht der einzige Feind, der den Feldmäusen nachstellt. Wie du im Bild zu Beginn dieses Kapitels siehst, gehören auch Turmfalke, Waldkauz, Schleiereule, Fuchs, Wiesel, Iltis, Mauswiesel, Kreuzotter und streunende Katzen dazu. Alle diese Feinde fangen in einem guten Mäusejahr etwa 140 000 Feldmäuse auf einem Gebiet von 2 km^2 .
* Der Mäusebussard ist nur einer unter vielen Feinden der Feldmaus.
Alle Feinde zusammen wirken sich auf die Anzahl der Mäuse deutlich aus.
* Wo viele Mäuse vorkommen, nimmt ihre Zahl nur dann stark ab, wenn neben dem Bussard auch andere Tiere, vor allem der Fuchs, Jagd machen.

Auch hier gibt es eine Abhängigkeit zwischen Räuber und Beute: Ist die Anzahl der Feldmäuse groß, legt das Bussardweibchen mehr Eier. Da es genug Futter gibt, werden auch alle Jungen groß. Die anderen Feinde der Feldmaus vermehren sich ebenfalls stärker. Mehr Feinde fressen aber auch mehr Mäuse. Die Mäuse nehmen wieder ab. Was die vielen Feinde zusammen nicht erreichen, besorgen Krankheiten und Hunger im Herbst: Jetzt ist die Zahl der Mäuse wieder so groß wie im Winter zuvor. Auch hier stellt sich also letzten Endes ein Biologisches Gleichgewicht ein.

(aus Bauer: CVK Biologie 1 NS, 1985, S. 188/189)

Man kann die Aufgabe eines Lehrers oder eines Schulbuchautors auch als Übersetzer- und Dolmetscherfunktion begreifen. Wissenschaftliche Sachverhalte sollen möglichst genau mit Begriffen der Alltagssprache erfaßt werden, unter Vermeidung entbehrlicher Fachbegriffe. Bekanntlich gibt es gute und schlechte Übersetzungen, solche, die einen Sachverhalt gut erläutern oder solche, die durch die Wahl der falschen Begriffe, Symbole oder Umschreibungen den Sinn verstellen.

Bereits aus dem alten Griechenland kennen wir die Fabeln als besondere Literaturgattung. Oberflächlich betrachtet sind Fabeln Geschichten von Tieren. Sie wollen jedoch etwas über Menschen aussagen, über deren Tun und Treiben, über deren Freud und Leid (vgl. Schäfer 1985, S. 24).

Fabeln sind also nur auf den ersten Blick Tiergeschichten. Gewiß beschreiben sie viele gut beobachtete Details aus dem Verhalten der Tiere. Schäfer legt am Beispiel des französischen Fabeldichters La Fontaine überzeugend dar, daß nur derjenige gute Fabeln schreiben kann, der mit Tieren gelebt und sie genau beobachtet hat. Jedoch gibt es Widersprüche, weil stereotype Behauptungen immer wiederkehren. So werden dem Esel Dummheit und Faulheit nachgesagt, Fuchs oder Hund sind regelmäßig schlauer als der Wolf. Einer empirischen Überprüfung halten diese Aussagen nicht stand. Vielmehr sollen die Eigenschaften der Fabeltiere auf bestimmte Menschen verweisen. Schäfer enthüllt bei Fabeln des 18. Jahrhunderts einen politischen Hintergrund. Nicht nur im Tierreich herrscht das "Recht des Stärkeren", der Schwächere muß eben sehen, wie er mit Schlauheit und List weiterkommt. So ist der Wolf ein Bild für Adlige, Fuchs oder Hund repräsentieren Bürger. Schließlich gibt es noch traurige Figuren (Bauern?), denen viel aufgebürdet wird, und die darauf mit Störrigkeit reagieren (repräsentiert durch den Esel). Fabeln haben damit eine gewisse Ähnlichkeit mit dem politischen Witz, der ja in totalitären Systemen besonders kultiviert wird.

Für den Biologen ist interessant, daß manche dieser gebräuchlichen Anthropomorphismen anscheinend eine angeborene Komponente enthalten.

3. Die optische Verankerung von Anthropomorphismen in unserer Wahrnehmung

Je länger man sich mit dem Problem der Anthropomorphismen beschäftigt, desto klarer wird, daß es sich um ein allgemein menschliches Phänomen handelt. In allen Altersstufen neigt der Mensch zu anthropomorphen Deutungen. Damit sind sie nicht mehr allein ein Problem der Schule und ihres Umfeldes. Unsere Wahrnehmungen und die Antriebe unseres Verhaltens färben das Bild von der Natur immer subjektiv. Forschungen über die menschliche Wahrnehmung haben sogar einige Gesetzmäßigkeiten erkennen lassen, die z.B. unsere Vorurteile gegenüber bestimmten Tieren leiten. Wir können diese also in manchen Fällen gar nicht unvoreingenommen betrachten. So erzeugt der Adler schon von seinem Aussehen her Bewunderung und positive Gefühle in uns. Beim Betrachten eines Kamels tun wir uns damit schwerer. Es sind ganz bestimmte Linien im Erscheinungsbild eines Tieres, die diesen Eindruck bestimmen und uns auch eine Übertragung dieses Vorurteils auf bestimmte Menschen nahelegen (vgl. Abb.2).

Wir erkennen hier eine Parallele zu den Fabeln. Bestimmte Tierfiguren eignen sich schon von ihrem Aussehen her, ihnen bestimmte Eigenschaften zuzuschreiben, egal ob diese zutreffen oder nicht. Mit realer Erfahrung hat das wenig zu tun.

In diesem Zusammenhang ist auch das "Kindchenschema" zu erwähnen, das Konrad Lorenz entdeckt und ausführlich beschrieben hat. Großer Kopf und Körper sowie kleine Gliedmaßen kennzeichnen die Gestalt. Insbesondere sind jedoch folgende Merkmale des Kopfes bedeutsam: Hohe Stirn, Stupsnase, kleine Mundpartie, Pausbacken und weit auseinanderstehende Augen. Diese Merkmalskombination finden wir niedlich. Wir wenden uns einem solchen Wesen liebevoll zu und streicheln es. Tiere, die diese Merkmale zeigen, werden gerne gepflegt und gehätschelt, während anders aussehende Tiere diese Zuwendung weniger erfahren.

In den Comics und Zeichentrickfilmen werden diese Gesetzmäßigkeiten in unserer Wahrnehmung erfolgreich vermarktet. Die dort gezeigten Tiere haben oft nur noch eine entfernte Ähnlichkeit mit realen Tieren, sprechen aber unsere Emotionen stark an, so daß wir uns mit bestimmten Figuren identifizieren, einige schön, andere dagegen häßlich finden. Es würde zu weit führen, die Gestaltungsmerkmale der Comics näher zu betrachten und ihre Gesetzmäßigkeiten aufzudecken.

Interessant ist der Wandel in der pädagogischen Wertung der Comics. Anfangs sprach man von "Schmutz- und Schundliteratur" und verdammte die Comics in Grund und Boden. Heute sieht man sie differenzierter: Comics werden vor allem abgelehnt, wenn sie inhaltlich anstößig sind. Bildgeschichte und Zeichentrickfilm haben sich jedoch als eigene Formen der Darstellung etabliert. Seit einigen Jahren verwendet man sie auch in Schulbüchern und bei der Unterrichtsgestaltung. In der Biologie-Didaktik nimmt man allerdings dazu eher eine zurückhaltende Position ein. Das beste Anschauungsmittel für die Biologie ist die Natur selbst. Ein Sachverhalt muß schon sehr abstrakt sein, wenn man den Zeichentrickfilm zur Veranschaulichung braucht, z.B. in der Genetik, Evolution oder bei biochemischen Vorgängen.

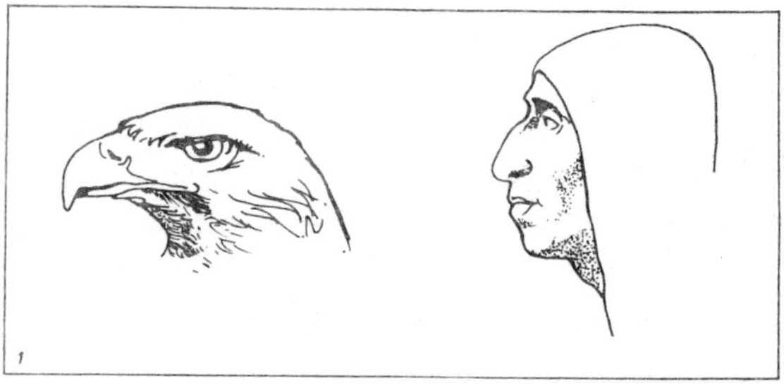

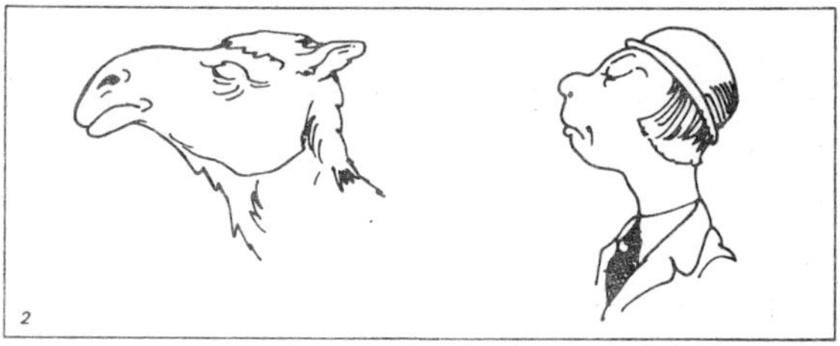

Abb. 2: Gesetzmäßigkeiten in unserer Wahrnehmung.
Wir können nicht ganz unvoreingenommen sein. Das Erscheinungsbild bestimmter Tiere fördert die Entstehung von Vorurteilen. So ist es nicht zufällig, daß der Adler als Sinnbild für Kühnheit, das Kamel als ein solches für Einbildung und Überheblichkeit gewählt wird (vgl. Kopfhaltung und Augenpartie sowie Mundpartie). Kleinkindhaft aussehende Tiere finden wir niedlich, das gilt ebenso für die Phantasiefiguren in den Comics. (vgl. Körperproportionen sowie Merkmale des Gesichts). (Abb. aus Vogel 1978, S. 98/99)

4. Biologie im Fernsehen und das Problem der Anthropomorphismen

Tiersendungen werden gerne eingeschaltet. Sie rangieren bei Kindern und Jugendlichen in der Beliebtheitsskala gleich hinter den Zeichentrickfilmen, in denen Tiere wiederum häufig die Hauptrolle spielen (z.B. Biene Maja). In einer Untersuchung der Universität Frankfurt aus den Jahren 1978/79 werden Fernsehsendungen mit biologischen Inhalten folgendermaßen gruppiert:

- überwiegend belehrende Filme
- überwiegend unterhaltende Filme
- Filme, bei denen beide Tendenzen etwa gleich stark enthalten sind.

In der Auswertung zeigt sich eine recht gute Akzeptanz aller dieser Kategorien. Es ist also keineswegs so, daß die Wissenschaftssendungen sehr wenig angenommen würden. (Für mich ist dies eine Bestätigung meines Eindrucks, denn diese Sendungen sind meist sehr gut konzipiert und auch für Schüler motivierend gestaltet). Eindeutig ist aber auch die Tendenz der Zuschauer, bevorzugt Sendungen zu wählen, die eine Verbindung von Belehrung und Unterhaltung zeigen. Kurz gesagt: Man will mehr "action", mehr Spannung.

Mehr "action" erreicht man leicht, indem man die Emotionen und Vorurteile der Zuschauer anspricht und die Tiere damit etwas "menschlicher" darstellt als sie in Wirklichkeit sind. Man dichtet ihnen z.B. Eigenschaften an, die sie gar nicht besitzen. Ich habe z.B. aus einer Sendung "Expeditionen ins Tierreich" vom 29.10.85 folgende Beispiele entnommen:
- Bei den Seeschlangen wurde das Gruseln der Zuschauer vor Schlangen aktiviert.
- Ein bestimmter Fisch wurde als "grimmiger Geselle", der Seeotter als "lustiger Geselle" vorgestellt.
- Bei der Fortbewegung eines Seeigels wurde kommentiert: Man hat das Gefühl, einen mechanischen Roboter vor sich zu haben.

Die Schüler gewinnen heute Kenntnisse über Tiere weniger durch eigene Erfahrungen als über die Medien. Insbesondere gilt dies für exotische Tiere. Vor allem die Vorerfahrungen aus dem Fernsehen entscheiden darüber, ob ein Tier als harmlos oder als gefährlich eingestuft wird.

Um so wichtiger sind medienkritische Stellungnahmen und Medienerziehung in der Schule. Die Sendereihe "Daktari", die vor etwa 10 Jahren lief, war ein besonders schlechtes Beispiel, das auch von Biologie-Didaktikern öffentlich angegriffen wurde. Die Reihe wurde nicht wiederholt. Im allgemeinen findet man nur wenige Biologielehrer, die mit ihren Schülern z.B. Fernsehsendungen über Tiere durchsprechen. Auch Schulbücher gehen bei tierkundlichen Themen selten auf entsprechende Fernsehreihen ein. Der folgende Text aus CVK-Biologie 5/6 ist eine Ausnahme:

> Auch Flipper und der Siamkater Sin verhalten sich im Film, wie das sonst nur Menschen tun. Sin konnte nicht nur fischen und Türschlösser öffnen, sondern beherrschte viele andere Kunststücke. In Wirklichkeit war das selbst für einen gelehrigen Kater zuviel. Deshalb färbte man 15 Katzen genau gleich. Einer brachte man bei, wie man Fische fängt, einer anderen, wie man Türschlösser öffnet. Alle 15 zusammen ergaben im Film die Superkatze.
> (aus Bauer: CVK Biologie 5/6, S. 199, 1976)

Die Figuren beliebter Sendungen mit Tieren eignen sich manchmal als motivierender Einstieg oder als Vergleichsobjekt für den Unterricht. Fast alle Schüler kennen zur Zeit die "Biene Maja" besser als die Honigbiene selbst. Es bietet sich geradezu an, die "Filmbiene" und die Merkmale des Insekts in Körperbau, Lebensweise und Verhalten miteinander vergleichen zu lassen (s. Tabelle).

Vergleich des Körperbaus

	Filmbiene Maja	Honigbiene
	Menschenaugen (Linsenaugen)	Insektenaugen (Facettenaugen)
	keine Punktaugen	3 Punktaugen
Kopf	2 Fühler mit Knöpfen	2 Fühler
	Menschenmund mit Lippen	Mundöffnung
	Menschenfrisur, blond	braun-gelbe Körperhaare
	Hautfarbe, Menschenhaut	Hautpanzer
	2 rosa Arme mit Händen und 5 Fingern 2 rosa Beine wie ein Mensch	6 braune Insektenbeine, Vorderbeine mit Kamm, Hinterbeine mit Pollenkörbchen
Körper	1 Paar Flügel ohne Adern	2 Paar Hautflügel mit Adern, die Flügel sind mit Häkchen verbunden
	kein Hinterleib	dicker Hinterleib
	kein Stachel	Stachelapparat

Vergleich der Lebensweise

Filmbiene Maja	Honigbiene
lebt einzeln oder mit ihrem Partner Willi	lebt im Bienenstock mit 40 000 bis 70 000 anderen Bienen
schläft draußen unter Blättern	kehrt in den Bienenstock zurück
lebt zu ihrem Vergnügen in den Tag hinein tut, was sie gerne gerade möchte	übernimmt verschiedene Arbeiten: arbeitet als Amme oder Kindermädchen, Wachbiene, Wachskneter, Honigfächler oder Pollensammler, lebt nach ihrem angeborenen Instinkt
altert nicht	altert und stirbt, die Flügel reißen ein und zerreißen

Vergleich des Verhaltens

Filmbiene Maja	Honigbiene
sie spricht die Menschensprache	Fühlersprache, Bienentänze
sie fühlt wie ein Mensch: lacht, weint	sie verhält sich wie alle Honigbienen, wie es angeboren ist
sie ist klug und denkt wie ein Mensch	sie kann nicht denken
sie ist ein außergewöhnliches Tier, das allen hilft, eine Superbiene	sie ist wie alle Honigbienen

(aus Ulrich, 1978)

Diese Auszüge aus einem sonst guten Fernsehfilm zeigen, wie Anthropomorphismen sich in die Darstellung einschleichen oder gar bewußt als Nervenkitzel eingesetzt werden. Ich habe absichtlich harmlose Beispiele genommen, wie sie auch der Lehrer in seinen Unterricht einstreut. Es sind Gestaltungsmittel, die einfach zum Repertoire gehören.

Insgesamt scheint es bei der Bewertung von Anthropomorphismen eine Abstufung zu geben: Im Gespräch werden sie häufig eingeflochten, im Vortrag gehören sie - mit Augenmaß verwendet - durchaus zum gängigen Repertoire. Den optisch verankerten Gesetzmäßigkeiten in unserer Wahrnehmung kann man sich dagegen kaum entziehen (vgl. Kindchenschema). Damit kommt den Herstellern von Filmen und Fernsehsendungen eine besondere Verantwortung zu. Der Zuschauer kann sich vom Geschehen nur schwer distanzieren, er verfällt leicht der Faszination des Dargestellten (Das ist gut, solange dabei nicht ungewollte Nebenwirkungen entstehen). Im Gespräch oder bei einem Vortrag läuft die Kommunikation nicht nur in der vorgegebenen Weise wie beim Abspielen von AV-Medien ab. Mimik, Gestik oder veränderte Färbung der Stimme verraten, wenn etwas nicht ganz ernst gemeint ist, die eventuell vorhandene Situationskomik kommt hinzu usw..

Das eigentliche Problem besteht darin, daß Produktionen hergestellt werden, in denen um der Unterhaltung willen die Grenze zwischen Realität und Fiktion in einer Weise verwischt wird, wie es die jugendlichen Zuschauer kaum noch nachvollziehen können. Beispiele sind etwa die Geschichten vom Hund "Lassie", dem Siamkater "Sin", dem Delphin "Flipper" oder den Tieren, die "Daktari" auf seiner Farm oder im Busch betreut. Diese Tiere haben solch phantastische Fähigkeiten und Eigenschaften, daß normale Artgenossen daneben blaß und langweilig wirken. "Lassie" alarmiert die Polizei oder rettet ein Kind aus Lebensgefahr, weil er allein die Situation überblickt. In "Daktari" wird gezeigt, daß man auf dem Löwen "Clarence" reiten kann.

Man kennt diese Beispiele und ist versucht zu sagen: Nur in einem gewissen Alter ist das für Kinder noch interessant, sie lernen das Phantastische daran später zu durchschauen. Fakten beweisen jedoch, daß im Zoo, in der Tierschau im Zirkus oder in Safari-Zoos gefährliche Vorfälle auftraten, bei denen Szenen aus "Daktari" das Vorbild geliefert hatten.

> Als Frau Kleiner ihrem Peter ein paar schöne Stunden machen wollte, kaufte sie in Ulm zwei Karten für ein Zirkusgastspiel.
>
> Als Herr Helmers seinem Klaus einen Herzenswunsch nicht abschlagen wollte, fuhr er mit ihm aus Dormagen nach Holland in den Löwenpark von Tüddern.

Das schwäbische und das rheinische Kind sollten endlich ihre liebsten Freunde vom Bildschirm leibhaftig erleben: Raubtiere, die der kluge Bildschirmlöwe Clarence mit seinem ulkigen Silberblick in die vertraute Spielwelt der Kleinen hineingemogelt hatte. Beide Begegnungen mit der Wirklichkeit endeten tragisch.

> In Ulm verhinderte ein Tierpfleger das Schlimmste. Er riß den 7jährigen, der in der Tierschau während der Pause über die Absperrung vor dem Raubtierwagen geklettert war, mit einem Hechtsprung vom Gitter zurück: das Kind hatte bereits eine Hand durchgesteckt, um endlich auch einmal einen Löwen streicheln zu können - so wie der Daktari im Fernsehen das immer tat. Das Kind und Frau Kleiner machten gemeinsam gegen den Pfleger Front: "Die Löwen sind doch ganz harmlos. Das sieht man doch in Daktari. Ihr übertreibt das nur, damit es recht gefährlich aussieht....."

Herr Helmers in Tüddern hat solche Fehlurteile nicht mehr. Er erlaubte dem 5-jährigen während der Autofahrt durch den Raubtierpark entgegen der Vorschrift ein Fenster herunterzukurbeln, damit der Bub einen um den Wagen schleichenden Tiger streicheln konnte. Der Tiger schlug sofort nach dem Kind, zerrte es aus dem Wagen und biß immer wieder nach Hals und Gesicht. Mit dem Mut der Verzweiflung gelang es Herrn Helmers, den Jungen aus den Klauen der Raubkatze zu befreien. Im Krankenhaus retteten Ärzte mit Mühe das Leben des Kindes.

(aus Dylla/Schäfer: Tiere sind anders, S.46, 1978)

Überprüft man das heutige Angebot an Unterhaltungssendungen mit Tieren, findet man nach wie vor sehr viele Anthropomorphismen. Sie sind jedoch häufig auf relativ simple Weise entschärft. Entweder spielt die Handlung in der Vergangenheit oder in einer fernen Gegend, d.h. der Anwendung auf die Umwelt des Kindes sind Grenzen gesetzt. Oder die Figuren sind im Stile der "Comics" ausgeführt und damit deutlich als Phantasieprodukte kenntlich gemacht. Oder der Anfang der Handlung enthält eine Einführung, die dem "Es war einmal..." im Märchen entspricht.

5. Zusammenfassung:

5.1 In erster Näherung sind Anthropomorphismen "nicht sach- und methodengerechte Vermittlungsformen biologischer Inhalte". Anthropomorphismen schleichen sich besonders leicht ein, wenn man den gesicherten Boden der Fachsprache verläßt und etwas in die Alltagssprache transponiert. Gerade dies ist jedoch die tägliche Aufgabe von Lehrern, deshalb wurde dieser Sachverhalt auch in die Biologie-Didaktik aufgenommen.

5.2 In allen Altersstufen ist der Mensch für anthropomorphe Darstellungen empfänglich, er benutzt sie auch aktiv als Gestaltungsmittel. Im Gespräch und im Vortrag fallen anthropomorphe Darstellungsweisen nicht so stark auf wie in geschriebenen Texten oder in der optisch-akustischen Fixierung der AV-Medien. Für die Hersteller von Büchern und AV-Medien erwächst daraus eine besondere Verantwortung.

5.3 Für Schüler können AV-Produktionen kritisch werden, bei denen sie nicht mehr die Grenze zwischen Realität und Fiktion erkennen. Dagegen machen starke Verfremdungseffekte, wie sie z.B. in den Comics oder Trickfilmen üblich sind, Anthropomorphismen erträglich oder gar besonders amüsant. Sie können auch durch die Entrückung der Handlung in die Vergangenheit oder Zukunft bzw. in ferne Gegenden entschärft werden.

6. Literatur

Adrian, Chr.: Welches Haustier paßt zu mir? Hamburg 1982

Burk, K./ Nemetschek, R.: Biene Maja und Honigbienen im Insektarium - betrachtet von einem 3. Schuljahr. In: Burk, K./ Claussen, C./(Hrsg.): Lernorte außerhalb des Klassenzimmers I. Beitr. 2. Ref. der Grundschule 4/5 Frankfurt 1980, S. 95-109

Bauer, W. u.a.: CVK Biologie 5/6, Bielefeld 1976

Bauer, W.: CVK Biologie 1 NS, Bielefeld 1985

Deutsches Institut f. Fernstudien an der Universität Tübingen (Hrsg.): Funkkolleg Psychobiologie, Verhalten bei Mensch und Tier. Weinheim 1986

Dylla, K./Schaefer, G.: Tiere sind anders. IPN Einheitenbank Biologie, Köln 1978

Friemann, H.: Sperber und Habicht - heimtückische Meuchelmörder? In: Der Biologieunterricht 17, H. 2 (1981), S. 50-77

Gahl, H. u.a.: Biologie im Fernsehen. Berichte der ökologischen Ausstellung Schlüchtern, JW. Goethe Universität Frankfurt, 6490 Schlüchtern 1, Schlagweg 8

Bodemann, U./ Schäfer, W.E.: Fabula docet. Zwei Vorträge im Rahmen der Ausstellung "Fabula docet" am 16. und 30. April 1985 in der Badischen Landesbibliothek Karlsruhe

Ulrich, N.: Die Wahrheit über die Biene Maja In: Schülermagazin "treff" Nr. 2, Februar 1978, S. 14/15

Vogel, G.: Abbau von Anthropomorphismen im Sachunterricht. In: Sachunterricht und Mathematik in der Primarstufe 6, H. 3 (1978), S. 98-102

K.M. Setzen

Bürgerinformation oder Hofberichterstattung? Zur Funktion der Lokalpresse

Vorbemerkung

Die nachfolgenden Überlegungen sind aus einer dreifachen Betroffenheit des Autors heraus niedergeschrieben bzw. vom Leser aus zu verstehen. Zunächst gehört die Thematik Massenmedien und damit auch Lokalpresse zum regelmäßigen Lehr- und Forschungsschwerpunkt im Rahmen seiner Fachdisziplinen Soziologie und Politikwissenschaft an der Pädagogischen Hochschule Schwäbisch Gmünd; diese Tatsache wäre weiter nicht erwähnenswert, wenn sich nicht in den letzten Jahren eine weitere spezifische Betroffenheit ergeben hätte. Zusammen mit einem Fachkollegen führt der Autor während der Semesterzeiten regelmäßige wöchentliche "Politische Montagsgespräche" durch, wo aktuelle politische (im weiteren Sinne) Themen mit Studenten, anderen Hochschulangehörigen und Bürgern aus der Stadt diskutiert werden. Diese meistens sehr kontrovers geführten Debatten werden erfreulicherweise von einer regelmäßigen Berichterstattung der beiden Gmünder Lokalzeitungen "Rems-Zeitung" (RZ) und "Gmünder Tagespost" (GT) begleitet. Wir haben also wöchentlich die doppelte (jede Zeitung schickt einen eigenen Berichterstatter) Erfahrungschance zu lesen bzw. zu beurteilen, wie weit "objektiver" Verlauf der Diskussion mit der Berichterstattung übereinstimmt oder nicht; außerdem gibt es bemerkenswerte Unterschiede in der Berichterstattung der beiden Zeitungen. Die dritte, z.T. emotional sehr tiefgreifende Betroffenheit erklärt sich aus einem Gemeinderatsmandat in der Wohngemeinde des Autors, die aber zum Verbreitungsgebiet der beiden Gmünder Zeitungen gehört, wobei diese Rolle besonders präzisiert wird durch eine Minderheitensituation der entsprechenden politischen Gruppierung. Auch in diesem Zusammenhang liegt ein teilnehmender Erfahrungswert vor im Geflecht von Gemeindepolitik und Berichterstattung in der Lokalpresse, der zu berücksichtigen ist. Die Offenlegung der dreifachen Betroffenheit ist keineswegs als "Entschuldigung" gedacht, im Gegenteil soll sie die Praxis-Bezüge zum Thema und damit zugleich das wissenschaftliche Engagement verdeutlichen. Subjektive Beobachtung im heimatlichen Umfeld und redliche Reflexion ergänzen sich.

Das "optimale Beispiel?"
Beginnen wir mit einem Beispiel aus den bereits erwähnten "Politischen Montagsgesprächen". Am 22.11.1982 diskutierte die Runde über "Kirche und Politik", die Berichte der beiden Tageszeitungen sahen so aus:

GMÜNDER TAGESPOST Mittwoch, 24. November 1982 Seite 13

Politik im Talar?

Politische Montagsgespräche an der PH

Schwäbisch Gmünd (ju). Ist es eine einseitige Beeinflussung, wenn die Kirchen mit ihrer Amts- und Lehrautorität zu staats- und gesellschaftspolitischen Entscheidungen Stellung beziehen? Kann die Botschaft des Evangeliums zu einer unmittelbaren politischen Handlungsweise werden? Darf das seelsorgerische Amt für politische Zwecke mißbraucht werden? – das waren die Fragen des politischen Montagsgespräches zum Thema „Kirche und Politik", geleitet von den Professoren Dr. Wichard und Dr. Setzen.

Zu Beginn der Diskussion stellte Dr. Wichard unterschiedliche Positionen und Ansprüche, kirchlicher und staatlicher Institutionen zur Frage der politischen Aktivität der Kirche vor. Pflicht der Kirche sei es, zu allen Lebensbereichen Stellung zu nehmen!" ... Die Kirche handelt im Ungehorsam, wenn sie ... sich hinter Kirchenmauern zurückzieht oder die Verantwortung, die den Gliedern der Gemeinde auferlegt ist, nur einzelnen Personen, Gruppen oder kirchlichen Organen überläßt." So die Stellungnahme der evangelischen Kirchenleitung der DDR 1963.

Bundespräsident Karl Carstens, 1981 in Bremen, teilte die Sorge vieler Mitchristen, die es als Mißbrauch des seelsorgerischen Amtes empfinden, wenn es für politische Zwecke benützt wird. Er stellt die Frage, ob nicht unter dem Deckmantel des Anspruchs der christlichen Wahrheit, politische Meinungen indoktriniert werden. Sei doch die Bergpredigt eine tiefgreifende Mahnung zur Gewaltlosigkeit, aber derjenige, der Verantwortung trägt, muß für sich entscheiden können, ob es nicht seine christliche Pflicht ist, die ihm Anvertrauten vor Gefahr, vor Unrecht, vor Gewalt .. zu schützen."

In ähnlicher Weise äußerte sich der ehemalige Bundeskanzler H. Schmidt, in einem Interview mit der Zeitschrift Evang. Kommentare, 1981. Das Ausmaß kirchlicher Einwirkungen auf die Staatspolitik sei um ein Vielfaches größer als staatliche Einwirkungen auf kirchliche Entscheidungen. Dies sei eine einseitige Beeinflussung. Es ginge nicht an, die Bergpredigt als einen Kanon für staatliches Handeln aufzufassen. „Was hätte es dem Frieden genützt, wenn ein ausländischer Staat Hitler oder Stalin auch noch die andere Backe hingehalten hätte?"

Aufgabe der Kirche sei es, so das Zentralkommitee der deutschen Katholiken: „zur aktuellen Friedensdiskussion 1981 gegen jeden Versuch aufzutreten, die Botschaft des Evangeliums zu einer unmittelbaren politischen Handlungsanweisung zu verkürzen und muß doch zugleich auch für die Politik jenen Geist der Umkehr, der Liebe und des Friedens verkünden, der Feindschaft und Haß von innen her wandeln, zum Abbau von Konflikten beitragen und berechtigtes Vertrauen schaffen kann."

In der Druckschrift der Kammer für soziale Ordnung (1970) gibt die Evangelische Kirche zu bedenken, daß es problematisch wäre, ewiggültige ethische Normen aufstellen zu wollen oder in eine punktuelle Situationsethik auszuweichen. Doch könnten auf Grund von Erfahrungswissen, Glaubensaussagen und biblischen Handlungsgrundlagen „geschichtliche überholbare Richtlinien als Entscheidungshilfen" politische Stellungnahmen abgegeben werden.

Eingangs der Diskussion stellte Dr. Setzen die These, daß es eine fiktive Fragestellung sei, ob die Kirche überhaupt zu politischen Ereignissen Stellung beziehen solle, da sie dies auf verfassungsrechtlicher Grundlage tue. Doch sei die Frage, nach welchen Kriterien die Stellungsnahmen selektiert würden und welche Grenzen sich die Kirche in ihren politischen Aktionen selbst setzen würde. Beispielsweise setze sich der Papst in aller Öffentlichkeit für die Gewerkschaftspolitik der „Solidarität" ein, doch Stellungnahmen über hiesige Gewerkschaftsbewegungen erhalte die Öffentlichkeit nicht. Zudem stehe die Kirche in einem Konflikt, der aufzeicbne, daß der Normenkatalog der Kirche mit der Bergpredigt nicht vereinbar sei. Beispiel Fristenlösung und Ökologiebewegung.

Die Kirche würde sich nicht nur mit einseitigen Stellungnahmen begnügen, sondern würde aktiv und taktierend politisch beeinflussen, so ein Diskussionsteilnehmer, der dies mit einem Beispiel aus einem bayerischen Religionsbund belegte „... wir danken Gott für Raketen".

Während Politiker von vorneherein aufgrund ihrer Parteizugehörigkeit beurteilt würden, bestehe in der Bevölkerung der Kirche gegenüber eine globale Einstellung. Dies hätte zur Folge, daß die Kirche die größere Autorität besitze, die Bevölkerung der Kirche weniger kritisch sei und dadurch die Gefahr bestünde, daß die Politik der Kirche „verwischt" würde. Man solle die Position der Kirche nicht überbewerten. Stellungnahmen der Kirchen seien nicht mehr als Entscheidungshilfen und Leitlinien, war der Gegenbeitrag zu diesem Diskussionspunkt. Entscheidungsgrundlage der Kirche für politische Stellungnahmen sei in erster Linie der Glaube, den die Frage des Lebens nach dem Tode zugrunde liege. Doch in ihrer politischen Praxis müsse die Kirche ebenfalls die Ethik, das Handeln und Leben im hier und jetzt beachten. In diesen heraus resultierenden Spannungen stehe die Kirche.

Eine Einigkeit in der Diskussionsrunde herrschte darüber, daß die Spannungen nicht soweit behindern dürfen, daß die Frage nach dem Leben vor dem Tode zu kurz komme und daß die Kirche entweder auf öffentliche Stellungnahmen oder politische Predigten verzichten oder aber Worten auch Taten folgen lassen solle.

Würde die Kirche politisch aktiv und sich auf bestimmte politische Positionen festlegen lassen, hätte dies zur Folge, daß die Gemeinde aus ihrer politischen Passivität herausgerissen würde. Doch Tatsache sei, daß die Gemeinde politischen Aktivitäten eines Pfarrers ablehne. Eben dieser Konflikt drückte sich in der Diskussionsrunde durch die persönlichen Meinungen der Anwesenden aus und es konnte dahingehend kein Konsens in der Frage „Wie weit darf die Kirche und ihre Amtsträger politisch wirken?" gefunden werden.

Remszeitung
24. November 1982

Montagsgespräch zum Thema „Kirche und Politik“

„Haben die Herren auf der Kanzel Angst?“

Wie soll die Kirche zu aktuellen politischen Ereignissen Stellung beziehen?

SCHWÄBISCH GMÜND (bre) – Zur Diskussion zum Thema „Kirche und Politik“ hatten sich PH-Studenten und Gmünder Bürger in dieser Woche zum politischen Montagsgespräch zusammengefunden. Der „Streit“ der Meinungen kreiste um die zentralen Fragen „Darf die Kirche zu aktuellen politischen Ereignissen Stellung nehmen?“ – „Bezieht die Kirche nur einseitig Partei?“ – „Weicht sie nicht bestimmten Dingen aus?“ – „Wie hoch ist die Autorität der Kirche zu bewerten?“ Ein Teilnehmer vertrat die Ansicht, es sei doch immer wieder festzustellen, daß „politische Grundprobleme nicht zur Diskussion stehen“. Er stellte die Frage, ob „die Herren auf der Kanzel Scheu oder gar Angst“ davor hätten.

Mit Zitaten zum Thema „Kirche und Politik“ eröffnete Professor Dr. Rudolf Wichard, der zusammen mit Dr. Setzen die allwöchentliche Diskussionsrunde leitet, das Montagsgespräch. So spricht die evangelische Kirche in der DDR von einem umfassenden Anspruch, den die Kirche in bezug auf gesellschaftliche Fragen habe („Die Kirche handelt im Ungehorsam, wenn sie sich hinter Kirchenmauern zurückzieht . . .“).

Einseitig?

Bundespräsident Karl Carstens äußerte sich im letzten Jahr in Bremen besorgt über die „Äußerungen einzelner Amtsträger, die bestimmte subjektive politische Auffassungen widerspiegeln, aber mit dem Anspruch auf christliche Wahrheit verkündet werden.“ Alt-Bundeskanzler Helmut Schmidt sprach in einem Interview mit einer Zeitschrift gar von „einseitiger Beeinflussung“, wenn Vertreter der Kirche sich zu konkreten gesellschaftlichen Ereignissen äußern. Schmidt argumentiert zudem gegen die Auffassung, daß kirchliche bzw. biblische Aussagen unmittelbar auf politische Entscheidungen anzuwenden seien.

Backe für Hitler?

Dazu Schmidt konkret: „Die Idee, die Bergpredigt unmittelbar auf die Außenpolitik unseres Staates zu übertragen, kann man leicht bewerten, indem man sie auf den extremen Fall anwendet: Was hätte es dem Frieden genützt, wenn ein ausländischer Staat Hitler oder Stalin auch noch die andere Backe hingehalten hätte?“

Das Zentralkomitee der deutschen Katholiken stellte in seiner Schrift „Zur aktuellen Friedensdiskussion“ fest, daß „immer eine Spannung zwischen dem Ziel besteht, das verpflichtet, und der Annährung im konkreten Tun“. Und die Kammer für soziale Ordnung der Evangelischen Kirche nennt es ebenfalls problematisch, „ewig gültige ethische Normen aufzustellen oder gar direkt aus einzelnen Bibelstellen herleiten zu wollen . . .“

Glaubwürdigkeit

Die Diskussion wurde eröffnet mit der Feststellung, daß es müßig sei, die Frage zu erörtern, ob die Kirche Stellungnahmen zur aktuellen Politik abgeben sollte, „denn sie tut es“. Doch sei „die Glaubwürdigkeit der Amtskirche in Frage gestellt“, wenn sie bestimmte Dinge in ihren Kommentaren nur streife, bzw. überhaupt nicht beim Namen nenne oder schlichtweg eben unverbindlich bleibe. „Kriege werden allgemein verurteilt, aber zu unseren Waffenexporten schweigt sie.“

Im Gegensatz dazu wurde auf die „Gefahr“ aufmerksam gemacht, „daß bei Stellungnahmen sortiert wird. Was einem paßt an Äußerungen der Kirche, findet man gut, was einem nicht paßt, das wird abgelehnt“. Als Kontra wiederum dazu wurde ins Feld geführt, daß „politische Grundprobleme nicht zur Diskussion stehen. Entweder sind die Herren auf der Kanzel zu dumm dazu, was ich nicht glaube, oder sie haben Scheu oder gar Angst davor“. So könne man sich bei den Erntedankfesten nicht nur darauf beschränken, Gott für den landwirtschaftlichen Segen zu danken. Man müsse vielmehr auf der Kanzel auch die Frage anschneiden, was mit den Überschüssen in einer Welt des Hungers geschehe, „da wir Obst und Getreide vernichten“.

Richter sein?

Im Gegenzug dazu formulierte ein Teilnehmer die Frage, ob man wieder dazu kommen sollte, daß „ein Astronom verbrannt wird, weil er einen bestimmten Forschungsbericht herausgebracht hat? Muß die Kirche sich also beispielsweise über wissenschaftliche Ergebnisse als Richter aufspielen?“ Ihm wurde entgegengehalten, es gehe wohl nicht darum, der Kirche wieder „die Macht des Mittelalters“ zu geben. Sie solle auch nicht darüber entscheiden können, was wissenschaftlich gut oder nicht gut sei, "aber sie soll sagen, was ethisch sinnvoll und nicht sinnvoll ist“.

Es gehe um die Glaubwürdigkeit der Kirche, denn sonst „wird die Kirche eine Museumskirche, die fehl am Platze ist, ein Ghetto für die Feiertage, wenn sie sich um die ethische Beurteilung von politischen Grundfragen dürckt“. Oder will sie etwa die Auseinandersetzung mit politischen Kräften nicht riskieren?“

Anders als Kohl

Man dürfe nicht vergessen, daß es eben problematisch sei, wenn Vertreter der Religonen sich äußern, meinte ein anderer Teilnehmer der Diskussion. „Denn die sprechen mit einer anderen Autorität als etwa Helmut Kohl.“ Auf das Recht zu eigener Meinungsbildung und Entscheidungsfreiheit hob eine Besucherin des Diskussionszirkels ab. Wo es um „globale“ Entscheidungen gehe, sollte die Kirche ihre Stimme erheben, ansonsten nicht. Daß die Stellungnahmen der Kirche oft „einseitig“ seien, wurde ebenfalls vorgebracht.

Christliche Ideen

Daraus entstand ein Disput über die Glaubwürdigkeit der Kirche. Es wurde ins Gespräch gebracht, daß der Papst sich für die polnischen Gewerkschaften einsetze, daß aber andererseits „gewerkschaftliche Betätigung bei den Organisationen der Kirche nicht erlaubt ist“. Hier wurde dann auch aus einer Schrift der katholischen Bischöfe zitiert, die anmerken, daß sich die „besondere Sendung des Priesters auf das Religiöse“ beziehe, nicht aber auf das „Politische, Wirtschaftliche und Soziale“. Doch gerade die sozialen Probleme riefen nach einer Lösung „im Sinne der christlichen Ideen“.

Gewohnt fromm

Ein anwesender evangelischer Dekan stellte die Frage nach der Wirksamkeit kirchlicher Aussagen. Es werde zu vielem Stellung genommen, wo aber gebe es „das kirchliche Handeln, das Einfluß nimmt auf den Lauf der Dinge?“ Man müsse weg kommen von der Kritik des einzelnen Pfarrers auf den Kanzeln. Die Frage müsse sein, welche Gemeinde jeweils hinter welchen Dingen stehe. Viele Gemeinden wollten jedoch „keinen politischen Pfarrer“. Wenn man sich weiterhin im Bereich „unserer gewohnten Frömmigkeit bewegt, ist das egal“. Doch die Liebe Gottes ereigne sich auf dieser Welt. Wo und wie ereigne sich dies heute? Wenn man sich dem stelle, könne man sich nicht vor Entscheidungen drücken.

Ein anderer Geistlicher meinte, daß die Wirkung der Kirche bei den meisten überschätzt werde, „auch die Wirkung von politischen Stellungnahmen“. Deshalb sollten die Äußerungen von Geistlichen als „diskutable Einladung zu einem menschlicheren Leben“ verstanden werden. Denn die Überzeugung eines einzelnen Pfarrers sei noch lange nicht das Wort Gottes, „auch wenn dieser noch so gut redet“. Deshalb sollte die Kirche „viel reden, aber nicht mit dem Anspruch der ewigen Wahrheit“.

Zunächst einmal ist positiv zu bewerten, daß der Zeitungsleser in Schwäbisch Gmünd und Umgebung zweimal die Möglichkeit hatte - und zwar unabhängig voneinander - (in Schwäbisch Gmünd, ca. 60 000 Einwohner, gibt es zwei selbständige Lokalredaktionen: die "Gmünder Tagespost" bezieht ihren Mantel von der "Südwest-Presse Ulm", die "Rems-Zeitung" bezieht ihren Mantel von den Stuttgarter Nachrichten", beide Lokalredaktionen haben ihren Sitz in Schwäbisch Gmünd), sich in dieser Woche über die politische Diskussion zu informieren, sofern er sich überhaupt dafür interessierte. Weiterhin ist beachtenswert, daß die Berichterstatter (ju) und(pre) zwei verschiedene Personen sind und mit hoher Wahrscheinlichkeit jede ihren eigenen Bericht geschrieben haben. Der interessierte Bürger kann die beiden Berichte unter verschiedenen Gesichtspunkten vergleichen bzw. ergänzen und dann zu einem eigenen, wenn auch von zwei Reportern vermittelten Urteil kommen. Es ist hier nicht der Ort eines systematischen Textvergleichs; es sei nur hingewiesen auf einige Merkmale bzw. Gesichtspunkte, die sicher auch dem Normal-Leser auffallen können:

Wie groß ist der Gesamtumfang der Berichte? Auf welcher Seite ist der Bericht plaziert? Wie ist die Schlagzeile formuliert? Offen neutrale Formulierung oder zitierte provozierende Frage eines Diskussionsteilnehmers? Besteht der Bericht vorwiegend im Referieren von Statements oder fließt bereits bei der Darstellung die eigene Wertung des Berichterstatters mit ein? Da der Bericht ja kein stenographisches Protokoll über eine etwa 2-stündige Diskussion sein kann, liegt vielleicht schon in der Auswahl bzw. im Weglassen bestimmter Diskussionsbeiträge die gewollte oder ungewollte Qualifizierung bestimmter Meinungen. Gibt es sachliche Unklarheiten? So ist z.B. im Bericht der GT die Information über den Papst und sein Verhältnis zu den Gewerkschaften unverständlich, im Bericht der RZ ist dagegen der logische Zusammenhang des vorgebrachten Arguments für den Leser nachvollziehbar. Bei der Frage nach der Wirkung auf den Leser wäre es wichtig festzustellen, ob Namen von Diskussionsteilnehmern genannt werden oder nicht; hierbei sind unterschwellig z.B. Identifikationsmöglichkeiten (oder das Gegenteil) mit im Spiel. Strukturfragen der Artikel und die Diktion der Formulierungen könnten u.U. herangezogen werden, um eventuelle Tendenzen und Präferenzen der Berichterstattung ausmachen zu können.

Fazit: Bei den zwei vorliegenden verschiedenen Berichten kann man mit Blick auf die Realität der Lokalzeitungen in der Bundesrepublik eigentlich von einer optimalen Situation in einer Mittelstadt sprechen, weil viele größere Stadte und Regionen von nur einer Lokalredaktion "bedient" werden.

Nun, das Lob für die Gmünder Verhältnisse muß eingeschränkt werden, weil selbst bei selbständigen Redaktionen viele sogenannte freie Mitarbeiter im kommunalen Bereich denselben Beitrag - wenn auch mit verschiedenen Chiffre-Zeichen - bei beiden Zeitungen zur Veröffentlichung bringen. Die Lokalredaktionen sind ihrerseits auf die freien Mitarbeiter angewiesen, weil es viel zu wenige hauptamtliche Redakteure gibt. Auch hierzu ein Beispiel für einen Bericht über eine Bauausschußsitzung, an der der Autor als Mitglied teilnahm.

27.2.84 Schließung droht nicht mehr: Gmünder Tagespost

Weiter kinderfreundliches Freibad

Kinderplanschbecken in Waldstetten wird instand gesetzt

Waldstetten (ams). Eine umfangreiche Tagesordnung hatte am späten Freitag eine Bauausschußsitzung im Sog. In drei Etappen wurden die Straßenzüge abgegangen, in denen die UJAG Ellwangen Verkabelungen plant, und die daraus gewonnenen Erkenntnisse anschließend im Rathaus beraten.

Die UJAG möchte noch heuer die Stromversorgung in Weilerstoffel verstärken und in diesem Zusammenhang ab der Trafostation im Schwarzhornweg bis zum Strommasten am Ende des Baugebiets „Lauch II" die Stromleitungen verstärken. Damit gekoppelt plant sie, Freileitungen im Hauptort zu beseitigen und entsprechende Verkabelungen vorzunehmen. Für das Konzept der UJAG hat der Bauausschuß grünes Licht gegeben.

„Wegen der Wasserqualität im Kinderplanschbecken in unserem Freibad hat es laufend Beanstandungen vom Gesundheitsamt gegeben", sagte das Gemeindeoberhaupt. Wenn man heuer nichts unternehme, „wird das Becken in der Saison 1984 geschlossen bleiben". Dipl.-Ing. Hauser (VEDEWA) machte die in Gegenwart von Ortsvorsteher Kurt Stütz tagenden Gemeinderäte mit technischen Details der Sanierungsmaßnahme bekannt. Das Gremium plädierte schon deshalb für das Alternativangebot der Waiblinger Firma Bauser in Höhe von 126 626,64 Mark, weil es erstens am preisgünstigsten war und laut VEDEWA-Fachmann „mit dieser Methode die Aufbereitung einwandfrei und tadelloses Wasser garantiert ist."

Über die im Neubau der Realschule eingerichtete Trafostation und die Notwendigkeit, über diese künftig auch die Stuifenhalle mit Hallenbad und Bergschulkomplex mit Strom zu versorgen, referierte Amtsrat Karl Nuding. Die Trafostation sei so dimensioniert, daß „sie von der Leistung her sowohl die Realschule, als auch die genannten infrastrukturellen Einrichtungen der Gemeinde sowie theoretisch auch eine Großsporthalle und ein Kleinspielfeld mit Flutlicht etc. mit Strom versorgen kann". Die Trafostation koste 60 000 Mark und werde von der Kongregation der Franziskanerinnen von Sießen e. V. gebaut. Die Gemeinde beteilige sich „im Rahmen unseres Vertrags mit dem Bauträger". Lediglich für die Einbringung eines Kabels ab der Trafostation zur Stuifenhalle seien zusätzliche 7000 Mark aus der Gemeindekasse zu bezahlen. Mit dem Anschluß an die Trafostation würde die Gemeinde laut UJAG „unverbindlich geschätzt pro Jahr 2000 Mark einsparen". Der Vorschlag der Verwaltung, den Anschluß an die Trafostation in der Realschule vornehmen zu lassen, wurde bei einer Enthaltung zum Beschluß erhoben.

Was die Fortschreibung des Generalverkehrsplans des Landes, der laut Bürgermeister Barth „vor wenigen Tagen bei der Verwaltung eingegangen ist", anbetrifft, möchte man den Ausbau des „sich in einem ungünstigen baulichen Zustand befindlichen Abschnitts der L 1159 zwischen Rechberg und Wißgoldingen auf die Zeit zwischen 1984 bis 1995 vorgezogen haben". Auch erachte man es als wünschenswert, daß die Straßensanierung mit dem Bau eines Wander- und Fahrradwegs gekoppelt wird. In diesem Zusammenhang signalisiert Gemeinderat Guido Kübler, er werde „notfalls eine Bürgerinitiative mit diesem Ziel ins Leben rufen".

Der Bauausschuß befaßte sich ausführlich mit den in der Gemeinde vorhandenen Kinderspielplätzen im allgemeinen und der Ausstattung des Kinderspielplatzes an der Richard-Wagner-Straße und des Aktivspielplatzes am Ende der Wolfsgasse im besonderen. Für deren Instandsetzung bzw. Ausstattung seien im laufenden Haushaltsplanentwurf 25 000 Mark eingestellt.

Rems-Zeitung 27.2.84 Sa

Verkabelungsprojekte der UJAG in Waldstetten

Die Stromfreileitungen kommen unter die Erde

Kinderplanschbecken wird saniert / Vorrang für Straßenausbau Rechberg–Wißgoldingen / Notfalls Bürgerinitiative

WALDSTETTEN (schw) – Eine umfangreiche Tagesordnung hatte am Freitag eine zeitintensive Bauausschußsitzung im Sog. In drei Etappen wurden die Straßenzüge abgegangen, in denen die UJAG Ellwangen Verkabelungen plant und die daraus gewonnenen Erkenntnisse anschließend im Rathaus beraten. Das Gremium beschäftigte sich mit der Sanierung des Kinderplanschbeckens im Freibad und war sich einig, daß der Anschluß an eine Trafostation im Neubau der Realschule, von der aus auch die Stuifenhalle mit Hallenbad und die Bergschule mit Strom versorgt werden können, erstrebenswert ist. Bezüglich der Fortschreibung des Generalverkehrsplans des Landes kam vornehmlich eine abweichende Terminvorstellung auf den Tisch des Rathauses. Auch in Sachen „Ausstattung des Kinderspielplatzes an der Richard-Wagner-Straße und des Aktivspielplatzes am Ende der Wolfsgasse" ist man wegen des zu verwendenden Materials kooperativ fündig geworden.

Die UJAG möchte noch heuer die Stromversorgung in Weilerstoffel verstärken und in diesem Zusammenhang ab der Trafostation im Schwarzhornweg bis zum Strommasten am Ende des Baugebiets „Lauch II" die Stromleitungen verstärken. Damit gekoppelt plant sie, Freileitungen im Hauptort zu beseitigen und entsprechende Verkabelungen vorzunehmen. Nachdem der Bauausschuß schon früher auf einen von der UJAG präsentierten Verkabelungsplan negativ reagierte, unterbreiteten Josef Weber, UJAG-Planer vom Mittelspannungsnetz, und Adolf Hasenmüller, UJAG-Grundstückssachbearbeiter, ein neu ausgearbeitetes Konzept der geplanten Streckenführung.

Verkabelung quer durch den Ort

Demnach sind Aufgrabungen vorzunehmen in Straßenzügen und Gehwegen ab dem Streukasten in der Straßdorfer Straße über den Pfefferweg bis zur Joseph-Haydn-Straße. Im zweiten Abschnitt handelt es sich um die Strecke ab dem „coop" in der Haupt- bis zur Poststraße über dem Stoffelbach. Teil drei reicht ab Ecke Raiffeisenstraße über die Alte Lauchgasse bis zum Strommasten, der etwa 200 m oberhalb vom Gasthaus „Rad" liegt. Sobald diese Arbeiten getan sind, ist laut UJAG-Planer Weber „unter Einbeziehung der bereits verlegten Leitungen die Verkabelung quer durch Waldstetten komplett".

Der Bürgermeister bedauerte, daß der Gemeindeverwaltung oftmals mangelnde Koordination unterstellt werde, „wenn nachträglich verkabelt wird". Derartige Vorwürfe seien in keinem Fall gerechtfertigt. Fronmeister Josef Stahl machte die UJAG-Sachbearbeiter darauf aufmerksam: „Möglicherweise ist von der Raiffeisenstraße zur Alten Lauchgasse bereits ein Leerrohr verlegt." Bezüglich des dritten Abschnitts der vorgesehenen Verkabelung wünschte Gemeinderat Adolf Wahl, daß „dieser vor Beginn der Freibadsaison 1984 durchgeführt wird". Für das Konzept der UJAG gab der Bauausschuß grünes Licht.

Ohne Sanierung wird das Becken geschlossen

„Wegen der Wasserqualität im Kinderplanschbecken in unserem Freibad hat es laufend Beanstandungen vom Gesundheitsamt gegeben", sagte der Bürgermeister. Wenn man heuer nichts unternehme, „wird das Becken in der Saison 1984 geschlossen bleiben". Der Bauausschuß habe bereits im Dezember 1983 die Freibadanlage besichtigt und in der Folge die „vedewa" beauftragt, Vorschläge für die erforderliche Sanierung auszuarbeiten. Die Sanierung des Kinderplanschbeckens sei beschränkt ausgeschrieben worden. Die Angebote lägen zur Beratung vor.

Dipl.-Ing. Helmut Hauser, der Leiter der Fachgruppe Verfahrenstechnik der „vedewa", stellte fest, daß nach der DIN-Vorschrift das Kinderplanschbecken an eine Aufbereitungsanlage angeschlossen und das Wasser im Becken mit Chlor versetzt werden muß. Bisher sei das Becken morgens mit Wasser gefüllt und abends wieder abgelassen worden. Nach erfolgter Sanierung „kann das Wasser die ganze Badesaison über im Becken bleiben". Frischwasser sei lediglich zuzuspeisen.

Dipl.-Ing. Hauser machte die in Gegenwart von Ortsvorsteher Kurt Stütz tagenden Gemeinderäte mit technischen Details der Sanierungsmaßnahme bekannt. Das Gremium plädierte schon deshalb für das Alternativangebot der Waiblinger Firma Bauser in Höhe von 126 626,64 Mark, weil es erstens am preisgünstigsten war und laut „vedewa"-Fachmann „mit dieser Methode die Aufbereitung einwandfrei und tadelloses Wasser garantiert ist".

Finanzmittel im Etat eingestellt

Nach Auskunft des Bürgermeisters wird momentan der Haushaltsplan 1984 aufgestellt. Der Verwaltungsausschuß habe diesen bereits vorberaten. Mittel für die Freibadsanierung seien eingestellt. Man könne einen 10prozentigen Zuschuß des Landes erwarten und die Mehrwertsteuer in Form der Vorsteuer absetzen. Ergo sei 75 v. H. des genannten Betrags aus der Gemeindekasse zu finanzieren. Die „Höhe der Betriebskosten" interessierte Gemeinderat Karl Hieber. Während der Badesaison laufe die Aufbereitungsanlage mit 5,5 kW pro Stunde rund um die Uhr, sagte Dipl.-Ing. Hauser, und „was die Chemie betrifft, so sind die Kosten mit täglich zwei bis drei Mark anzusetzen".

Gemeinderat Dr. Hubert Menrad wollte wissen, „wo solche Anlagen bereits im Betrieb sind", und der „vedewa"-Fachmann nannte eine Vielzahl von sanierten und neu eingerichteten Bädern in der näheren Umgebung, die nach dieser Methode einwandfrei arbeiten. Die von Gemeinderat Adolf Wahl gestellte Frage, ob man die Anlage bei schlechtem Wetter abstellen kann, wurde bejaht. Der Bauausschuß empfahl die diskutierte Sanierungsmaßnahme dem Gemeinderat zur Beschlußfassung.

Der Bauausschuß hat zu zwei Bauanträgen „ja" gesagt und auch auf die Bauvoranfrage des Albert Reißmüller, der sein in der Rechbergstraße 3 gelegenes Textilfachgeschäft vergrößern will, positiv reagiert. Die Baumaßnahme wird die Übernahme einer Baulast durch die Gemeinde in Richtung alter Friedhof notwendig machen.

„Ja" zu neuer Trafostation

Über die im Neubau der Realschule einzurichtende Trafostation und die Notwendigkeit, über diese künftig auch die Stuifenhalle mit Hallenbad und Bergschulkomplex mit Strom zu versorgen, referierte Amtsrat Karl Nuding. Die Trafostation sei so dimensioniert, daß „sie von der Leistung her sowohl die Realschule als auch die genannten infrastrukturellen Einrichtungen der Gemeinde sowie theoretisch auch eine Großsporthalle und ein Kleinspielfeld mit Flutlicht etc. mit Strom versorgen kann". Die Trafostation koste 60 000 Mark und werde von der Kongregation der Franziskanerinnen von Sießen e. V. gebaut. Die Gemeinde beteilige sich „im Rahmen unseres Vertrags mit dem Bauträger".

Lediglich für die Einbringung eines Kabels ab der Trafostation zur Stuifenhalle seien zusätzliche 7000 Mark aus der Gemeindekasse zu bezahlen. Extra Grabarbeiten wären jedoch nicht notwendig, „weil sowieso für die Verkabelung der Hochspannungsleitung, die zur Realschule führt, aufgegraben werden muß", sagte Nuding. Mit dem Anschluß an die Trafostation würde die Gemeinde laut UJAG „unverbindlich geschätzt pro Jahr 2000 Mark einsparen".

Der Vorschlag der Verwaltung, den Anschluß an die Trafostation in der Realschule vornehmen zu lassen, wurde bei einer Enthaltung zum Beschluß erhoben.

Mit Wander- und Fahrradweg koppeln

Zur Fortschreibung des Generalverkehrsplans des Landes möchte man – so Bürgermeister Barth – den Ausbau des „sich in einem ungünstigen baulichen Zustand befindlichen Abschnitts der L 1159 zwischen Rechberg und Wißgoldingen auf die Zeit zwischen 1984 und 1995 vorgezogen haben". Auch erachte man es als wünschenswert, daß die Straßensanierung mit dem Bau eines Wander- und Fahrradwegs gekoppelt wird. In diesem Zusammenhang meinte Gemeinderat Guido Kübler, er werde „notfalls eine Bürgerinitiative mit diesem Ziel ins Leben rufen".

25 000 Mark für Kinderspielplätze

Der Bauausschuß befaßte sich ausführlich mit den in der Gemeinde vorhandenen Kinderspielplätzen im allgemeinen und der Ausstattung des Kinderspielplatzes an der Richard-Wagner-Straße und des Aktivspielplatzes am Ende der Wolfsgasse im besonderen. Für deren Instandsetzung bzw. Ausstattung seien im laufenden Haushaltsplanentwurf 25 000 Mark eingestellt. Barth berichtete: „Wir haben außerdem Spenden, auf die wir zurückgreifen könnten." Amtsrat Nuding unterbreitete dem Gremium einen detaillierten Vorschlag, wie die Spielplätze möglicherweise ausgestattet werden könnten. Auch sei der Platz an der Richard-Wagner-Straße mit einer 52 m langen Hecke zu versehen. Die Verwaltung erhielt den Auftrag, Preisangebote über Geräte aus hochdruckimprägniertem Holz einzuholen, die dann vom Gemeindebauhof auf entsprechende Fundamente mit Stützen montiert werden könnten.

Auf einen von der Stadtverwaltung unterbreiteten Vorschlag in Form einer verkehrsrechtlichen Anordnung im Bereich der neuen B 29 reagierte der Bauausschuß zustimmend, da sowohl die Vorweg- als auch die Wegweisung logisch sei. Das Gremium verabschiedete einen Zusatzantrag, wonach von Mutlangen kommend bei der Pfitzerbrücke ein Wegweiser in Richtung „Waldstetten" rechts abbiegend vorgesehen werden sollte.

Vergleicht man vordergründig die Berichte in den beiden Gmünder Tageszeitungen, kommt man zunächst nicht auf die Idee, es handele sich um denselben Informationsbericht für den Bürger. Der Bericht in der RZ ist wesentlich umfangreicher als in der GT; diese Tatsache ist unter anderem dadurch bedingt, daß die GT insgesamt nicht nur ein kleineres Format als die RZ, sondern dadurch auch viel weniger Raum für den redaktionellen Teil hat. Die Chiffren (schw) und (ams) stammen vom selben Schreiber; allerdings ist es nicht so, daß er zwei verschiedene Berichte für die beiden Zeitungen geschrieben hat. Im Gegenteil: sehr schnell wird deutlich, daß der Text in der GT eine gekürzte Fassung des Textes in der RZ ist (siehe eingeklammerte Formulierungen). Die redaktionelle Leistung besteht im wesentlichen im Kürzen (bei der GT), in der Formulierung der Zwischen-Überschriften (bei der RZ), in der Formulierung der Hauptüberschrift bzw. der Schlagzeilen und den geringfügigen Veränderungen im Text (siehe unterstrichene Passagen). Da der Leser der GT weniger Detail-Informationen erhält, kann man von einem "alternativen Bericht" im Vergleich der beiden Tageszeitungen sprechen.

Was zeigen nun diese beiden "Gmünder Fälle"? Es wird deutlich, daß es für ein demokratisch strukturiertes Gemeinwesen wertvoll ist, wenn die kommunalpolitische Öffentlichkeit mindest von zwei selbständigen Lokalredaktionen Informationen bezieht. Allerdings ist zu berücksichtigen, daß der einzelne Bürger als Leser nur eine, eben seine Zeitung liest und günstigenfalls seine Informationen mit den Lesern der anderen Lokalzeitung austauscht. Andererseits weist der Textvergleich des zweiten Beispiels auf mögliche Einschränkungen der journalistischen Leistungsfähigkeit hin. Es muß daher prinzipiell gefragt werden nach Möglichkeiten, Chancen und Potenzen, wie auch nach Schwierigkeiten, Abhängigkeiten, Behinderungen und sogenannten Sachzwängen der Lokalpresse.

Funktionen der Lokalzeitung

Die Soziologie zählt den Funktionsbegriff zu ihren Grundbegriffen. Funktion hat dynamische Valenz im Gegensatz zur Struktur, die das Statische und Gefügehafte fixiert. Wenn man in der Humanbiologie beispielsweise von der Funktion des Blutes für den menschlichen Körper spricht, so meint man die Aufgabe und die Wirkung, die das Blut für die Erhaltung des menschlichen Körpers hat. Gemeint ist das Leistungsvermögen dieser biologisch-physiologischen Substanz. Diese Wirkungs- und Leistungskomponente ist eine Dimension des soziologischen Funktionsbegriffes. Eine zweite Dimension läßt sich mit Hilfe des mathematischen Funktionsbegriffes erklären; $y = f(x)$ bedeutet: die Variable y ist z.B. abhängig von der Größe der Variablen x. Diese Beziehung der Abhängigkeit ist ebenfalls in den soziologischen Funktionsbegriff eingegangen.
Wendet man nun dieses soziologische Begriffsinstrumentarium auf das gesellschaftliche Phänomen Presse, speziell Lokalzeitung, an, so kann man folgendes funktionale Analyseraster skizzieren:

Funktionen der Lokalpresse

Aufgaben:	Abhängigkeiten:
- Bürgerinformation	- Verlegerisches Wollen
- Partizipation d.Bürger	- Personelle Ausstattung d. Redaktion
- Integration d. Bürger	- Journalistisches Können
- Stärkung d. Demokratie	- Finanzierung d. Zeitung
- Vermittlung von Gemeindepolitik	- Abonnenten und Straßenverkauf
- Herstellung demokratischer Öffentlichkeit	- Anzeigenaufkommen
- Förderung d. Kritikfähigkeit	- Publizistische Konkurrenz- oder Monopolstellung
- Stärkung demokratischer Kontrolle	- Alternative Stadtzeitungen
- Sachkomponente journalistische Bewertung	- Wirtschaftliche Anzeigenblätter
- Darstellung d. polit. Gruppierungen, Vereine, Verbände u. Institutionen	- Technologische Entwicklung (z.B. Funk- u. TV-Medien)
	- Zugang zu den Informationsquellen

- Service-Informationen für Veranstaltungen aller Art
- Befriedigung des Wunsches nach Unterhaltung
- Markt für Güter und Dienstleistungen
- Wirtschaftliche Werbung
- Stützung kommunal-polit. Machtverhältnisse
- Zeitung übt selbst kommunalpolitische Macht aus

- Einflußnahme der Funktionseliten (z.B. Politiker, Verwaltung, Vereinsvorstände)
- Anzeigenkunden
- Leser (Leserbriefe)
- Versuche zum Arrangement
- Lob der Funktionseliten (Verlautbarungsjournalismus u. Amtsblattfunktion)

Es ist hier nicht der Raum, alle die aufgeführten und vielleicht noch einige andere Funktionen der Lokalpresse systematisch der Reihe nach zu erörtern, das ist vielfach an anderer Stelle geschehen[1]; nur einige funktionale Aspekte seien exemplarisch angezeigt:
In einer Untersuchung der Kommission der Europäischen Gemeinschaft vom Juni 83[2] antworteten die Bürger der lo EG-Staaten auf die Frage: "Lesen Sie aktuelle politische Nachrichten in Tageszeitungen?": 43 % jeden Tag; dabei ist die Streuung von 26 % in Irland bis 62 % bei den Dänen sehr weit. Die Bundesrepublikaner liegen bei 61 %. Berücksichtigt man die Erfahrung, daß viele regelmäßige Leser einer Tageszeitung häufig nicht die aktuellen Nachrichten auf der ersten Seite ihrer Zeitung lesen, weil sie diese "Neuigkeiten" bereits über Rundfunk und Fernsehen am Abend zuvor zur Kenntnis genommen haben, dann muß der Nutzungswert für die tägliche Lektüre des Lokalteils noch um einige Prozentpunkte höher liegen (ca. 73% der Bevölkerung der BRD)[3]. Das wiederum signalisiert den kommunalpolitisch (im weitesten Sinne) hohen Stellenwert der Lokalpresse unter dem Aspekt politischer Sozialisation und Partizipation im Sozialgeflecht von Städten und Gemeinden.

Lesen aktueller politischer Nachrichten in Tageszeitungen (in%) in der EG [4)]

	B	DK	D	F	IRL	J	L	NL	UK	GR	EG
jeden Tag	29	62	61	31	46	26	51	44	53	35	43
mehrmals i. der Woche	15	9	18	12	16	14	18	18	9	15	14
ein- oder zweimal i. d. Woche	14	11	9	15	18	18	7	9	14	14	13
weniger oft	19	11	7	13	11	14	9	11	10	13	11
nie	21	6	5	28	9	27	15	17	14	23	18
keine Antwort	2	1	1	1	-	1	-	1	-	-	1

B = Belgien, DK = Dänemark, D = BRD, F = Frankreich, IRL = Irland, I = Italien, L = Luxemburg, NL = Niederlande, UK = Großbritannien, GR = Griechenland, EG insgesamt.

Trotz des großen Interesses von Seiten der Leserschaft an den Nachrichten im Lokalteil ihrer abonnierten Tageszeitung hat die Anzahl selbständiger Redaktionen mit eigenständiger und primärer regionaler und lokaler Berichterstattung lange Zeit abgenommen. "Von den 395 selbständigen Tageszeitungen, die hierzulande erscheinen, sind immerhin 383 lokale und regionale Abonnement-Zeitungen. Ihre Auflage beträgt täglich rund 13 Millionen, zwei Drittel der Auflage aller Tageszeitungen. ... Doch dieses Bild bleibt geschönt, wenn man nur die Zahl der täglich erscheinenden Ausgaben und ihre Auflagen zusammenzählt, ohne anzugeben, wie viele davon wirklich eigenständige redaktionelle Leistungen darstellen und wie viele ihren allgemeinen Informationsteil, manchmal auch ihren Lokalteil, von einer anderen Zeitung beziehen oder überhaupt nur die Nebenausgabe eines großstädtischen Kopfblattes sind. Dann nämlich reduziert sich die imposante Zahl von 124o Ausgaben (alle lokalen Zeitungsausgaben insgesamt in der BRD, d. Verf.) auf lediglich 122 eigenständige Redaktionen im Jahr 1979 (1985 - 126 Einheiten; Quelle: Media Perspektiven 1985, Basisdaten 85, d. Verf.). Vor 25 Jahren, 1954, hatte es noch 225 eigenständige Redaktionen gegeben. ... Entsprechend nahm auch die Zahl der Verlage, die Tageszeitungen herausgeben, von 624 auf 4oo ab. Die Anzahl der redaktionellen Ausgaben insgesamt schließlich sank von 15oo im Jahre 1954 auf 124o im Jahr 1979."[5] Die harte Zahl im Zusammenhang mit der Gefahr der Monopolisierung der Lokalpresse heißt also: 126 eigenständige Redaktionen.

Die Auswirkungen für die publizistische Pluralität auf der Ebene der Kommunen darf man sicher nicht unterschätzen. Chancen und Möglichkeiten sozialer und kommunalpolitischer Orientierung und Beteiligung sind ohne die Aufgaben und Leistungen der Lokalzeitung in einem demokratisch strukturierten Gemeinwesen undenkbar. Bürger und Funktionseliten der verschiedenen Gruppierungen in der Gemeinde sind auf das Medium Lokalzeitung als die wechselseitig informierende Institution angewiesen. Würde Montesquieu heute seine klassische Demokratie-Theorie noch einmal neu schreiben können, würde er sicher seinen drei Gewalten in einem demokratischen Gemeinwesen: Legislative, Exekutive und Jurisdiktion eine vierte-, und zu Unrecht oft als die heimliche bezeichnet-, nämlich die Massenmedien, d.h. den "vermittelnden Journalismus" unbedingt hinzufügen, der natürlich selber ein Machtfaktor ist.

Politische Willensbildung?

Umso unverständlicher sind beispielsweise die Maßnahmen verschiedener Schulpolitiker (siehe neue Lehrpläne in Bad-Wttbg.), den Stellenwert der Funktionsweisen der Massenmedien im Vergleich zu früheren Lehrplänen wieder weniger notwendig erscheinen zu lassen. Abgesehen vom "Vormarsch" sogenannter "neuer Medien" wird dabei eine didaktische Chance des Heimatbezugs vertan, wobei in Verbindung mit der Analyse bzw. eigenen Nutzung der Heimat- und Lokalzeitungen zur politischen Bildung gerade in der Demokratie nicht gefördert werden.

Dieser Trend macht sich leider auch in der fachdidaktischen Literatur breit. Als Beleg für diese Entwicklung sei eine neuere Ausgabe der von uns sonst sehr geschätzten "Informationen zur Politischen Bildung" (Nr. 197, 1983) mit dem Titel "Politik in der Gemeinde" angeführt. Der Textteil, der 27 Seiten umfaßt, behandelt auf ca. einer halben Seite die "Funktion der Lokalzeitung", und zwar innerhalb eines Gesamtkapitels über "Die politische Willensbildung und Entscheidungsfindung in der Gemeinde" mit insgesamt 13 Seiten. Hier kann man sich des Eindrucks nicht erwehren, daß die lange verpönte "Institutionenkunde" wieder auf dem Vormarsch ist, während "Die Aufgaben der Gemeinden" und die "Finanzierung der Gemeindeausgaben" fein säuberlich nacheinander abgehandelt werden. Selbst für die "Geschichte der kommunalen Selbstverwaltung" (von den Reformen des Freiherrn vom Stein bis zur Situation in der Weimarer Republik) wird mehr Raum gegeben. Die politische Willensbildung z.B. in den Wochen vor einer Wahl und die entsprechende Lokalberichterstattung, zum größten Teil mit sogenannten "Pressemitteilungen" und "Eigenberichten" der politischen Gruppierungen selbst verfaßt, oder die Leserbrief-Auseinandersetzung um den Rücktritt und die Wiederwahl eines DRK-Vorsitzenden, der bei den "Mutlanger Demonstrationen" im Herbst '83 die DRK-Einsatzzüge nicht zu aller Zufriedenheit veranlaßte, oder die sich daran anschließende Auseinandersetzung in der Lokalpresse über Sinn und Notwendigkeit einer Dauerblockade vor dem Raketen-Depot findet in dieser Art von "Informationen zur politischen Bildung", die ja didaktische Hilfestellung für den Unterricht in den Schulen sein sollen, nicht statt. Der dynamisch-funktionelle Willensbildungs- und Entscheidungsprozeß, aktuell motiviert durch den Vermittler politischer Partizipation Lokalpresse, hat bei einer vorweg geschilderten Ausgangslage nur minimale Chancen.
Die oben angeführten Beispiele sind z.B. in der Gmünder "Rems-Zeitung" nachzulesen, dabei könnte man nun zu der Erkenntnis gelangen, daß die Lokalpresse sich allgemein dadurch aus-

zeichnet, daß sie kontinuierlich in der Kommunalpolitik strittige Problembereiche aufgreift und ihren Lesern darstellt und auch ihrerseits in Kommentaren Stellung bezieht. Inhaltsanalysen, über längere Zeiträume durchgeführt, zeigen dabei etwa folgendes Bild. Ein Indikator für den "politischen Sozialisationswillen" einer Lokalzeitung ist u.a. darin zu sehen, wie oft über bestimmte Bereiche informiert wird.
In einer neueren (1983) empirischen Untersuchung[6)] von 7 Lokalzeitungen, zu denen aus unserer Region gehörten: die Heidenheimer Zeitung (22ooo tägl. Aufl.), die Heidenheimer Neue Presse (7ooo), die Ipf- und Jagst-Zeitung (15ooo) und die in Aalen erscheinende Schwäbische Post (225ooo), wird zur inhaltlichen Struktur folgendes Fazit gezogen: "Bei den Themen dominieren in allen untersuchten Zeitungen die Unfälle, Vergehen und Verbrechen, die Kunst- und Kulturereignisse sowie die Feste und Ehrungen. Baumaßnahmen und Finanzen werden ebenfalls häufig und zudem umfangreich behandelt. Unfälle und Verbrechen hingegen sind zwar häufig Themen, aber sie werden in kurzen Artikeln abgefertigt."[7)] Die Untersuchungen wurden über einen Monat (Nov. 1979) hinweg durchgeführt, und für die Schwäbische Post Aalen stellen sich die 15 häufigst genannten Themen wie folgt dar[8)]:

	absolute Häufigkeit	relative Häufigkeit
1. Verbrechen, Vergehen, Unfall	215	11,7 %
2. Kunst-, Kulturereignis	200	10,9
3. Fest, Feier (allg.)	98	5,3
4. Jubiläum, Ehrung	92	5,0
5. Baumaßnahmen	81	4,4
6. Soziales	64	3,5
7. Unternehmensbezogene Berichte (Bilanzen etc.)	61	3,3
8. Kirche	60	3,3
9. Lebenslauf, Portrait	48	2,6

10. Baupolitik	47	2,6
11. Finanzen	46	2,5
12. Verkehrspolitik	44	2,4
13. Wahlen	44	2,4
14. Schulwesen, Erziehung	42	2,3
15. Sonstige Organisationen	41	2,2
16. Ausflug, Reise	41	2,2

Diese Aufstellung gibt Aufschluß darüber, wie oft z.B. Informationen über Verkehrsunfälle oder über Baumaßnahmen überhaupt publiziert werden. Damit ist noch nichts über die Ausführlichkeit der Darstellung gesagt: eine lo-zeilige Unfallmeldung, von der Verkehrspolizei übermittelt und in der Redaktion kaum verändert, hat aber für den Leser sicher einen anderen qualitativen Informationswert als ein 2-spaltiger, von einem hauptamtlichen Redakteur selbst verfaßten Gemeinderatsbericht mit der Darstellung einer kontroversen Diskussion über die bauliche Gestaltung eines Sanierungsgebietes im Ortsmittelpunkt. Neben der Themen-Statistik ist also parallel die Aufstellung der umfangreichen Themen zu berücksichtigen; für die "Schwäbische Post" (Aalen) sehen diese Vergleichswerte[9] wie folgt aus (Sie wurden in quantitativen Längeneinheiten gemessen):

	Längeneinheiten
1. Kunst-, Kulturereignis	4485
2. Baumaßnahmen	2785
3. Jubiläum, Ehrung	2495
4. Fest, Feier (allg. zugänglich)	2230
5. Unternehmungsbezogene Berichte	2195
6. Unfall	1755
7. Finanzen	1650
8. Baupolitik	1585

9.	Verkehrspolitik	1500
10.	Soziales	1460
11.	Vereine (Freizeit)	1130
12.	Sonstige Organisationen	1115
13.	Finanz-, Haushaltspolitik	1110
14.	Wahlen	1095
15.	Schulwesen, Erziehung	1090

Hebt man allein auf das "Erscheinen" bestimmter Bereiche in der Lokalberichterstattung ab, so könnte man der Meinung sein, das politische Sozialisationsvermögen der Lokalpresse sei zufriedenstellend; vor allem, wenn man für die lokale Ebene einen notwendig weiten politischen Partizipationsbegriff zugrunde legt. "Aufgabe eines lokalen Mediums ist es, seinen Nutzern partizipationsrelevante Informationen aus den Bereichen Produktion, Konsum, Wohnen, Bildung, Gesundheit, Erholung und Verkehr zu vermitteln."[10)] Konkret bedeutet das, daß eine intensive Berichterstattung über kulturelle Veranstaltungen oder Vereinsaktivitäten im Freizeitbereich für die soziale Integration eines Gemeinwesens sehr wertvoll sein kann. Die Sache wird erst problematisch, wenn diese Berichterstattung extensiv betrieben wird und in dieser Konsequenz konfliktträchtigere Bereiche gewollt oder ungewollt zu kurz kommen. Ein Gemeinwesen enthält viele Konflikte; und ein demokratisches Gemeinwesen löst auf Dauer seine Konflikte nicht, indem man sie öffentlich verschweigt. Eine Generalanzeiger-Funktion der Lokalpresse ist zu wenig.

Kritik und/oder Lob

Vielfach wird daher den Lokalzeitungen der Vorwurf der Hofberichterstattung mit Bulletin-Charakter gemacht. "Der offiziöse Charakter der Berichterstattung, der Mangel an Begründungen, das Übergewicht an Behauptungen, die mit besonderem Nachdruck vorgebracht werden - diese Mischung aus vorsichtiger Selbstbeschränkung in der Sache und ungerechtfertigtem Überschwung im Ausdruck, verbunden mit der gönnerhaften Geste des Wohltäters, charakterisiert die Lokalteile als vordemokratischen, quasi-

absolutistischen Ausdruck der lokalen Verhältnisse."[11])
Ein erstes Indiz für diesen Sachverhalt ist darin zu sehen, daß Lokalberichterstattung vorwiegend "Information im Nachhinein" bedeutet. Dem scheint zu widersprechen, daß die Lokalzeitungen ihrer Service-Leistung im Sinne einer Hinweisfunktion auf Veranstaltungen im kulturellen, politischen und Freizeitbereich normalerweise mit genauen Ort- und Zeitangaben sehr wohl nachkommen. Gemeint ist hier vielmehr die langfristige und rechtzeitige -, damit der interessierte Bürger oder die Bürgergruppe sich vielleicht noch am Entscheidungsprozeß für ein strittiges Bauvorhaben beteiligen kann, - publizistische Aufarbeitung der anstehenden Problemlage eventuell mit einem die Pro- und Contra-Argumente abwägenden Kommentar. Die journalistische Hinführung zu kommunalpolitischer Partizipation vor entsprechenden Entscheidungen ist selten.[12])
Der klassische Kommentar, wie er im politischen Mantel der Tageszeitungen üblich ist in bezug auf die "große Politik", ist im Bereich der Lokalpolitik Mangelware.[13]) "Der meinungslose Kommentar" herrscht vor. Was im Hauptteil noch üblich ist, der tägliche Kommentar mit Kritik an Regierung oder Opposition, ist im Lokalteil eine Rarität. Vielleicht weil es schwieriger ist, jemanden anzugreifen, dem man alltäglich gegenübersteht, als dem Bundeskanzler im fernen Bonn einmal die Meinung zu sagen?"[14])Dieser sozialpsychologische Erklärungsversuch scheint uns nicht auszureichen, weil auch in den Regierungszentren die Journalisten fast täglich mit den sogenannten Spitzenpolitikern zu tun haben. Selbst wenn es um Themen geht, die Lokal- und Bundespolitik verbinden, wie z.B. beim vorgetäuschten Entführungsfall eines US-Soldaten der Schwäb. Gmünder Garnison im Januar 1984, wagen Lokalredakteure sich nicht an eine Kommentierung des Falles heran, obwohl zu Beginn der Affäre ein Stuttgarter Polizei-Oberer über die Funkmedien einen Zusammenhang mit der Friedensbewegung vermutet; lediglich die Schlagzeilen im Lokalbericht der RZ kann man als journalistische Wertung interpretieren, sie lautete: "Schweres 'Foul-Spiel' des US-Soldaten Liam T. Fowler - Spektakuläre Entführung war nur vorgetäuscht - Amerikanischer Märchenerzähler jetzt im Hospital".[15]) Und in der GT tauchte die Berichterstattung erst auf der 4. Lokal-

seite auf mit der Überschrift "Fowler war in Garmisch - Ent führung vorgetäuscht, um Krach mit seiner Frau zu vermeiden."[16)]

Bezeichnend ist in diesem Zusammenhang, daß die Kritik, die überhaupt im Lokalteil erscheint, nur zum geringsten Teil (etwa ein Drittel) aus der Feder hauptamtlicher Lokalredakteure stammt. "Die restlichen zwei Drittel stammen aus fremdem Munde und werden nur zitiert... Nicht Personen stehen im Kreuzfeuer der Kritik, sondern Objekte, Zustände der Vorgänge. Hinter den Fakten, die Kritik auf sich ziehen, stehen, so kann man vermuten, in den meisten Fällen wohl Menschen, die für die kritisierten Vorgänge oder Objekte Verantwortung tragen. Sie brauchen keine Kritik zu fürchten. Die Kritik scheint so in vielen Fällen zu kurz zu greifen und eher verschleiernd als enthüllend zu sein."[17)]

Es ist nicht nur bemerkenswert, daß Kritik in Lokalzeitungen relativ selten erscheint, es ist vielmehr sehr bedenkenswert, daß unter einem geradezu atypischen journalistischen Aspekt das Gegenteil von Kritik, also Lob, in vermehrtem Maße publiziert wird.[18)]

Auf dem Hintergrund vieler medientheoretischer Grundvorgaben für die Publikationsorgane in demokratischen Gesellschaften handelt es sich hierbei schon um ein beachtenswertes Spezifikum der Lokalpresse; es dürfte nicht schwer fallen, dieses Merkmal mit dem Verlautbarungsjournalismus anderer nicht demokratischer Gesellschaftssysteme in Verbindung zu bringen bzw. Ähnlichkeiten festzustellen. Würde man auf einer Skala mit den jeweiligen Extrempunkten: "übertrieben kritischer bzw. destruktiver Journalismus" und "konfliktscheuender bzw. Anpassungs-Journalismus" die Presseorgane der BRD einordnen wollen, so müßte die Lokalpresse ziemlich nahe der letzten Position angesiedelt werden, während ein Organ wie der "Spiegel" sehr weit in die andere Richtung zu rücken wäre. In diesem Vergleich bricht ein allgemeines Funktionsproblem von Journalismus in der Demokratie auf. Es ist sicher nicht gerechtfertigt, "positive stabilisierende Berichterstattung" grundweg abzulehnen; auf der großen politischen Bühne geschieht sie in Konkurrenz mit dem "kritisch-kontrollierenden Journalismus". Auf der kommunalen Ebene scheint diese kritische Funktion der Heimatzeitungen verkümmert zu sein. In Städten und Gemeinden ist die vierte Gewalt Lokalpresse, als

Korrektiv zu den 3 anderen Gewalten: politische Gremien, Verwaltung und Rechtsbehörden unterentwickelt. Die Lokalzeitung selbst ist ein Machtfaktor innerhalb eines Gemeinwesens, ob sie will oder nicht. Die Chancen lokaler Machtkorrektur werden aber zu wenig genutzt. Die Frage nach Anpassungszwängen stellt sich unvermeidlich.
Man würde sich die Sache zu einfach machen, wenn man dieses publizistisch-partizipatorische Unvermögen der Lokalzeitung nur als journalistisches und/oder verlegerisches Nicht-Wollen deklarieren würde. Aus unserer Sicht wird hier die ökonomische Ausgangssituation der meisten Lokalzeitungen berührt. Die wirtschaftliche Lage erlaubt es, nur wenige hauptamtliche Redakteure anzustellen, die die meiste Zeit mit dem Redigieren fremder Texte beschäftigt sind; das bezieht sich vorwiegend auf wenige sprachliche Korrekturen, auf die Formulierung der Überschriften und das Kürzen hereingegebener Berichte (siehe das eingangs geschilderte Beispiel über eine Bauausschußsitzung). Selten bleibt Zeit zum ergänzenden Recherchieren oder sogar zu selbständiger Berichterstattung. Ein Großteil der Berichte wird von sogenannten "Freien Mitarbeitern" im Auftrag der Zeitungen und gegen Entgeld verfaßt. Sie zeichnen normalerweise, wie die hauptamtlichen Redakteure, mit einem Kürzel ihres Namens, so daß der aufmerksame Leser wissen kann, von wem der Bericht stammt. Diese "Freien Mitarbeiter" sind hauptberuflich etwa Lehrer, Pensionäre, Studenten u.a. Formal sind sie unabhängig von den Institutionen und Gruppen in der Gemeinde. Der kritischen Zivilcourage dieser Berichterstatter sind strukturelle Grenzen des Zugangs zu den Informationsquellen gesetzt (Gefahr des Versiegens der Informationsquelle beim nächsten Mal); das gilt übrigens vermehrt für hauptamtliche Redakteure. Ferner liegt auf der Hand, daß die journalistisch-handwerklich-sprachliche Qualifikation der "Freien Mitarbeiter" nicht immer optimal ist.
Das ist übrigens auch zu berücksichtigen bei der dritten Art von Berichten und Informationen, die meist als "Pressemitteilungen" oder "Eigen-Berichte" bezeichnet werden. Hierbei handelt es sich um von den Repräsentanten verschiedener Institutionen, Gemeindeverwaltungen, politischen Parteien, Vereinen und sonstigen Gruppierungen eigenhändig verfaßten Artikel, die den Redaktionen unaufgefordert - und damit ohne

Rechtsanspruch auf Veröffentlichung - zugeschickt werden. Es handelt sich also im Prinzip um publizistische Selbstdarstellung; die Problematik ist offensichtlich, auch wenn die Redaktion redigiert oder sogar selektiert. Die Wahrscheinlichkeit der Manipulation, z.B. die Nichtpublikation von Pressemitteilungen von in der Kommunalpolitik umstrittenen Minderheitengruppen, ist nicht auszuschließen. Andererseits ist es funktional weniger bedenklich, wenn der Vereinsvorsitzende des Liederkranzes XY selbst einen Bericht schreibt über eine "gelungene Mitgliederversammlung oder Faschingsveranstaltung"; andererseits ist es geradezu politisch-sozialisatorisch brisant, wenn man weiß, daß z.B. die Berichterstattung über Gemeinderatssitzungen besonders kleinerer Gemeinden aus den Reihen der Gemeindeverwaltung, wenn nicht sogar vom Bürgermeister selbst stammen.
Als Beispiel für die quantitative (keineswegs repräsentative) Verteilung der Berichterstattung in einer Lokalzeitung sei auf eine normale Dienstagsausgabe der RZ vom 28.2.1984 verwiesen; die Ausgabe umfaßte insgesamt 9 Lokalseiten, wenn man einmal von den 4 Sonderseiten zum Thema "Erstkommunion und Konfirmation", eine sogenannte Public-Relation-Veröffentlichung als Mischung von wirtschaftlicher Werbung und quasi redaktionellem Teil absieht.

Aufteilung des Lokalteils der RZ vom 28.2.84

	absolute Zahl d. Artikel	quantitativ n. Seitenumf.
Berichte u. Informationen von hauptamtl. Redakteuren	8	ca. 1 1/4
von "freien Mitarbeitern" gekennzeichnet	29	ca. 1 3/4
"Pressemitteilungen" (pm)	35	ca. 3/4
Leserbriefe	2	ca. 1/4
Fotos	15	ca. 1
Wirtschaftl. Werbung u. bezahlte Anzeigen		ca. 4
insgesamt		ca. 9 Seiten

Bereits aus dieser einmaligen Stichprobe geht hervor, daß die Anzahl der "Pressemitteilungen" einerseits sehr hoch ist; daß es sich aber vom Umfang her meist um Kurzmeldungen oder kurze Berichte (vielleicht gekürzte!?) handelt; die Anzahl der Beiträge der "Freien Mitarbeiter" sind länger (darunter fast 1 Seite aus dem lokalen Sportgeschehen), aber auch sehr zahlreich im Vergleich zu den Beiträgen der hauptamtlichen Redakteure.[19)]

Einflußnahmen

Mit dem Offenhalten bzw. der Gefährdung der Informationsquellen für den Zeitungsmacher auf lokaler Ebene ist die vermeintliche und tatsächliche Einflußnahme der Funktionseliten auf örtlicher Ebene zu berücksichtigen; in diesem Zusammenhang ist auch die Anzeigen-Abhängigkeit vom örtlichen Handel und Gewerbe zu sehen. Neben der bereits erläuterten Funktion der "Pressemitteilungen" sind Telefonanrufe und Pressegespräche häufige Formen der Beeinflussung. "Sämtliche befragten Redakteure bestätigen in ihren Antworten, daß Versuche der Einflußnahme unternommen werden. Die Wege der Einflußnahme sind unterschiedlich, entweder wird direkt der Redakteur angesprochen oder die Anzeigenabteilung des Verlags oder der Verleger selbst. Interessant hierbei ist, daß die Konkurrenz- oder Monopolstellung der Zeitung keinerlei Einfluß zu haben scheint auf die Anfälligkeit gegenüber Einflüssen der lokalen Wirtschaft. ... Die Einflußnahme reicht von der Drohung mit Anzeigenentzug bis zu dem Hinweis, daß man bestimmte Redakteure nicht mehr auf dem Betriebsgelände zu sehen wünsche. ... Die Redakteure scheinen in diesem Punkt nur wenige Möglichkeiten der Gegenwehr zu haben. ... Vielmehr ist auf das Dilemma hinzuweisen, in dem Lokalredakteure immer wieder stehen. Eigentlich sollten sie ihr Wissen dem Leser mitteilen. Andererseits brächte dies vielleicht ihre Informationsquellen zum Versiegen."[2o)] Wie die Pressejournalisten die Anzeigenabhängigkeit selbst einschätzen, geht aus folgender Befragung[21)] hervor; auf die Frage: Glauben Sie, daß die Versuche, durch Anzeigenentzug Einfluß auf den redaktionellen Teil einer Zeitung zu nehmen, häufig, weniger häufig oder selten vorkommen? antworteten: mit häufig 33,3 %, weniger häufig 25 %, selten 36,1 %, und keine Meinung hatten 5,6 %. Der "Ökonomische Einfluß" auf eine Tageszeitung zeigt sich nicht nur in den ca. 45 % Anteil am Gesamtumfang einer Zeitung für Anzeigen und wirtschaftl. Werbung[22] (siehe auch unsere Einzel-Stichprobe bei der RZ) im Vergleich zum redaktionellen Teil, auch die amtlichen[23] Umsatzstatistiken weisen erstaunliche Finanzierungs-Relationen aus:

Verlegte Zeitungen und Zeitungsumsatz

	Haupt- / Neben-Ausgaben		Zeitungsumsatz (in Mill.DM) insgesamt	aus	
				Vertrieb	Anzeigen
1978	371	827	7270	2473	4797
1979	370	847	8034	2643	5391
1980	368	854	8574	2823	5750

Aus diesen Zahlen geht hervor, daß Tageszeitungen (incl. Lokalzeitungen) sich im Durchschnitt zu einem Drittel aus dem Verkauf und zu zwei Drittelnaus dem Anzeigenaufkommen finanzieren. Im Vergleich dazu liegt die Relation bei den Zeitschriften im Mittel (bei großen Unterschieden in den einzelnen Sparten) bei 5o % zu 5o %. Wie sich die Anzeigenstruktur der lokalen und regionalen Tageszeitung inhaltlich aufgliedert, ist der nachfolgenden Aufstellung[24] zu entnehmen; der Anteil der verschiedenen Sparten verteilt sich wie folgt:

Lokale Geschäftsanzeigen	47 %
Stellenanzeigen	13 %
Immobilienmarkt	9 %
KFz-Markt	8 %
Familienanzeigen	8 %
Überregionale Anzeigen	5 %
Veranstaltungen	3 %
Sonstige	7 %

Das Aufkommen privater Auftraggeber, h.d. genauer von Privatleuten, bei Familien- und Kleinanzeigen ist minimal.

Alternative Lokalpresse

In den Zusammenhang der finanziellen Abhängigkeit gehört auch der Gesichtspunkt der Konkurrenz verschiedener Lokalzeitungen im selben Verbreitungsgebiet; und zwar sind hier zwei Ebenen zu unterscheiden: einmal auf der redaktionellen Ebene und zum anderen auf der ökonomischen, weniger beim Kampf um die Abonnnenten, als vielmehr um die Anzeigenkunden der örtlichen Wirtschaft. Normalerweise ist der Unterschied - wie in anderem Zusammenhang bereits angesprochen - zwischen verschiedenen Lokalzeitungen sehr gering.[25] Identität und Uniformität herrschen vor, vielleicht gerade,weil sie ökonomisch keine Monopolstellung auf lokaler Ebene haben.
Eine besondere Rücksichtnahme scheint geboten, weil sonst zu befürchten ist, die potenten Anzeigenkunden könnten zur Konkurrenz gehen. Auf redaktioneller Ebene gibt es allenfalls Ansätze zu einer korrigierenden und kommentierenden Berichterstattung in den alternativen Stadtteilzeitungen, die zum größten Teil durch den Verkauf (und nicht durch Werbung) finanziert werden. Ihre "Macher" sind in den meisten Fällen Idealisten, die nicht vorweg am möglichen Profit orientiert sind. Daß dieses System, wenn überhaupt, im großstädtischen Umfeld funktioniert, liegt auf der Hand; dort sind ausreichend potentielle Abonnenten und Käufer (siehe z.B. Westberliner Verhältnisse und die Funktion der "Tageszeitung" (tz)).In einer Mittelstadt wie Schwäbisch Gmünd (ca. 6o ooo Einwohner) ist das Unternehmen "gegen Druck" schon bemerkenswert, da es sich schon einige Jahre hält; diese etwa monatlich (ca. lo Ausgaben im Jahr) erscheinende Stadtzeitung versteht sich "parteiisch, subjektiv, betroffen und friedlich". Dieses Motto signalisiert die journalistisch-emanzipatorische Zielsetzung der offenen und meist eindeutigen bzw. einseitigen Meinungsbildung, die in der täglichen Lokalpresse zu kurz kommt, wenn man einmal absieht vom regelmäßigen Ventil der Leserbriefe, die meist von Einzelpersonen geschrieben werden. Daß die Arbeitsbedingungen der Redakteure dieser alter-

nativen Stadtzeitungen im Vergleich noch ungünstiger sind, ist unbestritten; nur wenige von ihnen sind hauptamtlich Beschäftigte und bei vielen läßt auch journalistisch-handwerkliche Qualifikation zu wünschen übrig.[26)]

Anzeigenblätter

Seit einigen Jahren erwächst den traditionellen Lokalzeitungen auf der Anzeigenebene eine neue Konkurrenz durch die sogenannten Anzeigenblätter. Die Hauptmerkmale dieser Lokalpublikationen sind: die wöchentliche Erscheinungsweise (meist am Donnerstag oder Freitag vor dem Wochenendeinkauf der Bürger), sie wird kostenlos möglichst in jeden Haushalt gebracht (im Gegensatz zur abonnierten Lokalzeitung), sie enthält überwiegend wirtschaftliche Werbung und Kleinanzeigen (dadurch wird sie auch finanziert) und enthält nur wenige redaktionelle Teile, vor allem auch Hinweise auf örtliche Veranstaltungen. Zu diesen Anzeigenblättern gehören vom "Aachener Kurier" über den "Gmünder Anzeiger" (44 ooo Aufl.), das "Gmünder Wochenblatt" (425oo Aufl.) bis zur "Zuffenhäuser Woche" (Stuttgart) 654 Anzeigenblätter mit einer Gesamtauflage von über 3o Mill. Exemplaren[27)] (1984 - 751 Anzeigenblätter mit ca. 34 Mill. Gesamtauflage; Quelle: Media-Perspektiven, Basisdaten 1985). Für den Gesichtspunkt der wirtschaftlichen Konkurrenz ist wichtig festzustellen, daß ein Teil dieser Anzeigenblätter in einem selbständigen Verlag erscheint; andere dagegen im selben Verlag erscheinen wie die am Ort erscheinenden Tageszeitungen, so z.B. erscheinen Rems-Zeitung und Gmünder Wochenblatt bzw. Gmünder Tagespost und Gmünder Anzeiger jeweils im selben Verlag. Für den Boom der Anzeigenblätter wird die allgemeine Pressekonzentration verantwortlich gemacht. Durch den Zusammenschluß bzw. die Auflösung eigenständiger Zeitungen ist zwar das Verbreitungsgebiet der einzelnen Zeitungen größer geworden und damit auch der Werbeeffekt; das trifft aber nur zu für die überregionale Markenwerbung, der Fleischermeister im 15oo-Seelendorf hat aber nur ein Interesse, sein Sonderangebot seinen potentiellen Käufern im Dorf anzubieten. Deshalb hat er kein Interesse

an einer sehr teuren Anzeige in der Lokalzeitung mit breiter Streuung; er zieht den Anzeiger vor mit für ihn preiswerten Werbemöglichkeiten oder läßt sogar eigene Werbezettel drucken und läßt sie durch Schüler, Rentner und Hausfrauen kostengünstig verteilen. An diesen wenigen Hinweisen wird das Bemühen der örtlichen Presseprodukte um den nicht beliebig zu vergrößernden Werbekuchen deutlich.
Diese totale finanzielle Abhängigkeit von den Anzeigenkunden hat natürlich Auswirkungen auf den allein schon quantitativen minimalen redaktionellen Teil der Anzeigenblätter. "Keine Suppe ist so dünn, daß sich nicht Esser einstellen - zumal wenn sie gratis ausgeschenkt wird. ... Eine Qualifizierung der Anzeigenblätter zu lokaljournalistischen Einrichtungen ist nirgendsin Sicht - im Gegenteil: die allgemeine Tendenz zu verwaltungsfrommer, geschäftsförderlicher und politisch handzahmer Lokalberichterstattung wird hier kräftig unterstützt".[28] Die Anzeigenblätter bewegen sich in bezug auf die kommunalpolitische Sozialisation der Bürger im gleichen Trend wie die offiziellen, von den Gemeindeverwaltungen herausgegebenen Amtsblätter; in diesen Amtsblättern dürfen zwar alle Vereine und Gruppierungen ihre Veranstaltungen ankündigen, aber die Berichterstattung über den Verlauf der Veranstaltung ist nur der Gemeindeverwaltung (z.B. Kurzberichte über Gemeinderatssitzungen) und z.B. dem Fußballclub erlaubt. Nach der Kommunalwahl 198o versuchte der Autor, durch Beschluß im Gemeinderat die Kommentierung lokalpolitischer Ereignisse durch politische Gruppen oder einzelne Bürger im Amtsblatt der Gemeinde zu erreichen; mit dem Hinweis, dieses Vorhaben störe den Gemeindefrieden, fiel der Antrag mit großer Mehrheit durch. Wie sagte doch die Rentnerin, als man sie fragte, warum sie keine Tageszeitung lese: "Nein, am Geld liegt es nicht. Tagsüber höre ich die Nachrichten im Radio, abends sehe ich die "Tagesschau" und "Heute", donnerstags bekomme ich den Anzeiger; und die Mitteilungen der Stadtverwaltung kommen auch kostenlos und regelmäßig. Ich weiß doch alles; was soll ich denn noch mit einer Tageszeitung?" -

Die "offene Spalte" - Eine Alternative zur Hofberichterstattung?

Versucht man eine Bilanz der vorangegangenen strukturell-funktionalen Überlegungen zur lokalen Pressesituation vor allem unter dem Aspekt einer demokratisch strukturierten Gesellschaft, so ist eine ganze Reihe von Schwachstellen offenbar geworden; eine ganze Menge wäre verbessungswürdig und verbesserungsfähig. Bewertet man die Gesamtsituation, kann man sicher eine generelle Tendenz zur Hofberichterstattung konstatieren; stellte man sich aber zugleich die Frage nach den möglichen und d.h. nach den machbaren Alternativen, ist ein zurückhaltenderes Gesamturteil angebracht. Die einzige Alternative wäre eine Organisationsstruktur mit quasi öffentlich-rechtlichen Merkmalen; abgesehen von Finanzierungsproblemen aus öffentlichen Kassen, die eh meistens leer sind, käme das von Funk- und Fernsehmedien bekannte Problem der politischen Ausgewogenheit in Miniaturausgabe erneut auf den Bürger zu. Zur Stärkung der partizipatorisch kommentierenden, und zwar sowohl kritischer wie auch lobender Zielsetzung, Funktion böte sich ein Modell an, das seit Januar 1984 im Rahmen des neuen Ludwigshafener Kabelprojekts praktiziert wird; wobei die Gesamtproblematik des kommerzialisierten Privat-Fernsehens nicht bagatellisiert werden soll: Stichwort "Offener Kanal". In § 2o (1) des Rheinland-Pfälzischen Landesgesetzes über einen Versuch mit Breitbandkabel[29)] heißt es: "Die Anstalt hat mindestens einen offenen Kanal zur Verfügung zu halten. Jeder kann den offenen Kanal zur Verbreitung eigener Programmbeiträge, insbesondere auch für programmatische Anregungen und Wünsche sowie zur Kritik an Programmen der Veranstalter, mit einer Einzelgenehmigung der Anstalt nutzen. Der offene Kanal darf für Werbung nicht genutzt werden." Es entstehen dem einzelnen und den Gruppen für unregelmäßige Sendungen keine Kosten (die Finanzierung geschieht über wirtschaftliche Werbung der Betreiber der übrigen Kanäle), - darüberhinaus bietet der "Offene Kanal" - sogar medientechnische Hilfestellung an. Die inhaltliche Verantwortung liegt beim Produzenten selbst und nicht bei der "Anstalt für Kabel-Kommunikation Ludwigshafen" (AKK).

Warum könnte bei grundsätzlicher Beibehaltung der privatrechtlichen Organisationsform der Presse nicht eine Ergänzung darin erfolgen, daß es analog zum "Offenen Kanal" im Privat-Fernsehen eine "Offene Spalte" in der Lokalzeitung gibt unter den gleichen Bedingungen? Der Einwand, Leserbriefe gibt es doch, greift nicht, weil bei den jetzigen rechtlichen Voraussetzungen kein Leserbriefschreiber einen Rechtsanspruch darauf hat, daß sein Beitrag nun auch in der gewünschten Zeitung veröffentlicht wird. Die Redaktionen selektieren, kürzen und publizieren wie es ihnen (und nicht dem einzelnen Bürger und den Gruppen)gefällt. Gäbe es eine gesetzliche Verpflichtung der "Offenen Spalte" für jede Lokalzeitung, könnten Verleger und Redakteure eine ganze Reihe von unliebsamen Einflußnahmen der lokalen Funktionseliten und Anzeigenkunden mit dem entsprechenden Hinweis abwehren; die journalistische Selbständigkeit würde mittelbar gestärkt. Einen Versuch wäre dieser Vorschlag sicher wert. -

Anmerkungen:

1) Es seien stellvertretend zwei empirische Untersuchungen angeführt, auf die wir mehrfach im Verlauf unserer Darstellung zurückkommen werden; im Literaturverzeichnis der beiden Untersuchungen sind zwei auch spezielle Arbeiten nachgewiesen.
Ralf Zoll, Wertheim III, Kommunalpolitik und Machtstruktur, München 1974
Theo Rombach, Lokalzeitung und Partizipation am Gemeindeleben - eine empirische Untersuchung, Berlin 1983

2) Kommission d. Europäischen Gemeinschaften (Hg.), Euro-Barometer - Die öffentliche Meinung in der Europäischen Gemeinschaft Frühjahr 1983, Brüssel 19.6.1983

3) Günther Rager, Presse - Hörfunk - Fernsehen, Seminarmodell, Stuttgart 1981, S. 4o

4) Kommission, s.o., S. 47

5) Gerhard Gericke, Verlorene Vielfalt - Zur Rolle der Lokalzeitung, in: Michael Wolf Thomas (Hg.), Die lokale Betäubung oder der Bürger und seine Medien, Bonn 1981, S. 4o

6) Theo Rombach, Lokalzeitung und Partizipation am Gemeindeleben, Berlin 1983

7) Rombach, s.o., S. 171

8) Rombach, s.o., S. 128

9) Rombach, s.o., S. 138

10) Rombach, s.o., S. 21

11) Ralf Zoll, Wertheim III, Kommunalpolitik und Machtstruktur, München 1974, S. 191

12) Rombach, s.o., S. 185 ff

13) Rombach, s.o., S. 216
Zoll, s.o., S. 214

14) Rombach, s.o., S. 22o

15) Rems-Zeitung v. 21.1.84

16) Gmünder Tagespost v. 21.1.84

17) Rombach, s.o., S. 211

18) Rombach, s.o., S. 22o
Günther Rager, Publizistische Vielfalt in der Region, in: B. Ballhaus, U. Buß, G. Rager - Kurpfalz-Radio - Ein subregionales Versuchsprogramm, Südfunk-Hefte Stuttgart, Nr. 4, 198o, S. 61 ff

19) Nach unseren Informationen hatte zum damaligen Zeitpunkt die RZ nur 5 hauptamtliche Redakteure, von denen natürlich nicht jeder jeden Tag einen Beitrag schreibt.

2o) Rombach, s.o., S. 261, 262, 263

21) Klaus Peter Gerber u. Manfred Stosberg, Die Massenmedien und die Organisation politischer Interessen, Bielefeld 1969, S. 64

22) Rager, Presse- Hörfunk - Fernsehen, s.o., S. 1oo

23) Statistisches Jahrbuch für die BRD 1983, S. 368

24) Regionalpresse-Anzeigenstatistik, zit. n. Gericke, s.o., S. 51

25) Zoll, s.o., S. 179 ff

26) Otfried Jarren, Statt weniger Großer - viele Kleine? Funktionswandel der Presse, in: Thomas (Hg.), s.o., S. 63 ff

27) Hans Janke, Gratis frei Haus: Anzeigenblätter - eine Folge der Pressekonzentration, in: Thomas (Hg.), s.o., S. 53 ff

28) Janke, s.o., S. 62

29) vom 4.12.198o, Gesetz- und Verordnungsblatt für das Land Rheinland-Pfalz 198o, Nr. 24 (15.12.8o)

Zusätzliche Literaturhinweise:

Baier, Horst / Kepplinger Hans Mathias /Reumann Kurt (Hrsg.), Öffentliche Meinung und sozialer Wandel /Public Opinion and Social Change, Wiesbaden 1981

Benzinger, J.D., Lokalpresse und Macht in der Gemeinde, Nürnberg 198o

Berg, Klaus / Kiefer Marie-Luise (Hrsg.), Massenkommunikation II. Eine Langzeitstudie zur Mediennutzung und Medienbewertung 1964 - 198o, Bd. 2 d. Schriftenreihe "Media Perspektiven", Frankfurt 1982

Bonfadelli, Heinz, u.a., Jugend und Medien. Eine Studie der ARD/ZDF-Medienkommission u.d. Bertelsmann Stiftung, Band 6 d. Schriftenreihe "Media Perspektiven", Frankfurt 1986

Bonfadelli, Heinz, Die Sozialisationsperspektive in der Massenkommunikationsforschung, Berlin 1981

Branahl, Udo, Pressefreiheit und redaktionelle Mitbestimmung, Frankfurt 1979

Brand, Peter / Schulze, Volker (Hsrg.), Medienkundliches Handbuch - Die Zeitung -, Braunschweig 1982

Dorsch, Petra E., Die Zeitung. Medium des Alltags - Monographie zum Zeitungsstreit, München 1984

Eurich, Claus, Kommunikative Partizipation und partizipative Kommunikationsforschung, Frankfurt 198o

Fischer, H.-D., Handbuch der politischen Presse in Deutschland 148o - 198o, Düsseldorf 1981

Fritz, Angela, Zeitung im Unterricht, Wien 1986

Glotz, Peter / Langenbucher, Wolfgang R., Der mißachtete Leser - Zur Kritik der deutschen Presse, Köln 3. Auflage 197o

Gottschlich, Maximillian, Journalismus und Orientierungsverlust, Köln 198o

Göttrup, Ursula (Hrsg.), Zensierter Alltag - Lesebuch für Zeitungsleser, Göttingen 1985

Haller, Michael, Recherchieren - Ein Handbuch für Journalisten - München, o.J.

Jarren, Otfried, Kommunale Kommunikation - Eine theoretische und empirische Untersuchung kommunaler Kommunikationsstrukturen unter besonderer Berücksichtigung lokaler und sublokaler Medien, München 1984

Kopper, Gerd G., Massenmedien, Wirtschaftliche Grundlagen und Strukturen. Analytische Bestandsaufnahme der Forschung 1968 - 1981, Konstanz 1982

Koszyk, Kurt / Pruys,Karl Hugo (Hrsg.), Handbuch der Massenkommunikation, München 1981

Krüger, W., Die Karrikatur als Medium in der politischen Bildung, Opladen 1979

Lüger, Heinz-Helmut, Pressesprache, Tübingen 1983

Martini (Hrsg.) Journalisten-Jahrbuch '84, München, o.J.

Media Perspektiven (Hrsg.), Kinder - Medien - Werbung. Ein Literatur- und Forschungsbericht, Frankfurt 1981

Media Perspektiven, Daten zur Mediensituation in der Bundesrepublik - Basisdaten 1985, Frankfurt 1985

Rühl, Manfred, Journalismus und Gesellschaft. Bestandsaufnahme und Theorieentwurf, Mainz 198o

Schönbach, Klaus, Das unterschätzte Medium - Politische Wirkungen von Presse und Fernsehen im Vergleich, München 1983

Schmidt, Michael-Andreas, Tagesberichterstattung in Zeitung und Fernsehen - Untersuchung zur Komplementarität konkurrierender Medien, Berlin 1979

Schneider, Wolf, Unsere tägliche Desinformation - Wie die Massenmedien uns in die Irre führen, Hamburg 1984

Schütt, Bernd, Vom Tagesschriftsteller zum technischen Redakteur? Versuch einer logisch-historischen und empirischen Analyse journalistischer Tätigkeit, Frankfurt 1981

Tern, Jürgen, Der kritische Zeitungsleser, München 1973

Thomas, Michael Wolf (Hrsg.), Porträts der deutschen Presse, Politik und Profit, Berlin 198o

Thomas, Michael Wolf (Hrsg.), die lokale Betäubung oder der Bürger und seine Medien, Bonn 1981

Unesco (Hrsg.), Viele Stimmen - eine Welt. Kommunikation und Gesellschaft - Heute und morgen. Bericht der Internationalen Kommission zum Studium der Kommunikationsprobleme unter dem Vorsitz von Sean MacBride, Konstanz 1981

J. Hunkemöller

Die Rolle der Schallplatte im Jazz[1)]

Der im Rahmen der Ringvorlesung am 4.XII.1985 in Schwäbisch Gmünd gehaltene Vortrag orientierte sich an einem Text, der seinerseits Grundlage eines Vortrags auf der 4. Internationalen Jazzwissenschaftlichen Tagung der Internationalen Gesellschaft für Jazzforschung am 31.III.1980 in Hamburg war. Veröffentlicht wurde er in JAZZFORSCHUNG / JAZZ RESEARCH XII (1980), Graz 1980, S. 87-113. Die hier gebotene Fassung ist mit der der Erstveröffentlichung textidentisch; lediglich Druckfehler sind beseitigt worden. Da in der dem Vortrag am 4.XII.1985 folgenden Diskussion Gesichtspunkte, die den Text in irgendeiner Weise zur Revision genötigt hätten, nicht zu erkennen waren, erscheint der unveränderte Nachdruck gerechtfertigt.

JH / 1.X.1986

Vorbemerkungen zu Thematik, Zielsetzung und Methode

1. Musik von der transitorischen Flüchtigkeit des Jazz verlangt nach Speicherung und Reproduzierbarkeit. Darum ist die Beschäftigung mit dieser Musik weitgehend eine Beschäftigung mit ihren Tonträgern. Die Frage nach der Rolle der Schallplatte im Jazz - stellvertretend für alle andern, weit weniger wichtigen Tonträger - ist also keine beiläufige, es ist eine zentrale Frage.[2)]

2. Die Schallplatte will als ein komplexes Phänomen verstanden sein, denn sie ist (a) ein technisches Erzeugnis, das (b) massenhaft verbreitet wird und (c) als Träger von Musik kulturanthropologische Bedeutung hat.[3)] So werden verschiedene Wissenschaften im Interesse des Phänomens zu kooperationsbedürftigen Teildisziplinen, die den einzelnen, der sich darauf einläßt, notwendig überfordern.

3. Das Verhältnis von Theorie und Empirie ist ein bedingendes, denn Begriffe ohne Anschauungen sind blind und Anschauungen ohne Begriffe leer (wie Kant den Sachverhalt formuliert). Da aber für die Schallplatte und ihre Rolle im Jazz ein empfindlicher Datenmangel herrscht,[4)] muß die Empirie zugunsten der nicht weniger notwendigen Theorie vernachlässigt werden. Zahlenangaben und dokumentarische Zitate haben weitgehend illustrativen Charakter.

4. Die Untersuchungen zielen nicht auf die Bedeutung der Schallplatte für die Jazzforschung,[5)] sondern auf ihre Rolle im Jazz. Diese Beschränkung ist arbeitsökonomisch bedingt und durch den Vorrang des einen vor dem andern legitimiert.

I. Musikalisch-gestalterische Impulse durch die Schallplatte

Wie jedes Musikstück, so hat auch im Jazz ein Stück seine tektonische Logik oder "Form". Die gestalterischen Gesetzmäßigkeiten, die sich so wenig wie in der europäischen Musikgeschichte definitiv fassen lassen, weil sie wechseln und durch mancherlei bedingt sind - durch den historischen Kontext, die stilistische Grammatik und die individuellen Absichten der jeweils beteiligten Musiker -, erhalten immer wieder Impulse durch die Schallplatte. Dieser Einfluß der Schallplatte auf die architektonisch-formalen Möglichkeiten eines Stückes hing und hängt entscheidend von ihrer jeweiligen technischen Verfassung ab.

1. Die Spieldauer einer Plattenseite beträgt von den frühesten Aufnahmen des Jahres 1917[6] bis zu Beginn der 50er Jahre ca. 3'30'' Minuten. Diese Zeiteinheit ist daher bis weit in den modernen Jazz hinein die konzeptionelle Basis für die improvisatorisch-formale Gestaltung eines Musikstückes.[7] Brauchte sich das originäre, an das Hier-und-Jetzt gebundene Live-Musizieren zeitlich nur an gewissen Konventionen - etwa des tanzenden Publikums - und an den psycho-physischen Leistungsgrenzen der Musiker zu orientieren, wobei es zu situationsbedingten Schwankungen kam, so wird es nun einer rigorosen und apodiktischen Zeitbegrenzung unterworfen.

   Nur in zwei Menuett-Sätzen seiner 10 großen Streichquartette hat sich Mozart einem solchen Zeit-Budget unterworfen (wenn ein "Normalfall" der neueren europäischen Musikgeschichte zum Vergleich bemüht werden darf). Für die schweifende Spontaneität des Musikmachens im Jazz aber bedeuten 3'30'' Minuten empfindliche Einschränkung und unerhörte Selbstdisziplinierung. Der Improvisation müssen strenge Verbindlichkeiten vorgegeben werden, der knappe Ablauf hat musikalisch-zeitökonomisch ständig bewußt zu sein. Subtile Planung wird daher zur Notwendigkeit.

   Hierin liegt aber auch eine Chance. Wie Strawinsky immer wieder das "Königreich der Beschränkung" beschwört und Widerstände als Anregungen begrüßt, so sind derartige

Zeitbegrenzungen nicht nur negativ zu sehen. Freiheit wird durch sie nicht gelähmt, sondern stimuliert.

Die Hot-Five- und Hot-Seven-Gruppen von Louis Armstrong (1925-28) und die Red Hot Peppers von Jelly Roll Morton (1926-30), die zu den renommiertesten Ensembles des ersten großen Schallplattenjahrzehnts im Jazz zählen - sie wurden ausschließlich oder doch vorwiegend als Studiogruppen für Plattenaufnahmen zusammengestellt -, spiegeln den Vorgang paradigmatisch. So berichten Kid Ory, Johnny St.Cyr, Omer Simeon und andere an den Schallplatteneinspielungen beteiligte Musiker übereinstimmend von den sorgfältigen Vorbereitungen der Aufnahmesitzungen.[8)]

Wichtiger als solche Berichte sind allerdings die analytisch verifizierbaren Ergebnisse der Einspielungen, beispielhaft etwa "The Chant" von Morton (1926)[9)] oder "Hotter Than That" von Armstrong (1927).[10)] Die genannten Beispiele gehören zu einer großen Anzahl von Stücken, die die äußersten Möglichkeiten kompositorisch-formaler Gestaltung auf improvisatorischer Grundlage repräsentieren, jedenfalls im Bereich einer Musik, die ihren folkloristischen Wurzeln gerade zu entwachsen beginnt und ein artifizielles Musikmachen erst ahnen läßt.

Die gestalterischen Möglichkeiten unter dem Zwang der Beschränkung auf 3'30'' Minuten seien an einem Stück von real 3'26'' Minuten Länge verdeutlicht, für dessen Erfindungskern und zeitlich-formale Verlaufsplanung Ory verantwortlich ist: dem "Savoy Blues", aufgenommen am 13.XII. 1927, eingespielt von den durch eine zusätzliche Guitarre zum Sextett erweiterten Hot Five Armstrongs.[11)]

Als Formaleinheit dient eine 12taktige, instrumentalisierte Blues-Strophe mit dem harmonischen Substrat der Blues-Formel. Obschon die Einheit in 7 Durchgängen ("Chorussen") gereiht wird, ist der formale Aufriß des Stückes weit entfernt von schematischer Addition:

- Eine 16taktige Einleitung, in der lediglich Trompete und Rhythm Section agieren, läßt die bluesorientierte Formaleinheit unbeachtet und akzentuiert statt dessen harmonisch die Tonika.

- Der zweite der 7 Durchgänge verschleiert die Harmoniefolge der Blues-Formel durch eine Länge von 20 Takten, die sich aus 4 einleitenden, 12 "eigentlichen" und 4 zum nächsten Solo überleitenden Takten zusammensetzen.

- Von den insgesamt 108 Takten sind die solistischen Improvisationen ("Hot-Solo-Folge") und die durch Arrangement ausformulierten Teile im Verhältnis von 56 zu 52 Takten voll in der Balance, bezeichnenderweise mit einem leichten Übergewicht der improvisatorischen Solo-Teile. Die Soloimprovisationen bilden darüber hinaus formal die Mitte des Stückes.

- Die zum 12taktigen Harmoniesubstrat der Blues-Formel geschrumpfte Blues-Strophe wird - da sie wichtigste Improvisationsgrundlage ist - den Soli vorausgeschickt und nachgestellt, um den Bezugsrahmen unmißverständlich zu markieren. Dies geschieht in der Weise, daß das volle Ensemble dazu verpflichtet wird, nichts als die Blues-Formel in skelettartiger Reduktion vorzuführen.

- Der letzte Durchgang betont formal den Schluß des Stückes, indem auch hier das volle Ensemble agiert. Wenn es aber nur dies eine Mal zu einer kollektiv angelegten Improvisation kommt (mit deutlicher Lead-Funktion der Trompete), dann zeigt der Durchgang in seiner Fülle und Dichte eindeutige Stretta-Wirkungen.

- Einen besonderen instrumentatorischen Einfall verwirklicht der 20taktige Durchgang, da hier das Soloinstrument Guitarre nur von einer weiteren, eigens in das Hot-Five-Ensemble hineingenommenen Guitarre begleitet wird. Dieser die Konvention sprengende Einfall ist wohl dafür verantwortlich zu machen, daß die kurze Dauer der normalen 12taktigen Formaleinheit deutlich gedehnt wird; er läßt sich dadurch ebenso deutlich als besonderer Einfall einprägen.

- Der führenden Rolle des Ensembleleiters wird auch formal uneingeschränkt Rechnung getragen, denn die Trompete dominiert in 52 Takten und damit in knapp der Hälfte des Stückes. Sie bestreitet solistisch die Einleitung, sie beherrscht den Schluß, und ihr sind als einzigem Instrument zwei solistisch improvisierte Formaleinheiten zugewiesen, die im übrigen zentral in den Gesamtverlauf des Stückes - als Mitte des Soloteils - eingepaßt sind.

- Als captatio benevolentiae gegenüber dem "Komponisten" ist zu werten, daß der Posaune (neben Trompete und Guitarre) eine eigene solistische Improvisation eingeräumt wird.

EXKURS: Eher umgekehrt, nämlich ausgehend von einem fertigen gestalterischen Konzept, sind die Zusammenhänge zwischen Schallplatte und musikalischer Formung zu bewerten, wenn die amerikanischen Rundfunkanstalten von den 30er Jahren bis zum Aufkommen der Langspielplatte auch sog. Electrical Transcriptions verwenden. Zwar nur einseitig bespielbar, dafür aber mit einer Spieldauer von ca. 15 Minuten (und außerdem besser im Klang), boten sich diese nicht handelsüblichen Schallplatten außer für E-Musik bevorzugt für Big-Band-Stücke an,also für eine Musik mit partiturmäßig arrangierten Verläufen, die aufgrund ihrer kompositorischen Differenzierung die Tendenz zeigte, den eng bemessenen Zeitrahmen von 3'30'' Minuten zu sprengen. Beispiele für eine solche Art der Schallplattenverwendung liegen vor allem von Benny Goodman und Stan Kenton vor.

2. Als um 1950 die für die Serienproduktion ausgereifte Langspielplatte mit ihrer Spieldauer von 20 (und mehr) Minuten pro Seite auf den Markt gebracht wird,[12)] scheinen die Musiker die neuen konzeptionellen Möglichkeiten für ihr Musikmachen noch nicht recht zu sehen, jedenfalls machen sie nur zögernd davon Gebrauch. Der erweiterte Zeitrahmen wirkt seither sogar bequemlichkeitsfördernd, denn die von der Schallplatte gespeicherten Ergebnisse muten vielfach wie Konservierungen einer Jam Session an. Die Langspielplatte wird aber auch als willkommene Gelegenheit begrüßt, den Programmablauf eines Konzerts zu dokumentieren. So werden unter dem Titel "Jazz At Massey Hall" weite Teile eines zu Recht berühmten Konzerts auf Schallplatte aufgenommen, das Charlie Parker, Dizzy Gillespie, Bud Powell, Charles Mingus und Max Roach am 15.V.1953 in Toronto

gegeben haben.[13)] An diesem Beispiel läßt sich zeigen, daß die Schallplatte für das einzelne Stück keine erkennbaren gestalterischen Konsequenzen gehabt hat, denn die Musiker geben sich der extemporierenden Laune und der Routine eines additiv verlaufenden Improvisationsgeschehens hin (nach dem Schema: Thema / Soloimprovisationen / Thema), so daß auf der Platte Stücke von nahezu 8 Minuten Dauer gespeichert sind.

Der moderne Jazz tendiert aufgrund seiner Artifizierung zu formaler Sorgfalt und zu Differenzierung und damit zu grösserer zeitlicher Ausdehnung beim einzelnen Stück. Da aber die Zufälligkeiten, die das Live-Musizieren in sich birgt, die konsequente Entfaltung einer kompositorisch-improvisatorischen Logik nur bedingt zulassen - alle Auftritte müßten unter günstigsten konzertanten Bedingungen durchgeführt werden können -, bietet die Langspielplatte eine ideale Möglichkeit, das, was man "eigentlich" will und wozu man "eigentlich" in der Lage ist, ungestört zu formulieren. Unter zahlreichen Beispielen ließe sich dies an den 6 Stücken der am 4.II.1959 unter dem Titel "Blues & Roots" eingespielten Schallplatte eines 9köpfigen Ensembles unter Leitung von Mingus illustrieren.[14)]

Besonders deutlich wird die Tendenz von zyklischen Gestaltungen signalisiert, die - analog zur europäischen Musiktradition - ein fortgeschrittenes Stadium der Artifizierung anzeigen. In Zyklen verbinden sich Einzelstücke zu größeren Einheiten, und erst in dieser ihrer Summe, die mehr ist als Addition, verwirklicht sich ein formales Ganzes.[15)] Dies gilt etwa für die Suite "La Ronde", die das Modern Jazz Quartet am 9.I.1955 aufgenommen hat.[16)]

Die Suite besteht aus vier Einzelstücken mit gleicher Tonartbasis und gleichem thematischen Material, die in einer Gesamtzeit von 9'30'' Minuten verwirklicht werden. Außer der tonartlichen und thematischen Klammer sorgt das in der europäischen Musikgeschichte seit Jahrhunderten bewährte Tempomuster der Abwechslung für Zusammenhalt (hier: schnell / langsam / schnell / langsam). Jedes Stück dient der solistischen Profilierung je eines der 4 Instrumente. Die

Reihenfolge - Klavier, Baß, Vibraphon, Schlagzeug - verrät ebenfalls zyklische Planung, wenn nämlich dem in diesem Quartett führenden Instrument die Eröffnung überlassen wird und erneut das Prinzip der Abwechslung Beachtung findet (indem Klavier und Vibraphon als relativ gleichartige Klangerzeuger nicht unmittelbar aufeinander folgen). Das erste Stück weist deutlich das schnellste Tempo auf, hat also den Charakter eines coup d'archet; das zweite ist das mit Abstand langsamste und damit das geeignete Gegenstück zum ersten (wenngleich hierin auch durch die solistische Dominanz des Basses bedingt). Eine Fixierung dieser 4 Einzelstücke auf 4 einzelnen Schallplattenseiten hätte nicht nur deren Zeitrahmen unausgeschöpft gelassen, es wäre vor allem die zyklische Logik, d.h. die Logik der Kohärenz und der Anordnung gerade dieser Stücke in gerade dieser Folge, empfindlich beeinträchtigt worden.

1.	1'46''	ca. M.M.	𝅗𝅥	= 155	solistisch Klavier
2.	2'54''	ca. M.M.	𝅗𝅥	= 88	solistisch Baß
3.	2'13''	ca. M.M.	𝅗𝅥	= 114	solistisch Vibraphon
4.	2'37''	ca. M.M.	𝅗𝅥	= 100	solistisch Schlagzeug

Ein stark verändertes Bild hinsichtlich der Zusammenhänge von Schallplatte und musikalischer Tektonik entwirft der Free Jazz (seine Folgeerscheinungen einbegriffen). Für das Gros der ihn repräsentierenden Musiker meint Musikmachen auch da, wo Rahmenteile auskomponiert sind, Prozessualität[17)] - also weniger das, was sich in vorausschauender Detailplanung zu runden hat, mit Proportionen und architektonisch stimmigen Einzelgliedern, mit Wiederholungen und Kontrasten, sondern eher Interaktion, d.h. Musik, deren Ablauf nicht voraussehbar ist und deren Logik sich im Hier-und-Jetzt kommunikativ entwickelt.

Aus der Sicht der europäischen Musiktradition in ihrer postseriellen Phase bezeichnet Vinko Globokar das Musizieren auf improvisatorischer Grundlage "als eine Art musikalische und visuelle Beschreibung alltäglicher Probleme"[18)]: "Diese sind voller Widersprüche, Verzweiflung, Neurose, Ausweglosigkeit (vergleichbar jemandem, der mit dem Kopf gegen die Wand rennt, da die Türe des Nachbarn ihn nicht interessiert). Auf der anderen Seite ist die freie Improvisation aber auch ein Raum, in dem man Lösungen finden, Optimismus zeigen kann, wo man sich amüsiert, ironisch ist, gefällige Gewohnheiten abstreift. Ein Widerspruch freilich wäre es, wollte man von der freien Improvisation Antworten über gelenkte und beabsichtigte Funktionalität erhoffen. Desgleichen ist es unangebracht, sie an Kriterien musikalischer Qualität messen zu wollen, die für ein komponiertes Werk gelten. Eine gewisse musikalische Übereinkunft kann es nur geben, wenn das Denken der Improvisierenden übereinstimmt. In der freien Improvisation ist ein 'Anarchismus' am Platze, oft ist er Agens des Spielens; korrigieren und bemängeln wollen ist völlig unangebracht; betroffen ist nur der selbst Praktizierende, jeder andere ist Tourist oder Voyeur."

Prozeßhaftes Musikmachen verträgt keine Hektik und keine Hast, es fordert Zeit, erst recht, wenn Großensembles musizieren. Schon einige eher flüchtig gewählte Beispiele können das belegen, so z.B. die jeweils 2 Plattenseiten füllenden, durch das Wenden unterbrochenen Riesenstücke "Free Jazz" des Doppelquartetts von Ornette Coleman und Eric Dolphy (21.XII.1960)[19] und "Ascension" der 11köpfigen Gruppe von John Coltrane (28.VI.1965)[20], so verschiedene Stücke des AACM und des Globe Unity Orchestra, so etliche Stücke der Gruppen Cecil Taylors. (Symptomatisch für das Favorisieren prozeßhaften Musizierens mag auch die seit den 70er Jahren deutlich gestiegene Produktion von Live-Mitschnitten sein.)

Ein eindringliches Dokument stellt "Complete Communion" dar, ein Stück, das Don Cherry im Quartett mit Gato Barbieri, Henry Grimes und Edward Blackwell am 24.XII.1965 eingespielt hat[21]. Gestalterisch richtet es sich nach der Länge einer Plattenseite und entfaltet in 20'47'' Minuten ein Gefüge aus kompositorisch geplanten und prozessual improvisierten Teilen[22]. Die programmatisch zu deutende Titelwahl erläutert Cherry[23]: "This is the way in presentation and performance for each sound to have a completeness in emotion and color to connect the overall oneness, which makes up our complete communion."

3. Geradezu revolutionär verändert hat sich der Zusammenhang zwischen Schallplatte und musikalischer Gestaltung unter dem Einfluß der mehrspurigen Aufnahme- und mehrkanaligen Wiedergabetechnik, der Transformationsgeräte und der elektronischen Klangerzeuger. Schon ein Fade Out streift die Grenzen des Live-Musizierens, ist also ein der Schallplatte eigentümliches Mittel der Schlußgestaltung (wenn nicht bei Live-Auftritten der Gesamtklang über eine elektronisch gesteuerte Lautsprecheranlage vermittelt und auf diese Weise manipulierbar wird).

Nur über Speichergeräte lassen sich die beiden als Dialog konzipierten Stücke mitteilen, die der Guitarrist Hans Reichel unter dem Titel "Good Days" (I/II) auf seiner Platte "The Death Of The Rare Bird Ymir" veröffentlicht hat.[24] Im Februar 1979 hat er frühmorgens bei geöffnetem Fenster von außen hereindringende Vogelstimmen aufgenommen und sie als ihr improvisierend-komponierender Partner kontrapunktiert.

Das Musikmachen mit veränderter Bandgeschwindigkeit und das künstliche Ensemblespiel eines einzelnen mit sich oder andern mittels Playback und Overdubbing ist - nach zaghaften Anfängen in den 40er Jahren[25] - erstmals zu Beginn der 50er Jahre durch Lennie Tristano,[26] allgemein dagegen Anfang der 60er Jahre in das Bewußtsein der interessierten Öffentlichkeit gedrungen. Mit diesen Techniken operiert Albert Mangelsdorff in "Introducing Marc Suetterlyn", einem solistisch erarbeiteten Triostück der Platte "Trombirds" (Ende 1972).[27] Eine zuerst aufgenommene Posaunenstimme erklingt mit doppelter, trompetenartig verfremdender Bandgeschwindigkeit über beide stereophonen Kanäle, während zwei weitere, sukzessiv aufgenommene Posaunenstimmen über je einen der beiden Kanäle hörbar sind und mit der Pseudo-Trompetenstimme dialogisieren. Dies ist ein Verfahren, das sich nur mit Hilfe der Schallplatte dokumentieren läßt. Dadurch, daß es in seiner Genese im Nacheinander verwirklicht werden muß, also in wiederholten Ansätzen, die bei Mißlingen löschbar sind, verschafft es dem Improvisator ein Maß an Freiheit, das bislang nur dem mit der Schrift arbeitenden Musiker zur Verfügung stand. Es macht ihn ein Stück weit von der Flüchtigkeit und Unwiderruflichkeit des Augenblicks unabhängig und ermöglicht bislang ungekanntes gestalterisch-formales Raffinement.

Die vielfältigen Möglichkeiten der Studiotechnik seit Ende der 60er Jahre - künstlicher Hall, dynamische Sonderbehandlung einzelner Stimmen, Verstärken von Höhen und Tiefen, Tempo- und Tonhöhenveränderungen, Transformation "natürlicher" Klänge, Verwendung rein elektronisch erzeugter Klänge, Zuspiel vorgefertigten Materials u.a.m. - lassen sich in das improvisatorische Komponieren bzw. kompositorische Improvisieren voll integrieren. Darum macht der Integrationsakt aus ihnen konzeptionelle, gestalterisch-formale Möglichkeiten, für deren Resultate die Schallplatte zur conditio sine qua non wird. Die Konsequenzen für den Jazz scheinen noch nicht annähernd ausgelotet zu sein.

I. Originalitätsgehalt und Verbindlichkeitscharakter der Schallplatte

"Wir akzeptieren nur einen Maßstab: das Original." Gründlicher als wie mit einem solchen Satz - mit dem 1979/80 in großformatigen Anzeigen von der Firma Sony geworben wurde - lassen sich die Möglichkeiten der Schallplatte kaum verzerren, denn die Annahme, Schallplatten könnten das Original einholen, ist außerordentlich bedenklich, wenn nicht gar illusionär. (Sollte dies den Werbemanagern bewußt gewesen sein, dann wäre der Satz natürlich auch als eine Variante des Mythos von Sisyphos zu deuten, sozusagen als moralischer Appell: Das Original ist unerreichbar, also bemühen wir uns wenigstens um asymptotische Annäherung, dies aber mit aller Leidenschaft!)

1. Der Glaube an eine Begegnungsmöglichkeit mit dem "Original"[28) hat schon beim Konzertbesuch etwas Fragwürdiges. Dabei ist an die Interpretationsproblematik komponierter Musik - nach der Devise: die vielen Interpretationen und das eine "Original" - gar nicht einmal gedacht.

Je nach seiner Plazierung hat der Zuhörer unterschiedliche Eindrücke, die seine "Sicht" der Musik apriorisch färben.[29) Der Platz entscheidet nicht nur über laut und leise, sondern auch darüber, welche Aspekte der Musik stärker und weniger stark vermittelt werden. Sitzt der Zuhörer unmittelbar am Podium, drängt sich ihm der Klang der benachbarten Instrumente auf. Hört er die Musik von einer Galerie, mag vielleicht die Klangbalance gut sein, doch könnte dabei manches Detail verlorengehen. Worauf aber soll er sich richten? Ist die Musik etwa auf Überwältigung aus, der strukturelle Details gleichgültig sind, dann dürfte ihr auch die akustische Vogelperspektive nicht angemessen sein.

Daneben will der Raum, an den Musik in ihrer Existenz unentrinnbar gebunden ist - um gemacht und um gehört zu werden -, berücksichtigt sein,[30) denn ob dieser Raum "trocken" oder "verhallt" ist, ob er bestimmte Teilbereiche des Klangspektrums hervorhebt oder vernachlässigt, all dies beeinflußt das Erscheinungsbild der Musik und damit die Annäherung an das "Original".

Zu den auditiven Gegebenheiten gesellen sich sozial- und individual-psychologische Faktoren, weil ein "keimfreies" (voraussetzungsloses) Hören apriorisch ausgeschlossen ist.[31) Hier ist beispielsweise zu denken an das Agieren der Musiker, das Mühelosigkeit, Anstrengung, Wachheit oder Trance zu spiegeln vermag; an das synästhetische Fluidum, das von Raumatmosphäre und Publikum ausgeht; an die individuelle Disposition des Zuhörers, die durch Übermüdung, neugierige Erwartung, Langeweile oder Skepsis bestimmt sein kann. Zwar sind dies keine immanent musikalischen Faktoren, doch wirken sie sich in der Wahrnehmung und Beurteilung von Musik aus und scheinen ihr daher inhärent zu sein.

Diese bei der Suche nach dem "Original" stets wirksamen Momente haben Adorno zu der Forderung veranlaßt, die Partitur und nichts als die Partitur zu lesen - stumm, imaginativ, rein geistig. Anders sei es nicht möglich, das "Original" selbst zu finden und das, was von ihm an Authentizität ausgehe, als solches überhaupt erst erfahrbar zu machen.[32)]

Ungeachtet der heiklen Frage, ob dies Verfahren dem "Original" wirklich auf die Spur hilft, im Jazz laufen solche Forderungen ins Leere, d.h. in einer Musik, die ihre Wirklichkeit im Erklingen hat und außerhalb dieses Erklingens nicht einmal hypothetische Realität für sich beanspruchen kann.[33)] Die Frage nach dem "Original" ist darum für die Schallplatte im Jazz doppelt problematisch: nicht nur, weil schon beim situationsgebundenen Live-Musizieren kein Weg zu ihm hinzuführen scheint, sondern auch aufgrund der technischen Transformation des realen Musikmachens.

[illegible]. Die Studiotechnik verlangt bei jedem einzelnen Schritt Entscheidungen und damit Interpretationen:[34)] bei der Aufnahme, bei der Behandlung des aufgenommenen Materials und bei der Herstellung der Schallplatte. Die Aufnahme verlangt Entscheidungen etwa hinsichtlich der Anzahl, der Auswahl und der Aufstellung der Mikrophone und des Einbeziehens oder Ausklammerns von Produktionsgeräuschen wie Räuspern und Spielansatz. Die Entscheidung darüber, ob solche Geräusche auf die Schallplatte gehören ist Interpretation, denn sie läßt sich von einem vorgängigen Musikverständnis leiten: entweder "reine" Musik oder Musik als menschliches Erzeugnis. Die Behandlung des aufgenommenen Materials verlangt erneut Entscheidungen: Klang aus der Distanz oder entre nous, kompakter oder durchsichtiger Klang, Klang als strukturelles Geflecht oder als al fresco, Klang in der Akzentuierung von Brillanz, Verhaltenheit oder Aggressivität ...

EXKURS: Vor solchen Möglichkeiten mehren sich die Stimmen derer, die zum Verzicht auf "manipulative" Maßnahme aufrufen, um der Musik ein Höchstmaß an "Natürlichkeit" zu bewahren. Wenn für einen Augenblick vergessen werden darf, daß das Entscheidungsdilemma unaufhebbar ist - was nach Möglichkeit aussieht, ist in Wirklichkeit Entscheidungszwang -, dann mag dies eine bedenkenswerte Forderung sein. Das Unbehagen findet nämlich zusätzliche Nahrung in den bedenkenlosen Praktiken der "Nachbesserungen" - oder besser: Verfälschungen - historischer Dokumente. Die 18 unter dem Titel "Djangologie" zusammengefaßten Schallplatten mit der Hauptmasse der von Django Reinhardt zwischen 1928 und 1950 aufgenommenen und erstveröffentlichten Stücke[35] tragen den Vermerk "Stereo", mit der versteckten Ergänzung "enregistrements d'origine monophonique (78 tours) traités électroniquement pour produire un effet stéréophonique". Hier wird auf fragwürdige Weise etwas suggeriert, was zur Aufnahmezeit technisch unmöglich war und was sich auch nur andeutungsweise - als evozierte Üppigkeit - rekonstruieren läßt.

Bei der Suche nach dem "Original" zeigt die Geschichte der Jazz-Schallplatte aber noch eine weitere Schwierigkeit - eine Schwierigkeit, die die neuere Studiotechnik lediglich vergessen läßt: die Reduktion des realen, "lebendigen" Klanges bei seiner technischen Transformation. Technisch bedingte Unzulänglichkeiten sind einerseits Einschränkungen des tatsächlich Erklungenen, andererseits aber auch des eigentlich Beabsichtigten, d.h. konzeptionelle Einschränkungen.

Die Reduktion des tatsächlich Erklungenen zeigt sich z.B. gegen Ende der 20er Jahre[36] - also immerhin zu einer Zeit, die das 1925/26 eingeführte elektrische Aufnahmeverfahren kennt - in einem Frequenzumfang von 50 bis 5000 Hz, in einem Umfang der Dynamik von ca. 30 db, in starken nichtlinearen Verzerrungen und in der völligen Vernachlässigung der Raumwirkung.

Die konzeptionellen Einschränkungen, denen sich die Musiker zur gleichen Zeit zu unterwerfen haben, mag indirekt ein Bericht von Jimmy McPartland illustrieren; er erzählt von einer Aufnahmesitzung (1927/28)[37]:

"This was, in fact, the first time I ever played with Krupa. And it was the first recording session on which any of our guys had seen a bass drum used.
We came into the studio there, and Gene set up his bass drum, tomtoms - the whole set. Then we made a take to see how it sounded, and immediately the recording manager, Mr. Ring, ran out saying, 'You can't use all those drums; throw those drums out; just use sticks, cymbals, wood blocks, and so forth.'
After some protests, they finally worked the thing out by laying down rugs that took up the vibration. The vibration was the thing they worried about mostly. So they let Gene play the drums, and he beat the heck out of them all the way through the set, which was fine for us, because it gave us a good, solid background."

Nun ist allerdings die Reduktion des realen Klanges durch technische Entwicklungen immer mehr aufgehoben worden, so daß seit den 70er Jahren zwischen "natürlichem" und "technischem" Klang vielfach kaum noch unterschieden werden kann; mehr noch: das Verhältnis scheint sich bisweilen sogar umzukehren. Beim Stück "Introducing Marc Suetterlyn" muß Mangelsdorff darauf hinweisen, daß die von ihm vorgegebene und verfremdete Posaunenstimme tatsächlich eine Posaunenstimme ist; ironisch merkt er an:[38)] "Das ist der neue Trompeter, der da spielt." Auf dem Cover der Platte, die die Stücke "Good Days" enthält, glaubt Reichel eigens erwähnen zu müssen, daß das Klangresultat nicht technisch manipuliert sei ("Everything taped as played").

Drastisch gibt sich die Reduktionsbeseitigung darin zu erkennen, daß die Studiotechnik ein neuartiges Musikmachen ermöglicht hat, das der Schallplatte als Grundvoraussetzung bedarf, d.h. ein neues improvisatorisches Komponieren bzw. kompositorisches Improvisieren, das außerhalb der Schallplatte keinerlei Realität besitzt. So muß nun überraschend auch die Interpretationsfrage wieder aufgerollt werden: Wenn der Musiker ein Stück verwirklicht, das nur als Schallplatte existieren kann, eine Musik, für die die Schallplatte Partitur und klangliche Realisierung durch den Musiker selbst ist, dann scheint die Schallplatte zumindest hier in eine neue Qualität umzuschlagen - in die Qualität eines "Originals", eines "Originals" sui generis. Wäre in ihr die Differenz von "Original" und "Interpretation" tatsächlich geschwunden?

3. Die Stücke der Platten "Trombirds" und "The Death Of The Rare Bird Ymir" tragen offensichtlich eine ebenso unverwechselbare wie neuartige Handschrift, sie sind offensichtlich sorgsam geplant und mit unerhörtem Können ausgeführt, und sie müssen offensichtlich zur vollen Zufriedenheit ihrer Autoren ausgefallen sein. Was zur Bestätigung dieser dreifachen Annahme fehlt, ist eine authentische und verbindliche Äußerung. Deren Fehlen gilt aber als Normalfall im Jazz, und die Schwierigkeit, den Verbindlichkeitscharakter eines Stückes zu ermitteln, hängt mit seiner eigentümlichen Existenzweise zusammen, für die die Gleichzeitigkeit des Erfindens und klanglichen Realisierens von Musik konstitutiv ist.[39)] Demnach würde ein Stück im Jazz gerade das vermissen lassen, was die Besonderheit europäischer Musik ausmacht.

Die Kriterien für die Musik von Mangelsdorff und Reichel, die in die vorsichtige Formel "offensichtlich" gekleidet werden mußten, sind keine andern als die des musikalischen "Werkes" in der europäischen Musiktradition.[40)] Das Werk als Inbegriff komponierter Musik ist (a) eine individuelle Leistung, es ist (b) sorgfältig ausgearbeitet, und es ist (c) in seiner ausgearbeiteten Gestalt definitiv. Als "opus perfectum et absolutum" erstmals im 16. Jahrhundert begrifflich gefaßt (N. Listenius 1533), haben sich seit der Wiener Klassik die mit ihm verbundenen Wertvorstellungen sprunghaft erhöht. Die Kriterien heißen nun (a) Originalität, (b) Qualität und (c) Integrität; oder (a) Unverwechselbarkeit und Neuartigkeit der individuellen Leistung, (b) Sorgfalt der Ausarbeitung aufgrund eines unbegreiflichen Könnens und (c) minutiöse Fixierung aller Einzelheiten, um die individuelle Leistung nicht nur definitiv, sondern unantastbar zu machen, damit diese Leistung interpretatorische "Werktreue" ermöglichen kann. Der qualitative Sprung in der

Wiener Klassik hat das Werk zum Kunst-Werk stilisiert, zu einem ästhetisch bestimmbaren Numinosen, das in die Nähe religiöser Phänomene rückt.[41] - Was ergibt sich aus diesem Seitenblick auf die europäische Musik-Szenerie?

(1) Wenn im Jazz die notationstechnische Aufzeichnung ausfällt, läßt sich das nicht als Äußerlichkeit oder Zufall abtun. Notenschrift ist das Ergebnis von Theorie,[42] und die wiederum ist die gedanklich-begriffliche Durchdringung der Ursachen und Bedingungen musikalischer Erscheinungen. Theorie ist also auf Praxis bezogen und darum auch die Grundlage weiteren Musikmachens - im Medium der Notenschrift.

(2) Weil Notenschrift im Jazz ausfällt, ist er der Flüchtigkeit und Unkontrollierbarkeit des Augenblicks ausgeliefert. Darum stößt die gestalterisch-musikalische Organisation des Materials an verhältnismäßig enge Grenzen, während der Verbindlichkeitscharakter eines Stückes angesichts solcher Flüchtigkeit niemals exakt bestimmt werden kann.

(3) Das Werk in der europäischen Musik bedarf in seiner schriftlichen Verfassung stets der Interpretation.[43] Interpretation ist kein mechanischer Akt der Verklanglichung, sondern ein Übersetzen, und dies in zweierlei Hinsicht: zum einen, weil Schrift kein Abbild der vollen Klangwirklichkeit, sondern selbst schon ein Medium ist, das als solches übersetzt werden muß, und zum andern, weil aus der historisch-individuellen Situation des Interpreten heraus jeweils neu übersetzt werden muß, was seinerseits in einer historisch-individuellen Situation wurzelt. So ist Interpretation eine Nachschöfung und eine immerwährende Aufgabe.

(4) Ist **im** Jazz das Stück ein apriorisches Ineinander von "Komponieren" und "Interpretieren", dann haftet ihm durch seine Interpretationskomponente immer schon etwas Jeweiliges, Nicht-Definitives an - mit der Konsequenz, daß es unendlich viele Verbindlichkeitsstufen gibt, ohne daß der Grad der Verbindlichkeit des einzelnen Stückes präzis bestimmbar wäre.

4. Die ursprüngliche Frage nach der Schallplatte als "Original" war zunächst zu einer Frage nach dem "Original" im Jazz überhaupt geworden, also zu einer Frage diesseits aller Schallplattenprobleme. Dabei hatte sie sich unversehens zu der noch weitergehenden Frage nach der Verbindlichkeit eines Stückes im Jazz im allgemeinen und zu seiner klanglichen Präsenz auf der Schallplatte im besonderen verschoben.

Die Schallplatte verschleiert den nicht-definitiven Charakter eines Stückes durch beliebig häufige, identische Wiederholbarkeit und suggeriert auf diese Weise Werkcharakter. Demaskierend scharf bemerkt dazu Globokar:[44)] "Eine Schallplatte mit improvisierter Musik sollte lediglich als Dokument betrachtet werden. Sie kaufen, einmal zuhören und sie dann vernichten wäre meine Meinung nach ein sinnvolles Verhalten."

Eine derartige Nivellierung, die so tut, als sei Schallplatte mit Schallplatte gleichzusetzen, macht es sich allerdings zu leicht. Sie wird der Breite der Verbindlichkeitsskala ebensowenig gerecht wie eine Bemerkung von Paul Desmond:[45)] "You know the real solution to this problem of playing jazz and composing? The real solution is always to travel with a tape recorder. That way you can keep what's good, you can keep what you need to go farther. And that way you could produce more music in a lifetime of playing jazz than in five hundred years of writing music."

Zweierlei wird in solchen Äußerungen allzu leicht übersehen: zum einen die Konzepte, die der Schallplatte als Grundvoraussetzung bedürfen, weil nur durch sie eine Musik mit werkähnlichem Originalitätsgehalt möglich wird, die konzertant oder im traditionellen Studio nicht existieren kann; zum andern vermutlich auch die gestalterische Impuls- und Katalysatorwirkung der Schallplatte, die nämlich die Tendenzen zum Werkcharakter maßgeblich gefördert hat.

Dafür gibt es ein Indiz: Sind technische Daten als Angaben auf Platte oder Cover über Jahrzehnte hinweg vernachlässigt worden,[46)] so werden seit den 60er Jahren zunehmend mehr

Einzelheiten registriert, die über die aus Copyright-Gründen notwendigen Angaben weit hinausgehen. Sie sind nur erklärlich, wenn die Musik, die auf der Schallplatte gespeichert ist, im Bewußtsein ihrer Autoren werkähnlichen Charakter hat. Die im Frühjahr 1968 aufgenommene Doppel-LP "The Jazz Composer's Orchestra" verzeichnet außer Titeln, Spieldauern, Musikern, Aufnahmedaten und Produktionsnummern folgende Einzelheiten:[47] "All music composed and conducted by Michael Mantler. Publisher: Alrac Music (BMI). Recording Engineer: Paul Goodmann. Recorded on 3M 8-track tape recorders in RCA Victor's Studio B, New York City. The microphones used were of the following types: Neuman U-67, Neuman U-56, Sennheiser 421, Shure 546, Electro-Voice RE-15. This recording was made possible by The Jazz Composer's Orchestra Association, Inc. in cooperation with the Farfield Foundation, Inc. and with the kind help of several private individuals. Produced and coordinated by Michael Mantler."

III. Medienaspekte der Schallplatte

Fragen nach den Eigenarten der Schallplatte und der auf ihr gespeicherten Musik ähneln leicht einem mittelalterlichen Disput über die Musik,[48] d.h. sie bewegen sich in einer Gefahrenzone, in der über der Faszination, die vom Phänomen ausgeht, seine menschlichen Bezüge übersehen werden. Das mit technischem Raffinement entwickelte, industriell gefertigte und marktstrategisch vertriebene Phänomen Schallplatte, das Musik speichert, ist ein Medium der Massenkommunikation.[49] Aufgrund seiner massenmedialen Eigenarten werden die Musiker, die die Schallplatte produzieren, und diejenigen, die die Musik dieser Platte hören, auf eigentümliche Weise zueinander in Bezug gesetzt, und dieser eigentümliche Bezug wiederum wirkt auf die Eigenarten der Schallplatte und der auf ihr gespeicherten Musik ein. Einige Aspekte dieses Zirkels seien im folgenden herausgegriffen und beleuchtet.

1. Die Schallplatte als Stellvertreter des Musikers in seiner "Arbeit vor Ort", mit der sich nicht nur der musikalische Aktionsradius unübersehbar erweitern, sondern auch noch Geld verdienen läßt, hat tiefgreifenden Einfluß auf die Musikerexistenz.

Die Schallplatte hat von Anfang an Prestigecharakter für den Jazz-Musiker gehabt, so schon für Paul Mares, wenn er bekennt:[50] "In 1922, we went down to Richmond, Indiana, on a couple of different week ends to make records for Gennett. We were so anxious to record that we took the first offer to come along and beat all the rest of the bands. We could have made a fortune with that band if we had played our cards right, but we didn't. We rushed into everything like we did that recording deal." - Die Schallplatte ist in der Lage, die Popularitätskurve des Musikers zu heben, seinen Nimbus zu stärken und für seine Musik zu werben. Ihm persönlich gibt sie ein Dokument, ein klingendes Erinnerungsstück in die Hand, mit dem er die Unwiederbringlichkeit seines täglichen Musizierens ein wenig überlisten kann, nach dem Motto: Schau her, das bin ich, das war ich, auch das war und bin ich!

Psychologisch nicht zu unterschätzen sind die Bedingungen, denen das Musikmachen bei der Aufnahme einer Schallplatte unterworfen wird.[51] Zu wissen, daß im Studio jede mißglückte Version löschbar ist, mag entkrampfend wirken. Studioathmosphäre oder das Bewußtsein, daß die im Konzert gemachte Musik für eine Plattenveröffentlichung mitgeschnitten wird, können aber auch lähmen (was nicht selten mit Alkohol oder Drogen "bekämpft" wird). Das improvisierende Musizieren vor Publikum ist aufgrund seiner Offenheit deutlicher noch als das reproduzierende Musikmachen situationsabhängig in Agieren und Reagieren; im Studio bleibt davon die Gruppeninteraktion, also lediglich die Kommunikation der Musiker untereinander. Fehlt der Zuhörer als leibhaftiger Dialogpartner, kann dies als Mangel oder Befreiung empfunden werden, wie umgekehrt seine Anwesenheit anregen oder irritieren kann.

Die Schallplatte hat hier die Chance, Protokoll gestalterischer Prozesse unter allen nur erdenklichen Bedingungen zu sein und in den kreativen Vorgang des Musikmachens Einblick zu gewähren, auch hinsichtlich der Tagesform eines Musikers. So gesehen sind die zahlreichen heimlichen Mitschnitte im Jazz ebenso eine Bereicherung wie die ursprünglich nicht veröffentlichten, aber ungelöschten Alternativfassungen einer Aufnahmesitzung, die u.a. zu Charlie Parker posthum vorgelegt worden sind (alle Takes der Dial-Studio-Sessions 1946/47).[52)]

Läßt sich der Musiker auf einen Schallplattenkontrakt ein, dann ähnelt das nicht selten einem Pakt mit dem Teufel. Eine wirtschaftliche Zusatz- oder Vollsicherung seiner Existenz durch Platten-Tantiemen mag ihn zwar unabhängiger vom Streß ständiger Arbeitssuche machen,[53)] doch ist eine neue, musikalische Abhängigkeit von Produzenten und Marktmechanismen vielfach der Preis (während ihm die eigene Schallplatte nicht selten zum Konkurrenten seines Live-Musizierens wird).[54)]

Die von Musikern initiierten und getragenen Labels seit Mary Lou Williams und Charles Mingus, im Grunde aber die gesamte Geschichte der sog. Indies sprechen schon in ihrer Existenz für sich. Die FMP etwa definiert ihren Standort so:[55)] "FREE MUSIC PRODUCTION ist eine Non-Profit-Organisation von Musikern, deren Ziel es ist, zeitgenössischen Jazzmusikern und Komponisten von der kommerziellen Musikindustrie unabhängige Arbeitsmöglichkeiten zu schaffen und durch geeignete Präsentation dem Hörer einen informativen Überblick über die neue Jazzmusik zu ermöglichen."

Illustrativ scheint hier bereits die Blues-Verwertung der 20er Jahre zu sein. Sie hat nämlich unter dem maßgeblichen Einfluß der Schallplattenindustrie den "Klassischen Blues" zu verantworten, der in Wirklichkeit ein ihr anzulastendes Blues-Derivat darstellt.[56)] So sind beispielsweise der zur "Empress of the Blues" stilisierten Bessie Smith nahezu alle Texte, die sie auf ihren Schallplatten singt, vorgeschrieben worden.

Die musikalisch-konzeptionelle Abhängigkeit von den Produzenten und die tatsächliche und vermeintliche Abhängigkeit der Produzenten von den Zwängen des Marktes hat bei Miles Davis unter dem Diktat von Columbia zu seiner spektakulären musikalischen Kurskorrektur geführt, wie sie sich erstmals 1970 in der Platte "Bitches Brew" manifestiert.[57)] Vor solchen ökonomischen Zwängen lassen sich auch die Wanderwege zahlreicher Musiker der Free-Jazz-Szene zu andern Idiomen motivieren.

2. Ähnlich wie die gesprochene Sprache, die mündlich tradiert wird, läßt sich Musik überliefern, wenn sie durch Vor- und Nachspielen oder -singen von Ohr zu Ohr wandert. Doch ist die Musik durch ihren transitorischen Charakter ständig in ihrer Existenz bedroht. Wie die Sprache ist sie an ihren Träger gebunden und kann mit ihm aussterben; und ein historisches Gedächtnis, das unterschiedliche Vergangenheiten gestuft und gleichsam perspektivisch kennt und auf Abruf bereithält, ist für sie erst recht nicht denkbar (wie die ununterbrochenen Veränderungen der Sprache nicht wahrgenommen werden und ihre jeweiligen Eigenarten vor 100, 200 oder 500 Jahren für die mündliche Tradition ein Rätsel sind).

Hier leistet die Schrift Entscheidendes,[58)] denn das Musikwerk, das mit ihrer Hilfe entsteht, kann nach Jahren wieder hervorgeholt und erneut zum Erklingen gebracht werden. Auf diese Weise entstehen nicht nur ein historisches Gedächtnis und ein historisches Bewußtsein, es kommt durch Tradieren, Anknüpfen und Innovieren auch zu einer "Geschichte" der Musik.[59)]

In seiner kategorialen Schriftlosigkeit befände sich der Jazz allerdings in einer mißlichen Lage, würde hier nicht kompensierend die Schallplatte einspringen. Da sie ebenfalls Vergangenheiten konserviert und verfügbar macht, wird sie zu einer Art Notenschrift-Surrogat und sichert auch dem Jazz Geschichtsfähigkeit. Mit vollem Recht von einer "Geschichte" des Jazz sprechen zu dürfen, ist ein wesentliches Verdienst der Schallplatte.[60)]

Coleman Hawkins und Erroll Garner berichten, sie seien durch Plattenhören zum Jazz gekommen,[61)] und die von Down Beat, Jazz Podium und andern einschlägigen Periodika veranstalteten Blindfold Tests verblüffen immer wieder durch die Detailkenntnisse, die die Jazz-Musiker von der Musik ihrer Kollegen haben. Die Beschäftigung der Musiker mit der Schallplatte zieht sich wie ein roter Faden durch die

Jazz-Geschichte. Das gilt etwa für die weißen Adaptationsversuche im älteren Jazz (vor allem bei den Chicagoans);[62] für die verschiedenen Renaissancen alter Jazz-Idiome seit den 40er Jahren; für die Bemühungen europäischer Jazz-Musiker nach dem II. Weltkrieg, Anschluß an die Tendenzen im "Mutterland" zu gewinnen; für die avantgardistischen Strömungen im Jazz der 60er/70er Jahre.

EXKURS: Das, was in der europäischen Musiktradition an kompositorischen Zeugnissen erhalten geblieben ist, hat häufig Zufallscharakter. Die Lückenhaftigkeit erklärt sich aus vielerlei, beispielsweise aus der minimalen Austauschmöglichkeit in vorindustriellen Jahrhunderten; aus der Kostbarkeit des Schreibmaterials Pergament im Mittelalter; aus Archivbränden, die sich durch die ganze Geschichte ziehen; aus den Skrupel der Musiker, Komponiertes lückenlos zu veröffentlichen. Die eingeschränkte musikalische Dokumentation auch der Jazz-Geschichte ist mit den europäischen Verhältnissen unter Vorbehalt vergleichbar. Freilich wirkt sich ein historischer Kommunikationsmangel nicht so drastisch aus, wenn statt in Jahrhunderten in Jahrzehnten gerechnet wird. In Stichworten sei beim Jazz u.a. erinnert an den relativ späten Beginn der Aufnahmetätigkeit (1917); an die Präferenz der Schallplattenindustrie für weiße Musiker in der Anfangszeit der Jazz-Schallplatte und für weiße Big Bands in den 30er Jahren; an die Weltwirtschaftskrise, die um 1930 Aufnahme, Produktion und Vertrieb von Schallplatten drastisch zurückgehen ließ; an die Boykottmaßnahmen der US-amerikanischen Musikergewerkschaft (Petrillo Ban), die vom 1.VIII.1942 bis Ende 1944 die Plattenproduktion nahezu lahmlegten.

3. Eine Musik, in der "Komposition" und "Interpretation" ineinsfallen, ist in ihrer Verbreitung und Rezeption entscheidend von tontragenden Massenmedien abhängig. Hier sind nicht nur die distributiven Möglichkeiten des in beliebiger Stückzahl herstellbaren Mediums zu berücksichtigen, ebensosehr muß die gegenüber der Notenschrift deutlich erhöhte Kommunikationsfähigkeit der Schallplatte gesehen werden.

Der Rezeptionsvorgang, der sich über die Platte vollzieht, ist nicht unproblematisch. Die auf einer Schallplatte gespeicherte und nun identisch reproduzierbare Musik läßt sich beliebig verwenden, denn mit dem Kauf erwirbt der Besitzer eine Art Verwendungsmonopol. Die Musik wird also funktionsvariabel. Aufgrund dieser Eigenschaft, die sie mit aller massenmedial dargebotenen Musik teilt,[63)] unterscheidet sie sich von "lebendigem" Musikmachen, weil die an einen bestimmten Ort und an eine bestimmte Situation gebundene Musik Konventionen unterworfen ist, die ihr strukturelles Sosein und die Formen ihrer Vermittlung prägen (solistische Orgelmusik während der Kommunion in einer katholischen Meßliturgie).

In solcher Abhängigkeit gibt sich die Gattungsgebundenheit von Musik zu erkennen. "Gattungen"[64)] sind nicht gleichzusetzen mit satztechnisch definierbaren "Formen" (Rondo, Fuge) oder mit genormten Besetzungstypen (Klaviertrio, Streichquartett), "Gattungen" sind Konventionen, die aus dem Zusammenspiel menschlicher Bedürfnisse und musikalischer Möglichkeiten im kulturellen Gesamtzusammenhang entstehen.

Die Musik in der Industriekultur ist nun aber durch eine Liquidierung der traditionellen Gattungsgefüge gekennzeichnet,[65)] und indem der Jazz zu einem festen Bestandteil dieser Kultur geworden ist, gilt der Schwund auch für ihn. Die Ursachen für solche Auflösungserscheinungen sind komplex, eine maßgebliche Rolle spielt allerdings die Schallplatte, weil ihr funktionaler Ambivalenzcharakter gattungsneutralisierend wirkt.[66)]

Unbeschadet ihrer Primärbestimmung und ihrer ursprünglichen Orts- und Situationsgebundenheit kann eine Musik mittels Schallplatte in nahezu jeden beliebigen geographischen und situativen Zusammenhang geholt werden und - da ihr Erklingen der alleinigen Verfügungsgewalt des Rezipienten unterworfen ist und somit überall und immer möglich wird - unterschiedlichste persönliche Bedürfnisse befriedigen. Der Rezipient muß nur das Gefühl haben, daß sich eine Musik zu seiner Bedürfnisbefriedigung eigne, und zwar keineswegs für immer, sondern lediglich jeweils. So ließe sich statt von

"Gattungsneutralisierung" pointiert auch von "Gattungsprivatisierung" durch das Medium Schallplatte sprechen.[67] ("Gattungsprivatisierung" trifft ebenso für das häusliche Plattenhören mit Freunden zu, also für eine "Hausmusik", die statt individuellen Interessen dem Gruppeninteresse Rechnung tragen muß.)

War in anderem Zusammenhang von einer Reduktion des tatsächlich Erklungenen bei seiner Transformation für die Schallplatte die Rede, so gilt diese Einschränkung nun auch in anderer Weise, nämlich weg vom schauplatzgebundenen Live-Musizieren und hin zu einem Musikerlebnis in einem intimen Als-ob-Raum, insbesondere dann, wenn die Platte im Extremfall per Kopfhörer gehört wird. Bei einem derart technisch vermittelten Hören werden Details "sichtbar", die für das Zuhören beim realen Musizieren nicht wahrnehmbar wären. Diese von der Schallplatte bewirkte Reduktion läßt sich nicht eindeutig bewerten, denn ihre positive Leistung, sonst nicht hörbare Einzelheiten zugänglich zu machen, muß auf Kosten des synästhetischen Gesamteindrucks beim Live-Musizieren erkauft werden.[68] Die Schallplatte kann damit zugleich Tendenzen verstärken, die jeden Hörvorgang begleiten: entweder zum konzentrierten Nur-Hören oder aber umgekehrt zum Hören von "Klangtapeten" und zur Degradierung des Gehörten im Sinne einer Environmental Music.

Anmerkungen:

1) Das auf der 4. Internationalen Jazzwissenschaftlichen Tagung in Hamburg vorgetragene Referat war die verkürzte Fassung der hier gebotenen, schon einige Zeit vorher konzipierten und erarbeiteten Version. - Herrn Dr. Manfred Straka (Graz) habe ich für kritische, überaus nützliche Lektüre des Ms. herzlich zu danken.

2) Diskographische Arbeiten spielen daher für den Jazz eine ähnliche Rolle wie das RISM-Unternehmen oder die Werkverzeichnisse zu einzelnen Komponisten in der historischen Musikwissenschaft.

3) Darauf hat erstmals und differenziert H.P. Reinecke hingewiesen. Vgl. Musikwissenschaft und Schallplatte, in: Kgr.-Ber. New York 1961, Bd. I, Kassel etc. 1961, S. 404 ff.; daneben auch Art. Schallaufzeichnung, in: MGG XI, Kassel etc. 1963, Sp. 1572 ff.

4) Das ist nicht einmal ein Spezifikum des Jazz; und es schließt sogar immer noch Methodenprobleme ein. Vgl. K. Blaukopf, Massenmedium Schallplatte. Die Stellung des Tonträgers in der Kultursoziologie und Kulturstatistik. Mit einem Beitrag von P. Beaud, Wiesbaden 1977.

5) Vgl. dazu die knappen, aber gezielten Überlegungen von E. Jost, Free Jazz. Stilkritische Untersuchungen zum Jazz der 60er Jahre, Mainz 1975, S. 15 ff.

6) Auf "jazzverwandte" Aufnahmen, die bereits seit 1897 gemacht worden sind - vgl. B. Rust, Jazz Records 1897-1942. 2 Bde., New Rochelle [4]1978 -, kann in diesem Zusammenhang verzichtet werden.

7) Stücke, die in zwei Teilen, aber unter einem einzigen Titel beide Seiten der Schallplatte füllen, dürfen als die die Regel bestätigende Ausnahme angesehen werden. Als Beispiel mag das von Albert Ammons, Pete Johnson und Meade Lux Lewis am 30.XII.1938 aufgenommene Doppelstück "Boogie Woogie Prayer" I/II dienen (Vocalion 4606, 23890-1/-2).

8) Simeon erinnert sich (Hear Me Talkin' to Ya. The Story of Jazz by the Men Who Made It, ed. N. Shapiro u. N. Hentoff, New York u. Toronto 1955, S. 181 f., über Morton): "I'll tell you how he was rehearsing a band. He was exact with us. Very jolly, very full of life all the time, but serious. We used to spend maybe three hours rehearsing four sides and in that time he'd give us the effects he wanted, like the background behind a solo - he would run that over on the piano with one finger and the guys would get together and harmonize it. // The solos - they were ad lib. We played according to how we felt. Of course, Jelly had his ideas and sometimes we'd listen to them, and sometimes together with our own, we'd make something better. For me, I'd do whatever he wanted. In other words I just cooperated with him, where a lot of the fellows wouldn't. It was my first big break."

9) Victor 20221 (36241-3). Vgl. A.M. Dauer, Der Jazz. Seine Ursprünge und seine Entwicklung, Eisenach u. Kassel 1958, S.171 f. u. 267 ff.

10) OKeh 8535 (82055-B). Vgl. G. Schuller, Early Jazz. Its Roots and Musical Development, New York 1968, S. 110 ff.

11) Okeh 8535 (82056-A). Vgl. Hear Me Talkin' to Ya. S. 109 f.

12) Die fast gleichzeitig mit der Langspielplatte entwickelte 17-cm-Platte (45 UpM) spielt trotz ihrer Klangqualität für diese Zusammenhänge keine Rolle, weil sie die Spieldauer gegenüber der traditionellen Schellackplatte nicht erweitert.

13) Debut DEB 124 (Fantasy 86 006, Prestige PR 24024).

14) Atlantic ATL 50232 That's Jazz Vol. 2: Blues & Roots. Vgl. auch Anm. 46.

15) Vgl. vom Verf.: W.A. Mozarts frühe Sonaten für Violine und Klavier. Untersuchungen zur Gattungsgeschichte im 18. Jahrhundert, Bern u. München 1970, S. 109 f.

16) Prestige LP 170 (Bellaphon BJS 40110 Jazz Classics).

17) Vgl. Jost, op.cit., passim, und Über Jazzimprovisation, in: Improvisation und neue Musik (= Veröffentlichungen des Instituts für Neue Musik und Musikerziehung Darmstadt XX), ed. R. Brinkmann, Mainz etc. 1979, S. 60 ff. Fragen an die europäische Musiktradition beantworten die Literaturhinweise Anm. 40 sowie H. Oesch, Zwischen Komposition und Improvisation, in: Die Musik der 60er Jahre (= Veröffentlichungen des Instituts für neue Musik und Musikerziehung Darmstadt XII), ed. R. Stephan, Mainz 1972, S. 39 ff.

18) Reflexionen über Improvisation, in: Improvisation und neue Musik, S. 40.

19) Atlantic ATL LP 1364 (ATL 50240 That's Jazz Vol. 10: Free Jazz). Vgl. auch Anm. 46.

20) Impulse AS 95.

21) Blue Note 84226.

22) Vgl. dazu die analytischen Details bei Jost, Free Jazz, S. 162 ff.

23) Cover-Text.

24) FMP 0640.

25) Dr. Straka (briefliche Mitteilung vom April 1980): "Die ersten mir bekannten Jazzaufnahmen im Playback-Verfahren machte Sidney Bechet mit seiner 'One-Man Band' am 18. April 1941 (vgl. Brian Rust, vol. 1, Seite 114)."

26) Vgl. A. Polillo, Jazz. Geschichte und Persönlichkeiten der afro-amerikanischen Musik, München u. Berlin 1978 (it. 1975), S. 541 f.

27) MPS 21.21654-3.

28) Die Frage, was denn eigentlich ein "Original" sei, wird hier wohlweislich offengelassen und mit Gänsefüßchen überspielt... Zur Originalitätsproblematik der Jazz-Schallplatte im engeren Sinn vgl. auch die anregende, hypothetische Skizze von F. Marschall: Discographische Probleme der Nachkriegszeit und ihre Ursachen, in: Jf IX (1977), Graz 1978, S. 169 ff.

29) Vgl. dazu W. Schlemm, Zur Problematik der künstlerischen Gestaltung bei der elektroakustischen Übertragung von Musik, Diss. FU Berlin 1980, S. 63 ff. (mit einschlägiger Referenz-Literatur).

30) Vgl. erneut den Hinweis Anm. 29.

31) Dieser erstmals von der Phänomenologie umfassend analysierte Sachverhalt zielt auf alle Erkenntnisebenen und -felder. So ist er auch - der Verweis ist als pars pro toto gedacht - aus der Sicht des Kunsthistorikers dargestellt worden. Vgl. E.H. Gombrich, Kunst und Illusion. Zur Psychologie der bildlichen Darstellung, Köln 1967 (engl. [2]1961).

32) Das ergibt sich aus der Synopse seiner Schriften. Vgl. vor allem Der getreue Korrepetitor. Lehrschriften zur musikalischen Praxis, Frankfurt a.M. 1963 (Die gewürdigte Musik), und Ästhetische Theorie, Frankfurt a.M. 1970 (Das Kunstschöne; pointiert S. 134 ff.). Zwar weist Adorno den Vorwurf des Intellektualismus mehrfach zurück, doch ist seine Position in der Frage nach dem "Geistigen" und dem "Sinnlichen" in musikalischen Kunstwerken zumindest mehrdeutig. So heißt es etwa (Ästhetische Theorie, S. 152 f.): "Ihr je immanenter Logik gehorchendes inneres Gefüge, das was sie an sich geworden sind, wird von purer Anschauung nicht erreicht, und was an ihnen sich anschauen läßt, ist durch das Gefüge vermittelt; diesem gegenüber ist ihr Anschauliches unwesentlich, und jede Erfahrung der Kunstwerke muß ihr Anschauliches überschreiten."

33) Vgl. weiter unten die Überlegungen zum Verhältnis von Komposition, Interpretation und Improvisation.

34) Vgl. Schlemm, op. cit.

35) Wiederveröffentlichung EMI-Pathé (C 054).

36) Im frühen Jazz handelt es sich vielfach sogar um eine doppelte Reduktion: immer dann, wenn es um die Aufnahme von Freiluftmusik geht, d.h. um eine Musik, deren Fixierung für die Schallplatte eben nur im Studio und damit in geschlossenen Räumen möglich ist. - Die technischen Daten basieren auf Reinecke, op.cit., S. 409 f.

37) Hear Me Talkin' to Ya, S. 134.

38) Cover-Text.

39) Landläufig wird der Sachverhalt in die gedankenlos dahergesagte Formel gekleidet, Jazz sei "improvisierte" Musik. Zur Improvisation im Jazz vgl. Dauer, Improvisation. Zur Technik der spontanen Gestaltung im Jazz, in: Jf I (1969), Graz 1970, S. 113 ff., und Jost, Über Jazzimprovisation, l.c., S. 55 ff. Fragen nach dem Geltungsbereich des Improvisationsbegriffs im weiteren Sinn behandeln insbesondere E. Ferand, Die Improvisation in der Musik. Eine entwicklungsgeschichtliche und psychologische Untersuchung, Zürich 1938; G. Knepler, Komposition - Improvisation. Überlegungen zu einem ungeklärten Problem der Musikgeschichte, in: StMl XI (1969), S. 241 ff.; C. Dahlhaus, Was heißt Improvisation? in: Improvisation und neue Musik, S. 9 ff.

40) Zum Werk- bzw. Kunstwerk-Begriff in der europäischen Musik vgl. hier vor allem Z. Lissa, Über das Wesen des Musikwerkes, in: Aufsätze zur Musikästhetik, Berlin 1969, S. 7 ff. (Erstveröffentlichung 1968); Dahlhaus, Plädoyer für eine romantische Kategorie. Der Begriff des Kunstwerks in der neuesten Musik, in: Schönberg und andere. Gesammelte Aufsätze zur Neuen Musik, Mainz etc. 1978, S. 270 ff. (Erstveröffentlichung 1969); H.H. Eggebrecht, Opusmusik, in: Musikalisches Denken. Aufsätze zur Theorie und Ästhetik der Musik, Wilhelmshaven 1977, S. 219 ff. (Erstveröffentlichung 1975); ders., Musikalisches Werk und ästhetischer Wert, ib., S. 243 ff.

41) Das "Kunstwerk" ist ein säkularreligiöses Phänomen, der Umgang mit ihm eine säkularreligiöse Handlung und derjenige, der mit ihm autoritativ umgeht, ein Säkularpriester. So werden die Partituren zu kanonisierten Heiligen Schriften, die sakrosankt sind und darum nur von Berufenen ausgelegt werden dürfen. Den philosophischen Begründungszusammenhang liefert hauptsächlich Kant mit seiner Kritik der Urteilskraft (vgl. etwa §§ 45-47). - Einen summarischen Überblick über die "Kunstreligion" des 18./19. Jahrhunderts hat zuletzt der Theologe H. Küng gegeben; vgl. Kunst und Sinnfrage, Zürich u. Köln 1980, S. 29 ff.

42) Zum Komplex Notenschrift/Musiktheorie vgl. u.a. Th.G. Georgiades, Musik und Schrift, München 1962; Dahlhaus, Musiktheorie, in: Einführung in die systematische Musikwissenschaft, ed. ders., Köln 1971, S. 93 ff.; Eggebrecht, Opusmusik, l.c.

43) Der Komplex Komposition/Interpretation ist (mit unterschiedlicher Zielsetzung) aufgearbeitet worden u.a. von Georgiades, Die musikalische Interpretation, in: Studium Generale VII (1954), S. 389 ff.; E. Jammers, Interpretationsfragen mittelalterlicher Musik, in: AfMw XIV (1957), S. 230 ff.; R. Hammerstein, Musik als Komposition und Interpretation, in: DVjs XL (1966), S. 1 ff.; Dahlhaus, Musikästhetik, Köln 1967, S. 19 ff.

44) op.cit., S. 34.

45) Hear Me Talkin' to Ya, S. 394.

46) Das gilt selbst für Meilensteine des neueren Jazz, wenn beispielsweise bei Reeditions in der Atlantic-Serie "That's Jazz" völlig falsche Aufnahmedaten angegeben werden ("Blues & Roots": 29.I.1960; "Free Jazz": 17.V.1961).

47) Cover-Text.

48) Der ironische Seitenverweis auf die von antiken und biblischen Autoritäten geprägte kosmologische Musikspekulation einer vergangenen Welt möchte auf den Verführungssog aufmerksam machen, den heute naturwissenschaftlich-technologische und ökonomisch-statistische Frageweisen zu ungunsten einer anthropologisch orientierten Musikbefragung ausüben.

49) Hier wird die von A. Silbermann (mehrfach) angebotene Definition zugrundegelegt (vgl. Schallplatte und Gesellschaft, in: Bertelsmann Briefe, Heft 24/1963, S. 3 bzw. 1 ff.): "Unter Massenkommunikation ist zu verstehen die quantitativ große Verbreitung gleichlautender Inhalte an einzelne und an quantitativ große, heterogene Gruppen der Gesellschaft mit Hilfe der Techniken der Kollektivverbreitung."

50) Hear Me Talkin' to Ya, S. 123.

51) Wenn Jazzmusiker sich über ihre Schallplattenaufnahmen äußern, gehen sie durchweg auch darauf ein; so erübrigen sich Belege.

52) "Charlie Parker On Dial", Vol. 1-6, Spotlite SPJ 101-106.

53) F. Newton teilt dazu Einzelheiten mit; vgl. The Jazz Scene, New York 1960, S. 177 ff. - Die Existenz des Studiomusikers, der (im Extremfall) nur über die Schallplatte zu hören ist, wird hier plausibel.

54) Gemeint ist hauptsächlich die Vermittlung über Rundfunk und Schallplattenautomaten.

55) Presse-Verlautbarung 1975. Vgl. das Selbstporträt der Free Music Production (FMP), skizziert von J. Gebers, in: NZfM CXL (1979), S. 250 f.

56) Vgl. P. Oliver, The Story of the Blues, London 1969, S. 95 ff. u. passim; ferner vom Verf. die begriffsgeschichtliche Monographie über "Blues", in: HmT, ed. Eggebrecht, Wiesbaden 1980 (Lose-Blatt-Folge). - Das 1926 zu registrierende Umschwenken der Schallplattenindustrie auf den "Country Blues", mit expeditionsmäßigen Streifzügen ihrer Aufnahmeteams in den schwarzen Süden der USA und der geplanten "Entdeckung" ländlicher "Helden" wie Blind Lemon Jefferson, entspringt einzig marktstrategischem Kalkül. Vgl. dazu auch J.T. Titon, Early Downhome Blues. A Musical and Cultural Analysis, Urbana etc. 1977, S. 195 ff.

57) Vgl. die Ermittlungen von F. Kerschbaumer, Miles Davis. Stilkritische Untersuchungen zur musikalischen Entwicklung seines Personalstils, Graz 1978, S. 104 ff., und ergänzend Jost, Zur Ökonomie und Ideologie der sogenannten Fusion Music, in: Jf IX, S.14 ff. bzw. 9 ff.

58) Vgl. erneut die Hinweise Anm. 42.

59) Vgl. Dahlhaus, Grundlagen der Musikgeschichte, Köln 1977, und Eggebrecht, Art. Musikgeschichte, in: Brockhaus-Riemann Musiklexikon, ed. Dahlhaus u. Eggebrecht, Bd. II, Wiesbaden u. Mainz 1979, S. 180 ff.

60) In dem Dreieck aus Notenschrift, Musiktheorie und Musikgeschichte fehlt zwar die Theorie-Komponente. Sofern sie in der europäischen Musiktradition aber lediglich die Voraussetzung einer schriftkonservierenden Überlieferung darstellt, ist sie für den Jazz unerheblich. Auf weiterreichende Ansprüche, die hier und da für den Geschichtsbegriff erhoben werden - mit der Musiktheorie als conditio sine qua non -, sei bewußt nicht eingegangen. Vgl. statt dessen die heterogenen Positionen des Symposions Aspekte und Methoden der Musikgeschichtsschreibung (Freiburg i.Br. 1976), dessen Referate in Mf XXX (1977), S. 141 ff., gedruckt zugänglich sind.

61) Hear Me Talkin' to Ya, S. 208 u. 366.

62) Die imitatorischen Versuche der Chicagoans lassen sich an einem Bericht von McPartland gut veranschaulichen; vgl. Hear Me Talkin' to Ya, S. 120.

63) Vgl. H. Rösing, Zur Rezeption technisch vermittelter Musik. Psychologische, ästhetische und musikalisch-funktionsbezogene Aspekte, in: Musik in den Massenmedien Rundfunk und Fernsehen. Perspektiven und Materialien, ed. H.Ch. Schmidt, Mainz 1976, S. 44 ff.; ders., Thesen zur Funktionsnivellierung massenmedial dargebotener Musik, in: Symposion Musik und Massenmedien. Referate gehalten am 10./11. Juni 1977 in Saarbrücken, ed. ders., München u. Salzburg 1978, S. 95 ff.; weiterhin auch Eggebrecht, Funktionale Musik, in: Musikalisches Denken, S. 153 ff. (Erstveröffentlichung 1973); ders., Theorie der ästhetischen Identifikation. Zur Wirkungsgeschichte der Musik Beethovens, l.c., S. 255 ff.; Lissa, Zur Theorie der musikalischen Rezeption, in: AfMw XXXI (1974), S. 157 ff.

64) Vgl. Dahlhaus, Art. Gattung - der erste enzyklopädische Beitrag zum Stichwort "Gattung" -, in: Brockhaus-Riemann Musiklexikon, Bd. I, Wiesbaden u. Mainz 1978, S. 452, und vom Verf.: Zur Gattungsfrage im Jazz, in: AfMw XXXVI (1979), S. 49 ff.

65) Vgl. Dahlhaus, Zur Problematik der musikalischen Gattungen im 19. Jahrhundert, in: Gattungen der Musik in Einzeldarstellungen. Gedenkschrift Leo Schrade, Bd. I, ed. W. Arlt u. a.., Bern u. München 1973, S. 840 ff., und die Neue Musik und das Problem der musikalischen Gattungen, in: Schönberg und andere, S. 72 ff. (Erstveröffentlichung 1969).

66) Vgl. Anm. 63.

67) Vgl. dazu R. Reichardt, Die Schallplatte als kulturelles und ökonomisches Phänomen. Ein Beitrag zum Problem der Kunstkommerzialisierung, Zürich 1962, S. 48 ff.; M. de Coster, L'art mass-médiatisé. L'example de la musique classique enregistrée, in: International Review of the Aesthetics and Sociology of Music VI (1975), S. 265 f. bzw. 255 ff.; Blaukopf, op.cit., S. 23 f., 54 ff. u. passim. Zur frühen Schallplatten-Rezeption des Downhome Blues (Country Blues) vgl. Titon, op.cit., S. 271 ff.

68) Vgl. erneut die Literaturhinweise Anm. 66. - W. Benjamin hat als erster auf derartige Phänomene aufmerksam gemacht und für den "synästhetischen Gesamteindruck" die Chiffre "Aura" eingeführt. Vgl. Das Kunstwerk im Zeitalter seiner technischen Reproduzierbarkeit, Frankfurt a.M. 1963 (Erstveröffentlichung 1936).

Karl Schmid

Der Einsatz von Bildschirmtext im Bildungssektor

In der Zeitung DIE WELT vom 28.7.86 findet sich (S.9) folgendes Zitat des Bundesministers für das Post- und Fernmeldewesen Christian Schwarz-Schilling: "Bildschirmtext eignet sich als internes und externes Informationsinstrument... Bildschirmtext ist praktisch in allen Branchen und für alle Unternehmensbereiche einsetzbar... Durch verbesserte Zugangsmöglichkeiten zu Informationen aller Art werden die Entscheidungsgrundlagen für Mittelständler auf eine sehr viel sicherere Basis gestellt. Ein wesentliches Defizit mittelständischer Unternehmen, nämlich die Schwierigkeiten bei der Informationsbeschaffung, werden damit abgebaut und verbessert..."

Zwar können viele Institutionen des Bildungssektors wie Schulen, Hochschulen, Forschungseinrichtungen gemessen an ihrer Größe einem mittelständischen Unternehmen gleichgesetzt werden. Ob aber Schwarz-Schillings optimistische Aussage auch auf sie zutrifft und gegebenenfalls einen angemessenen Einsatz von Bildschirmtext zur Folge hat, ist damit noch keineswegs geklärt. Gerade jetzt aber, nachdem Bildschirmtext einen hinreichenden Bekanntheitsgrad erreicht hat, müssen sich viele Bildungseinrichtungen entscheiden, ob sie Bildschirmtext einsetzen, ob sie - etwa wegen des noch erweiterungsfähigen Programmangebotes oder der niedrigen Teilnehmerzahlen - abwarten oder schon jetzt Bildschirmtext für Bildungsaufgaben als ungeeignet ablehnen sollen. Angesichts der hohen Gerätekosten bei Erstanschaffungen und laufenden Modernisierungen, der Postgebühren, der Design- und Wartungskosten für ein Programm und schließlich der Kosten für Erstausbildung und Weiterbildung des Bedienungspersonals ist diese Entscheidung besonders für finanziell schwächere Bildungseinrichtungen schwierig.

1. Grundbegriffe und technische Funktionsweise von Bildschirmtext (Abbildung 1)

Bildschirmtext (Abkürzung: Btx) umfaßt laut Staatsvertrag vom 18.3.83 "keine Bewegtbildübertragung", sondern nur aus Zahlen und Schriftzeichen bestehende Texte und grafische, aber nicht fotografische Darstellungen. Ein sog. Anbieter kann seine Btx-Seiten (jede Seite besteht wiederum aus einzelnen Blättern) über eine Alphanumerische Eingabetastatur in den Rechner der Btx-Leitzentrale in Ulm (Postrechner), der über das DBP-INFRA-Netz mit den Btx-Vermittlungsstellen verbunden ist, einspeichern. Von dort kann ein Teilnehmer über das herkömmliche Telefonnetz und Telefon solche Btx-Seiten abrufen. Dabei wandelt das Modem (Wortbildung aus Modulator und Demodulator) die über die Telefonleitung gelieferten Informationssignale in digitale Datenimpulse um. Diese werden schließlich durch einen Decoder in stehende Bilder umgesetzt, die mit einem Btx-fähigen Fernsehgerät empfangen werden können. (Jeder Btx-Anbieter ist gleichzeitig auch Btx-Teilnehmer, während umgekehrt ein Teilnehmer nicht notwendig Anbieter sein muß.)

Das offizielle Anbieter- und Schlagwörterverzeichnis der Deutschen Bundespost hilft dem Teilnehmer bei der Auswahl von Btx-Angeboten. Er kann nun mit Hilfe einer Fernbedienung (Numerische Tastatur) die zwischen den Symbolen * und # stehende Btx-Nummer eines jeden Anbieters anwählen und in dessen Angebot "blättern". Wesentlich für das schnelle Auffinden einer gewünschten Information innerhalb eines Btx-Angebotes ist ein Suchbaum, der die einzelnen Btx-Seiten übersichtlich miteinander verbindet. Mit einer zusätzlichen Alphanumerischen Eingabetastatur kann der Teilnehmer mit dem Anbieter in einen "Briefwechsel" treten (Elektronischer Mitteilungsdienst bzw. Elektronischer Briefkasten). Viele Anbieter halten dazu für den Teilnehmer kostenlose Antwortseiten (Dialogseiten) bereit. Für umfangreichere Mitteilungen eines Anbieters an einen Teilnehmer kann der Anbieter einen eigenen Externen Rechner benützen, der - über das Datex-P-Netz an die Btx-Vermittlungsstellen angeschlossen - dem Teilnehmer etwa eine individuelle Bestellung

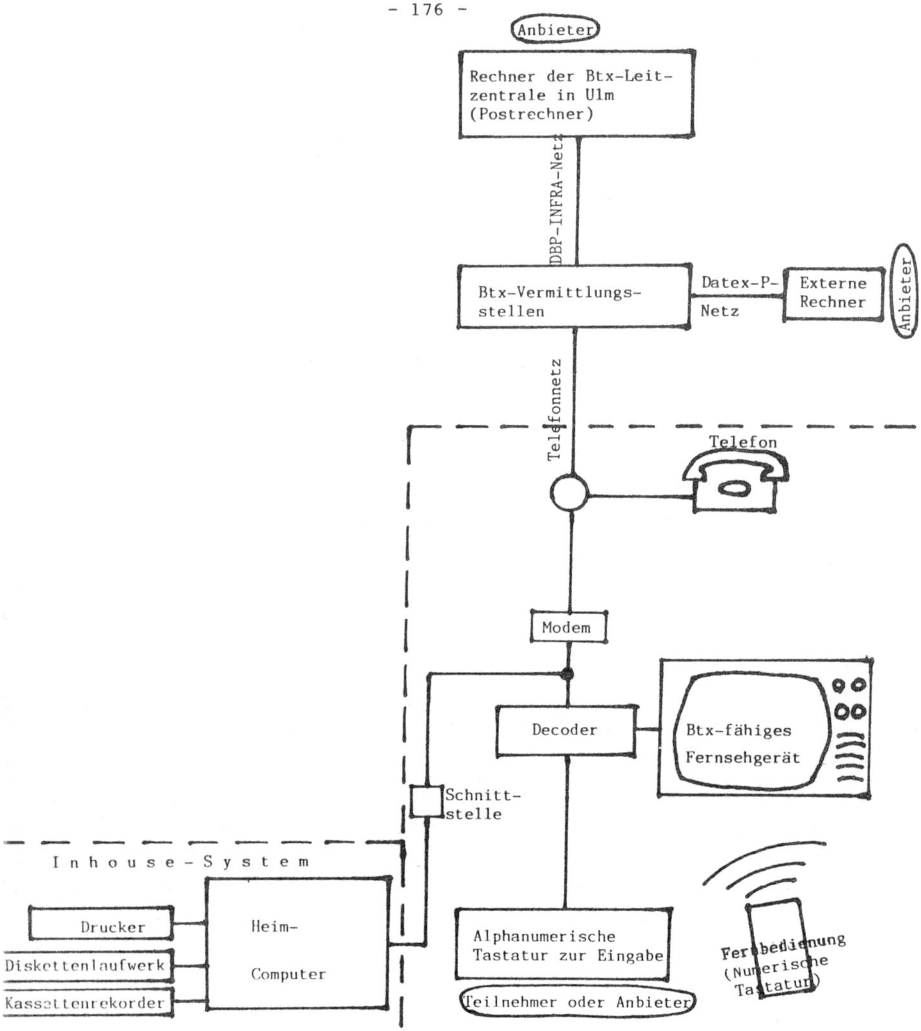

Abbildung 1: Technische Funktionsweise von Bildschirmtext

bestätigt oder einen Finanzierungsplan anbietet. Will man einen Dialog "unter sich" führen, z.B. die Mitglieder einer Gesellschaft zur Krebsforschung, so besteht die Möglichkeit einer Geschlossenen Benutzergruppe. Schließlich kann man über Btx gelieferte Informationen durch bewegte Bilder, Sprache und Musik ergänzen, wenn man einen Bildplattenspieler an das Btx-Gerät anschließt.

Durch einen Heim-Computer mit geeigneter Schnittstelle als Zusatzgerät kann der Btx-Betrieb erheblich erweitert werden. Zunächst können Btx-Seiten über Kassettenrekorder, Diskettenlaufwerk oder Drucker abgespeichert bzw. ausgedruckt werden. Durch entsprechende Software lassen sich nicht nur alle bisherigen Btx-Abläufe emulieren (simulieren), sondern auch noch bedeutende Zusatzfunktionen verwirklichen. So läßt sich der Inhalt des Elektronischen Briefkastens automatisch abspeichern, wobei außerdem Auswertung von Bestellungen, Absenden rechnergesteuerter Daten an den Postrechner sowie Datenaustausch und -verarbeitung mit Externen Rechnern möglich sind. Ferner können Btx-Seiten ohne oder mit Verbindung mit dem Postrechner (off-line bzw. on-line) aktualisiert oder neu editiert und dann in den Postrechner eingespeist werden. Ausgewählte Btx-Seiten können zu einer Sequenz zusammengefaßt und in einem festgelegten Zeittakt auf dem Btx-Bildschirm gezeigt werden (Btx-Dia-Show). Bei der Btx-Host-Emulation verhält sich der Home-Computer wie der Postrechner selbst. Ein Btx-Angebot samt Suchbaum kann offline eingegeben und dann wieder - etwa zu Schulungszwecken - abgerufen werden. Ähnlich wie bei einer Fernsprechnebenstellenanlage können im Inhouse-System mehrere Teilnehmer über Btx miteinander verkehren, wobei auch noch externe Rechner angeschlossen sein können.

Zur Abgrenzung von Btx seien hier noch zwei weitere Medien genannt. Videotext (VT) - vom DIN-Ausschuß wurde neuerdings der treffendere Name Fernsehtext festgelegt - wird von einigen Fernsehanstalten wie ARD, ZDF, WRD und Zeitungsverlagen angeboten, über das Fernsehsignal, d.h. den Äther, übertragen und kann mit einem herkömmlichen Fernsehgerät mit Decoder empfangen werden. Angeboten werden Nachrichten, Wetterberichte, Programmvorschauen, Untertitel zu Filmen für Hörbehinderte, aber keine Werbung. Nachteilig gegenüber Btx sind die geringe Kapazität (nur ca. 150 Seiten) sowie der fehlende Dialog. Kabeltext (KT) wird sowohl von öffentlich-rechtlichen als auch privaten Fernsehanstalten über ca. 60 Kanäle angeboten, wobei insbesondere auch lokale Sender möglich sind. Die Übertragung erfolgt über Breitbandkabel, und zwar Kupferkoaxial - oder neuerdings Glasfaserkabel. Gegenüber Videotext ist die Kapazität von Kabeltext mit ca. 5000 Seiten/Kanal größer, während die Kapazität von Btx z.Zt. noch unbegrenzt ist. Wie bei Btx ist auch bei Kabeltext ein Dialog (über einen "Rückkanal") möglich. Durch die Verwendung des Breitbandkabels erreicht Kabeltext eine schnellere Übertragung und einen zügigeren Bildaufbau als Btx.

Die Entwicklung von Btx begann in Großbritannien, wo schon 1974 unter dem ursprünglichen Namen Viewdata Nachrichten über Telefon zum häuslichen Fernsehgerät gesendet wurden und 5 Jahre später unter dem Namen Prestel ein öffentlicher Betrieb gestartet wurde. Ebendieses damalige System Viewdata wurde dann 1977 auch in Deutschland auf der Internationalen Berliner Funkausstellung vorgestellt. Dort wurde das Btx-System einmütig gegenüber dem Videotext-System favorisiert. Ferner erklärten bei einer Besucherbefragung 98 Prozent, daß sie Btx zu Hause benutzen würden. 64 Prozent dieser Interessenten wünschten Aktuelle Nachrichten, 41 Prozent Informationen über Verbrauchsgegenstände und 32 Prozent Fernkurse und Erwachsenenbildung. Vom 1. Juni 1980 an führte die Deutsche Bundespost drei Jahre lang Feldversuche mit Btx in Berlin und im Großraum Düsseldorf/Neuss durch, jetzt aber mit dem britischen Prestel-System. Bei gleichzeitig laufenden Begleituntersuchungen ergab sich, daß die Teilnehmer Btx zu allererst zur Vereinfachung ihres Alltagslebens verwenden wollten, um sich etwa lästige Wege zu Behörden, Banken oder Geschäften für Routineeinkäufe zu ersparen. Weiterhin waren wieder Aktuelle Nachrichten - vorwiegend mit Unterhaltung gekoppelt - gefragt, während Werbung an letzter Stelle stand. Insgesamt wurde also in Btx eher ein "kaltes Medium" gesehen, von dem man im Gegensatz zum Fernsehen kaum emotionale Regungen erwartete. - Zur selben Zeit wie in Deutschland unternahmen nahezu alle westeuropäischen Staaten, außerdem Brasilien, Hongkong, Japan, Kanada, die UdSSR und die USA, ebenfalls Versuche mit Btx. Um in Europa die verschiedenen technischen Systeme kompatibel zu machen, verabschiedete am 19. Mai 1981 in Innsbruck die "Conférence Européenne des Administrations des Postes et des Télécommunication (CEPT)" Empfehlungen für einheitliche Btx-Normen zur Text-, Grafik- und Farbgestaltung. - Da in Deutschland nach Beendigung der Feldversuche noch weitere Tests erforderlich wurden, fiel erst im Mai 1984 der Startschuß für den bundesweiten Btx-Betrieb. Rechtlich gesehen ist Btx kein bloßer Rundfunk, wofür laut Grundgesetz die Länder zuständig sind, aber auch nicht reines Telefon, wofür nach dem Fernmeldeanlagengesetz (FAG) und dem Gesetz über die Verwaltung der Deutschen Bundespost (PVwG) der Bund zuständig ist. Der erwartungsgemäß einsetzende Kompetenzstreit zwischen Bund und Ländern endete am 18. März 1983 mit einem Kompromiß, als in Bonn die Regierungschefs der Länder einen bundeseinheitlichen Staatsvertrag über Btx unterzeichneten. Neben der ausführlichen Behandlung der Datenschutzproblematik sieht der Vertrag eine Beschränkung von Meinungsumfragen vor. Bei schrankenlosen Meinungsumfragen wird nämlich eine Gefährdung der Entscheidungsfreiheit einer repräsentativen Demokratie befürchtet. - Damit war für Btx politisch, rechtlich, technisch und organisatorisch alles aufs beste bestellt. Hatte aber die Post für Ende 1985 schon 450 000 Teilnehmer erwartet, für 1990 sogar 4 Millionen, so waren es Mitte 1985 ganze 24 000 und Mitte 1986 erst 50 000 Teilnehmer. Auf der Hannover Messe (17.-24. April 1985) munkelten pessimistische Branchenkenner sogar von einer "teuren Investitionsruine". Als Gründe für die schleppende Verbreitung des neuen Mediums werden häufig die hohen Kosten für ein Btx-fähiges Fernsehgerät (immer noch fast DM 3000,-) und für einen Decoder zur Nachrüstung herkömmlicher Farbfernsehgeräte (zur Zeit nicht unter DM 1000,-) genannt. Aber auch Klagen über den Btx-Betrieb selbst, wie etwa die oft lange Dauer des Aufbaus einer Btx-Seite (bis zu 30 Sekunden) oder unübersichtliche Suchbäume beim Btx-Angebot, sind zu hören. Schließlich warten potentielle Teilnehmer zunächst auf mehr Anbieter, potentielle Anbieter wiederum auf mehr Teilnehmer - letztlich ein Teufelskreis. Gegenwärtig ist noch nicht abzusehen, ob Btx zu einem wirklichen Massenmedium werden oder sich lediglich auf den kommerziellen Bereich beschränken wird. - Inzwischen hat aber Btx auf allen Kontinenten Fuß gefaßt, sodaß langfristig eine weltweite Vernetzung möglich wäre.

2. Gegenwärtige Nutzung von Bildschirmtext in der Bildung - Untersuchung von Issing und Macak

Eine der wohl aufschlußreichsten Untersuchungen "über den aktuellen Stand bildungselevanter Angebote im Btx" wurde vom 15. Januar bis 25. Februar 1985 von Issing und Macak [1] durchgeführt. Dabei wurde nicht nach der Methode einer Stichprobe verfahren. Vielmehr wurden zuerst aus dem Anbieter - und Schlagwörterverzeichnis alle im weitesten Sinne "bildungsbezogenen" Btx-Anbieter ermittelt. Dabei stellte sich heraus, daß von insgesamt 3470 Btx-Anbietern 254, also nur 7,3 Prozent, bildungsbezogene Anbieter waren. Noch schlechter sah es bei der Berücksichtigung der angebotenen Btx-Seiten aus. In einem Btx-Gesamtangebot von 561 600 Seiten stellte das bildungsbezogene Angebot (der o.g. 254 Anbieter) nur noch 4,2 Prozent (= 23 823 Seiten) dar. - Diese bildungsbezogenen Anbieter und ihre Angebote wurden dann anhand eines Erhebungsbogens analysiert mit folgenden Ergebnissen:

Zunächst wurde die Struktur der bildungsbezogenen Anbieter untersucht (Abbildung 2). Dabei wurden acht Gruppen unterschieden. - Die Gruppe der öffentlichen Bildungseinrichtungen etc., darunter auch 20 Universitäten, bietet vor allem Mitteilungsdienste über Lehr- und Studiengänge an, und zwar meistens ohne Werbung. Der Abruf der Informationen erfolgt vorwiegend direkt, d.h. man gelangt vom Schlagwort sofort zur

1) Vgl. Issing/Macak (1985), S. 13-31

Gruppe der Anbieter	Anzahl d. Anbieter	in Prozent	Anzahl der angebotenen Btx-Seiten	in Prozent
Öffentl. Bildungseinr., Forschungs-institute, kultur. Organis.	28	11,0	ca. 3.000	12,6
Private Bildungseinr., Forschungs-institute, kultur. Organis.	34	13,4	ca. 1.950	8,2
Medien-produzenten (Buch-, Zeitschr.-Verlage, Rundfunk-anstalten)	54	21,3	ca. 4.750	20,0
Verbände, Vereinigungen (außerh. des Bildungsbereichs)	35	13,8	ca. 3.750	15,7
Dienstleistungs-unternehmen	48	18,9	ca. 3.000	12,6
Behörden, öffentl. Einrichtungen, Verwaltungen	44	17,3	ca. 6.600	27,7
Handel u. Ind.	8	3,1	ca. 570	2,4
Kleinanbieter	3	1,2	ca. 200	0,8
Summe:	254	100,0	ca.23.823	100,0

Abbildung 2: Struktur der "bildungsbezogenen" Anbieter im Btx-System [2]

---

2) Issing/Macak (1985), S. 19

gewünschten Zielinformation, also ohne langes "Blättern" im Programm. Die Gruppe der privaten Bildungseinrichtungen etc. bietet vorwiegend Informationen über berufliche Aus- und Weiterbildung an, wobei oft auch Bestelldienste für Informationsmaterial eingerichtet sind.

Die Angebote enthalten wenig Werbung, aber doch mehr als bei den öffentlichen Bildungseinrichtungen. Wieder ist der Informationsabruf meist direkt. Die Gruppe der Medienproduzenten ist gemessen in der Zahl der Anbieter die stärkste, während sie bei der Anzahl der angebotenen Btx-Seiten nur an zweiter Stelle (hinter der Gruppe der Behörden, öffentlichen Einrichtungen etc.) rangiert. Am häufigsten werden hier Informationen über Publikationen - dafür bestehen wieder Bestelldienste - und populärwissenschaftliche Sachinformationen zu Politik, Medizin, EDV u.ä. angeboten, jetzt aber mit viel Werbung. Auch der Informationsabruf ist nur noch bei etwa der Hälfte der Anbieter direkt. Beispiele sind die Biographien von Politikern der BRD, die von der Frankfurter Allgemeinen Zeitung unter der Btx-Nummer *34034# angeboten werden, oder Meyers Lexikon (*313131#). Die Gruppe der Verbände und Vereinigungen (außerhalb des Bildungsbereichs) enthält u.a. Arbeitnehmer- und Berufsverbände sowie kirchliche Einrichtungen. Hier werden meist Informationen zur beruflichen Weiterbildung angeboten, mit direktem Informationsabruf bei ca. 2/3 der Anbieter und wenig Werbung. Es bestehen Informationsdienste über die Angebote anderer bildungsrelevanter Anbieter. Die Gruppe der Dienstleistungsunternehmen enthält z.B. Banken, Reisebüros, Werbeagenturen, EDV-Firmen. An bildungsrelevanten Informationen werden vorwiegend Auskünfte über Neue Medien, Btx und EDV angeboten, mit entsprechenden Bestelldiensten für Publikationen und Informationsmaterial. Die Bildungsangebote bestehen meist nur aus Werbung und sind häufig nicht direkt abrufbar. Die Gruppe der Behörden, öffentlichen Einrichtungen etc. bietet die meisten Btx-Seiten an, insbesondere Sachinformationen zu Politik und Zeitgeschehen einschließlich Bestelldienst für Publikationen, mit direktem Informationsabruf und ohne Werbung.

Sehr bescheiden ist das bildungsrelevante Angebot der Gruppe Handel und Industrie. Nur 8 Anbieter bieten auf 570 Btx-Seiten Informationen über Forschung und Technik an, wieder mit Bestelldienst für Publikationen, aber mit wenig direktem Informationsabruf und viel Werbung. Interessant ist die letzte Gruppe der Kleinanbieter. Hier bieten einzelne Personen oder Gruppen, die Btx meist als Hobby betreiben, Informationen zu Kunst, Neue Medien u.a. an - ohne Werbung und meist direkt abrufbar. So bietet z.B. Günter Meier de Vries (*931544#) in seiner Musiker-Galerie Kurzbiographien von bekannten Dirigenten an.

Nach der Analyse der Struktur der bildungsbezogenen Anbieter untersuchten Issing und Macak die Struktur der bildungsbezogenen Angebote selbst. Die Angebote der zuvor festgestellten acht Anbietergruppen wurden jetzt in vier Gruppen eingeteilt. Die Angebotsgruppe "Auskünfte/Hinweise" erwies sich mit 57,7 Prozent der Angebote als die größte. Hier wird Btx "zur Vorabinformation genutzt, um Aufmerksamkeit und Interesse zu wecken und um persönliche Kontaktaufnahme herbeizuführen"[3)].
Als zweitstärkste Angebotsgruppe stellte sich die Gruppe der Sachinformationen heraus (38,4 Prozent). Die beiden weiteren Angebotsgruppen Unterhaltung mit Bildungswert und Lernkurse waren mit 2,4 bzw. 1,5 Prozent nur schwach vertreten. - Dabei stellt ein bildungsrelevantes Angebot häufig nur einen Bruchteil (oft weniger als die Hälfte) des Gesamtprogrammes eines Anbieters dar, ist vielfach erst nach langem Blättern auffindbar und kann zudem von Werbung durchsetzt sein[3)].

Zusammenfassend ergeben sich folgende Feststellungen:

1. Das gegenwärtige Btx-Programmangebot enthält nur einen geringen Anteil an bildungsbezogenen Inhalten.
2. Wegen seiner schnellen Beschaffung von aktuellen Informationen wird Btx mehr zu Bildungshinweisen und Bildungswerbung und weniger zur Vermittlung von Bildungsinhalten genutzt.

3) Vgl. Issing/Macak (1985), S. 29 u. 30

3. Möglichkeiten zur direkten Bildungsvermittlung ergeben sich erst durch den Verbund von Btx mit externen Rechnern, Heim-Computern und Bildplattenspielern.
4. Zur Beschleunigung des Informationsabrufes - nach wie vor eines der Hauptprobleme von Btx - schlagen Issing und Macak die Entwicklung eines Informationsdienstes "Bildung" vor.
5. "Wenn es der Bildungsbereich... versäumt, in diesem Medium Fuß zu fassen, besteht die Gefahr, daß bildungsrelevante Angebote immer mehr von Btx-Anbietern außerhalb des Bildungsbereichs übernommen werden, was zu einer stärkeren Kommerzialisierung der Bildung in diesem Bereich führen dürfte"[4].

3. Einsatz von Bildschirmtext im Hochschulbereich

Wie aus Abbildung 3 hervorgeht, ist die Nutzung von Btx an Hochschulen besonders vielfältig. Den drei globalen Anwendungskategorien Informationen für mehrere Teilnehmer, Informationen für den einzelnen Teilnehmer und Dialog eines Teilnehmers mit einem Externen Rechner (linke Spalte) sind hier mögliche Informationsanbieter (rechte Spalte) gegenübergestellt.

Bei der ersten Kategorie Informationen für mehrere Teilnehmer hat man die Untergruppe der Abrufinformationen für alle Teilnehmer. Bekannt sind hier das Informationssystem der TU Berlin "Studenten für Studenten" (*5155180#) sowie der Modellversuch des Ministeriums für Wissenschaft und Kunst Baden-Württemberg "Erprobung von Btx im Bereich der Studieninformation" (*20406#), der Abiturienten und anderen Studienberechtigten, Oberstufenberatern an Gymnasien, Berufsberatern und Studienberatungsstellen an Hochschulen Informationen über Studienfächer, Studienorte und Zulassungsvoraussetzungen anbietet. Informationen über Forschung bieten die Universität Heidelberg im Bereich der Kinderchirurgie für niedergelassene Ärzte sowie die Universität Karlsruhe mit dem Projekt "TRAFO" (*229051422#) an, das über

4) Issing/Macak (1985), S. 31

500 Transfergeeignete Forschungsprojekte für Industrie und Wirtschaft umfaßt. Informationen für die Bibliothek schließlich bietet die Universität Hohenheim mit ihrem Forschungsprojekt "Btx in der Universitätsbibliothek" an, das sich mit Katalogauskunft und Literaturrecherchen befaßt. - In der zweiten Untergruppe Abrufinformationen für Teilnehmergruppen bietet meist eine Hochschule im Inhouse-Betrieb etwa einer Gruppe von Studierenden Informationen über den Lehrbetrieb (Literaturlisten für Seminare etc.) an. - In der letzten Untergruppe Mitteilungen an mehrere Teilnehmer wird der Elektronische Mitteilungsdienst etwa zu Hinweisen auf Ringvorlesungen benutzt.

Bei der zweiten Kategorie Informationen für den einzelnen Teilnehmer kann in der ersten Untergruppe ein Teilnehmer, etwa der Rektor, über den Elektronischen Mitteilungsdienst einem einzelnen Teilnehmer Glückwünsche zum Dienstjubiläum aussprechen. Weiter können mehrere Teilnehmer, z.B. Studierende, ihre Immatrikulation der Hochschule mitteilen. Schließlich kann z.B. ein Studierender Informationen persönlicher Art wie Prüfungsergebnisse von der Hochschule abrufen.

In der letzten Kategorie Dialog eines Teilnehmers mit einem externen Rechner geht es zunächst um Rechendienstleistungen wie sie z.B. Hochschulrechenzentren für Diplom- und Doktorarbeiten anbieten. Und letztendlich findet man Anbieter wie die Fernuniversität Hagen (*62804#), die mit Btx echte Aus- und Weiterbildung betreibt, insbesondere bei der Beratung der Studierenden beim Studienaufbau, bei der Bearbeitung ausgewählter Studienbriefe und bei der Prüfungsvorbereitung sowie bei der Durchführung von interaktiven Lerntests und beim Computerunterstützten Lernen. Allmählich findet man Btx an Hochschulen auch als Unterrichtsmedium, mit dem an Stelle von Dia- oder Overhead-Projektor etwa Massenvorlesungen im Inhouse-Betrieb durchgeführt werden. Entsprechende Forschungsprojekte über Btx in der Lehre, insbesondere die Erprobung dynamischer Darstellungen im Unterricht, laufen an den Universitäten Hohenheim, Karlsruhe und Stuttgart sowie an der Fachhochschule für Druck Stuttgart und an der Fachhochschule für Wirtschaft

Anwendungskategorien für Teilnehmer	Mögliche Informationsanbieter (Auswahl)
<u>1. Informationen für mehrere Teilnehmer</u>	
<u>1.1 Abrufinformationen für alle Teilnehmer - Beispiele:</u>	
Studieninformationen - Zulassungsvoraussetzungen, Studienfächer, Studienorte	Hochschulen, Länder- und Bundesministerien für Wissenschaft und Kunst
Statistische Informationen - Studentenzahlen, Studienzeiten, Studienfach- und Hochschulwechsel, Studienabbrüche	Hochschulen, Statistisches Bundesamt, Bundesanstalt für Arbeit
Informationen über die einzelne Hochschule - Adresse, Größe, Historisches, aktuelle Veranstaltungen, Berufungen	Hochschulen
Informationen über Studienplatztausch - Studienortwechsel bei NC-Fächern	Bundesweites Informationssystem
Informationen über Forschung - Technologietransfers	Hochschulen
Informationen für die Bibliothek - Neuerscheinungen	Verlage, Buchhandlungen
<u>1.2 Abrufinformationen für Teilnehmergruppen - Beispiele:</u>	
Informationen über den Studienbetrieb einer einzelnen Hochschule - Vorlesungsverzeichnis, Lehrendenverzeichnis, Verwaltungsstellen, Studienberatungsstellen, Termine, Prüfungsergebnisse	Hochschule im Inhouse-Betrieb
Informationen über den Lehrbetrieb einer einzelnen Hochschule - Vorlesungsankündigungen, Literaturlisten für Seminare, Aufgaben, Musterlösungen	Hochschule im Inhouse-Betrieb
Informationen des Studentenwerkes - Wohnheimplätze, Förderungsmöglichkeiten	Hochschule im Inhouse-Betrieb
Informationen des ASTA - Ferienjobs, Hochschulpolitik, Veranstaltungen	Hochschule im Inhouse-Betrieb

Abbildung 3: Gegenwärtige Nutzung von Btx im Hochschulbereich

Anwendungskategorien für Teilnehmer	Mögliche Informations-anbieter (Auswahl)
1.2 Abrufinformationen für Teilnehmergruppen - Beispiele: (Forts.)	
Informationen über Hochschulgremien - Einladungen, Tagesordnungen	Hochschule im Inhouse-Betrieb
Informationen der Hochschulleitung - Beschlüsse, Erlasse	Hochschule im Inhouse-Betrieb
Informationen der Bibliothek - Buchbestände, bibliografische Informationen, Neuerwerbungen, Ausleihverfahren, Fernleiheverfahren	Hochschule im Inhouse-Betrieb
Informationen über Mittelbewirtschaftung - Abfragen der Haushaltsüberwachungslisten bei der Verwaltung	Hochschule im Inhouse-Betrieb
Informationen der Verwaltung - Rundbriefe, Dienstanweisungen, Gerätenutzung und -Wartung	Hochschule im Inhouse-Betrieb
Wissenschaftliche Informationen - Forschungsberichte, Enzyklopädien	Hochschulen, Forschungsinstitute, Bibliotheken, Archive
Informationen für andere Hochschulen - Forschungsergebnisse	Hochschulen
1.3 Mitteilungen an mehrere Teilnehmer - Beispiele:	
Hinweise - Ringvorlesungen, Lehrerfortbildung	Elektronischer Mitteilungsdienst
2. Informationen für den einzelnen Teilnehmer	
2.1 Mitteilung eines anderen Teilnehmers - Beispiele:	
Glückwünsche des Rektors zu Jubiläen, briefliche Mitteilungen	Elektronischer Mitteilungsdienst

Abbildung 3 (Forts.): Gegenwärtige Nutzung von Btx im Hochschulbereich

Anwendungskategorien für Teilnehmer	Mögliche Informationsanbieter (Auswahl)
2.2 Mitteilungen von mehreren Teilnehmern - Beispiele:	
Mitteilungen von Studierenden - Immatrikulationen, Rückmeldungen, Belegen, Exmatrikulationen	Hochschulen
Mitteilungen von Hochschulen - Materialbestellungen, Literaturbestellungen, Fernleihe	Groß- und Einzelhandelsgeschäfte, Gerätefirmen, Verlage, Buchhandlungen, Bibliotheken
2.3 Abrufinformationen persönlicher Art - Beispiele:	
Schulpraxisnoten, Prüfungsergebnisse	Hochschulen (evtl. Inhouse-Betrieb)
3. Dialog eines Teilnehmers mit einem Externen Rechner	
3.1 Rechendienstleistungen - Beispiele:	
Forschungsprojekte, Diplom- und Doktorarbeiten	Hochschulrechenzentren, Rechenzentrum der Fernuniversität Hagen
3.2 Aus- und Weiterbildung, Tests - Beispiele:	
Fernuniversität - Beratung der Studierenden beim Studienaufbau, bei der Bearbeitung ausgewählter Studienbriefe und bei der Prüfungsvorbereitung, Durchführung von interaktiven Lerntests, Computerunterstütztes Lernen	Fernuniversität Hagen
Hochschulveranstaltungen - Massenvorlesungen, Seminare	Hochschule im Inhouse-Betrieb

Abbildung 3 (Forts.): Gegenwärtige Nutzung von Btx im Hochschulbereich

Pforzheim. In der Industrie aber ist Btx bei Lehrgängen, Seminaren, Tagungen etc. schon lange das führende Unterrichtsmedium, wobei die Hochschulen Gefahr laufen, hier ins Hintertreffen zu geraten.

Wieder läßt sich zusammenfassend feststellen, daß Btx auch im Hochschulbereich vorwiegend als Informationsdienst eingesetzt wird, während echte Bildungsvermittlung - wie oben bei der Fernuniversität Hagen beschrieben - nur selten anzutreffen ist.

4. Bildschirmtext in der Schule?

4.1 Übersicht über Einsatzmöglichkeiten - Vorteile und Nachteile

Ähnlich wie für den Hochschulbereich ergeben sich für die Schule zunächst folgende Einsatzmöglichkeiten für Btx:

Einsatz außerhalb des Unterrichts

- Schulverwaltung:
  Verzeichnis von Erlassen und Gesetzen, Adressenverzeichnis, Informationsaustausch mit Schulbehörden und anderen Schulen, Informationen der Bildstellen über ihr Medienangebot, Bestellung von Verwaltungs- und Unterrichtsmaterialien
- Schülerberatung:
  Informationen über das Bildungswesen für Schüler und Eltern

Einsatz im Unterricht

- Informationsabruf als Motivationsphase:
  z.B. in den Fächern Gemeinschaftskunde, Hauswirtschaft/Textiles Werken, Arbeit - Wirtschaft - Technik, Mathematik (Sachrechnen), Verwendung von Btx als Datenbank bzw. lexikalische Nutzung
- Editieren von Btx-Seiten (Heim-Computer erforderlich!):
  Grafische Darstellung von Ergebnissen, Veranschaulichung von Sachverhalten z.B. in Hauswirtschaft/Textiles Werken, Mathematik (Sachrechnen)
- Vor- und Nachbereitung des Unterrichts für Lehrer und Schüler:
  Verwendung von Btx analog oben unter "Informationsabruf als Motivationsphase"

- Einsatz von Btx (Heim-Computer + Großbildprojektor) an Stelle des Overhead- oder Dia-Projektors
- Einsatz von Btx im Verbund mit Bildplatte an Stelle des Tonfilm-Projektors
- Computerunterstützter Unterricht (Heim-Computer erforderlich!):
  Autorensystem PLATO/MUPID von Maurer/Huemer, TU Graz

Ebenso stichwortartig sollen die schon jetzt propagierten Vorteile bzw. befürchteten Nachteile aufgeführt werden:

Vorteile

- Zeitliche Unabhängigkeit (im Gegensatz zu Schulfunk und Schulfernsehen)
- Aktuelle Informationen
- Schnelle Beschaffung von Informationen
- Informationssuche und -auswahl durch Schüler selbst
- Bei Computerunterstütztem Unterricht Nachhilfe- und Übungsprogramme möglich
- Bei Computerunterstütztem Unterricht keine Bloßstellung vor Mitschülern

Nachteile

- Schlagwortartige, verkürzte Information
- Oft unzulässige Verkürzungen der Deutschen Sprache
- Vernachlässigung des Gedächtnistrainings wegen des leichten Informationszuganges
- Der nach strengen technischen Regeln geführte Btx-Dialog ist kein Ersatz für den Dialog Mensch-Mensch
- Isolation des Schülers am Btx-Terminal
- Lange Wartezeiten der Schüler beim Aufbau einer Btx-Seite - Wartezeit ist keine Erholungs-, sondern Ablenkungsphase
- Verständnisschwierigkeiten und Belastung für die Augen beim Erfassen einer Btx-Seite schon während ihres Aufbaus
- Erhöhte Vor- und Nachbereitung für den Lehrer

4.2 Bisherige Erfahrungen mit Btx in der Schule

Nach den im 4.1 dargestellten möglichen nun aber zu den bisherigen tatsächlichen Erfahrungen.

Da sind zunächst die Naturbefragungen von Issing (1982) und die Untersuchungen und Expertenbefragungen von Stransfeld (1983). Diese ergaben, daß Btx weniger ein Lese-, sondern mehr ein Schlagzeilenmedium ist. Es eignet sich für aktuelle Informationen und für individuellen Informationsaustausch. Ferner ist Btx als Lernmedium ungeeignet und für allgemeinbildende Schulen ohne Bedeutung. Trotzdem zeigte sich in den Untersuchungen von Stransfeld, daß die Bereitschaft am Bildschirm zu lernen bei Jugendlichen eindeutig größer war als bei Erwachsenen - ein Hinweis, der angesichts der Bedeutung der Erwachsenenbildung zu berücksichtigen ist. - Inzwischen wurden auch empirische Untersuchungen bekannt. Hertel und Samulowitz (1984) führten ein Projekt durch, in dem Schülern der Oberstufe eines Gymnasiums mittels Btx Fachinformationen angeboten wurden. Dabei erwies sich Btx geeignet für präzis aufbereitete Informationen für definierte Zielgruppen. Dagegen kamen Kuhlmann und Balderzahn (1984) nach einem Laborexperiment, in dem sie Schülern über Btx Verbraucherinformationen angeboten hatten, zu der Feststellung, daß Btx als Unterrichtsmedium geeignet sei und eine gezielte Medieneinführung die Informations- und Nutzungskompetenz erhöhe. - Zwei noch laufende Modellversuche wurden am 1. März 1985 im Rahmen der didacta in Stuttgart auf der Tagung zum Thema "Bildschirmtext macht Schule" des Arbeitskreises Bildung der Bildschirmtext-Anbieter-Vereinigung vorgestellt. Von 1984-1989 soll der Modellversuch "Hermes" dauern, der im Auftrag des Bundesministers für Bildung und Wissenschaft und des Hessischen Kultusministers an fünf Kaufmännischen Schulen in Hessen durchgeführt wird. (Hermes ist die Abkürzung für Hessische Erprobung Technischer Kommunikationsmedien in Beruflichen Schulen.) Dabei sollen vor allem die Einsatzmöglichkeiten von Btx im Schulbereich für die verschiedenen Interessengruppen (Eltern, Lehrer, Schulaufsicht, Verwaltung, Öffentlichkeitsarbeit) erprobt werden. Bei der Beschreibung dieses Modellversuches auf der genannten Tagung fiel auf, daß der Schwerpunkt offenbar in der Analyse der organisatorischen und technischen Voraussetzungen der Verwendung von Btx bestand, während über einen gezielten methodischen Einsatz von Btx innerhalb der bestehenden Unterrichtsfächer, etwa die Entwicklung und Erprobung entsprechender Unterrichtssequenzen, keinerlei Aussagen gemacht wurden. Der zweite Modellversuch "Schule und Bildschirmtext" der Landesbildstelle Berlin soll im Herbst 1985 beginnen und eine Laufzeit von drei Jahren haben. Im Hauptteil einer Reihe von Teilprojekten sollen neue Btx-Angebote für den Schulbereich entwickelt und erprobt werden, z.B. ein Landesbildstellen-Programm, das Neuerscheinungen von AV-Medien einschließlich didaktischer Hilfen und Bestellungen umfaßt. Neben diesem eindrucksvollen "Medieninformationsprogramm" muten die beiden weiteren Teilprojekte "Btx als Unterrichtsmittel" bzw. "Btx als Unterrichtsgegenstand" eher bescheiden an. Ähnlich wie beim Modellversuch "Hermes" wurden hierzu keine konkreten Aussagen gemacht.

Das Fazit all dieser Untersuchungen, insbesondere aber der oben genannten, für das Thema "Btx in der Schule" repräsentativen Tagung, läßt sich wie folgt darstellen:

1. Über die Einsatzmöglichkeiten von Btx in der Schule gibt es noch keine gesicherten Aussagen.
2. Die Erprobung von Btx in der Schule beschränkte sich in Vergangenheit und Gegenwart hauptsächlich auf organisatorische bzw. verwaltungstechnische Einsatzmöglichkeiten.
3. Eine intensive Erprobung des methodischen Einsatzes von Btx innerhalb der bestehenden Unterrichtsfächer und des herkömmlichen Unterrichts selbst (Mediendidaktik!) steht noch aus.
4. Über Btx als Unterrichtsgegenstand (Medienpädagogik!) - insbesondere über mögliche Rückwirkungen der privaten und beruflichen Btx-Nutzung von Schülern, Lehrern und Eltern auf die Schule - gibt es kaum Erfahrungen.

Vorläufig ergibt sich für Bildschirmtext das Bild eines Informations- und Kommunikationsmediums, das für die Schule geeignet ist - allerdings weniger innerhalb bzw. während des Unterrichts, sondern vielmehr als Begleit- bzw. Komplementärmedium außerhalb des Unterrichts.

4.3 Einsatz von Btx während des Unterrichts

Gerade wegen der in dieser Hinsicht bisher negativen Feststellungen soll das Problem noch weiter untersucht werden. Dabei sollte insbesondere beachtet werden, daß Btx ein aktives Medium ist, das im Gegensatz zu Dia- oder Tonfilmprojektor nicht nur zur reinen Darbietung - mit der Gefahr des verstärkten Frontalunterrichts mit entsprechender Rezipientenhaltung des Lernenden - genutzt werden sollte. Hier kann der Schüler selbst die für das Unterrichtsthema relevanten Informationen beschaffen und auswerten, um schließlich entsprechende Handlungsstrategien zu entwickeln. - Im folgenden soll kurz ein Unterrichtsbeispiel skizziert werden, in dem die Schüler mit Hilfe von Btx + Computer einen solchen Entscheidungsprozeß durchführen sollen.

In Schulbüchern zum Mathematikunterricht der Klasse 9 der Hauptschule finden sich zur Lehrplaneinheit "Angewandtes Rechnen" Sachaufgaben wie in Abbildung 4. - Hier sind alle Informationen (Höhe des Darlehens, Zinssatz, Annuität) schon fest vorgegeben, wobei ihre Aktualität vom Erscheinungsjahr des Schulbuches abhängt. Die Beschaffung aktueller und konkurrierender Darlehensangebote von mehreren Banken war bisher so zeitraubend, daß sie meist ganz unterblieb. Mit Hilfe des Btx-Systems ist es nun möglich, solche Informationen schnell und kostengünstig zu beschaffen und - mit Hilfe des Computers - auch zu verarbeiten. Im vorliegenden Beispiel müßten Darlehenskonditionen über Btx von den externen Rechnern der verschiedenen Banken abgerufen werden. Gleichzeitig informieren sich die Schüler so über Funktionen einer Bank, Kreditwesen, Geldverkehr etc., wodurch die sonst oft künstliche oder theoretische Unterrichtsphase der Motivation und Klärung der Sachsituation einer

Aufgabe

Herr Leichtfuß benötigt ein Darlehen in Höhe von 2000 DM. Die Verzinsung am Jahresende beträgt 5% der jeweiligen Restschuld am Jahresanfang. Die jährliche Gesamtbelastung (Annuität) für Verzinsung und Tilgung macht 15% des Darlehens aus.

Tilgungsplan

JAHR	SCHULD AM JAHRES-ANFANG DM	ZINSEN DM	TILGUNG DM	ANNUITAET DM	SCHULD AM JAHRES-ENDE DM
1	2000	100	200	300	1800
2	1800	90	210	300	1590
3	1590	79.5	220.5	300	1369.5
4	1369.5	68.48	231.52	300	1137.98
5	1137.98	56.9	243.1	300	894.88
6	894.88	44.74	255.26	300	639.62
7	639.62	31.98	268.02	300	371.6
8	371.6	18.58	281.42	300	90.18
9	90.18	4.51	90.18	94.69	0

DIE GESAMTZINSEN BETRAGEN DM 494.69

Säulendiagramm des Tilgungsplanes

(Restschuld schraffiert, darüber Annuität; Tilgung = unterer Teil der Annuität, Zinsen = oberer Teil der Annuität)

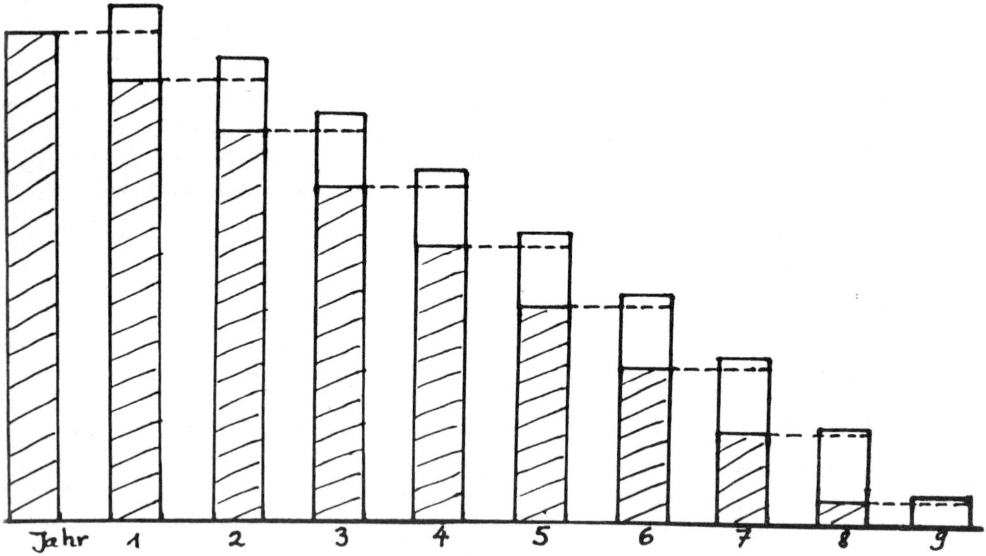

Abbildung 4: Sachaufgabe zur Lehrplaneinheit "Angewandtes Rechnen" - Mathematikunterricht in der Hauptschule, Klasse 9

solchen Sachaufgabe wesentlich lebensnaher wird. Ferner lernen hier die Schüler zwischen interessengebundenen Informationen wie Werbung und sachgebundenen Informationen zu unterscheiden.

- Der herkömmliche Unterricht würde dann fortfahren mit der Berechnung von allenfalls zwei kürzeren und deshalb wenig wirklichkeitstreuen Tilgungsplänen, diese miteinander vergleichen und sich dann für einen der beiden entscheiden. Mit Btx und Computer aber können die Schüler nicht nur Darlehenskonditionen von verschiedenen Banken abrufen, sondern auch die jeweiligen Tilgungspläne berechnen und ausdrucken lassen. Schließlich werden wieder die verschiedenen, jetzt aber wirklichkeitstreuen und aktuellen Tilgungspläne miteinander verglichen. Vielleicht müssen dazu - wieder über Btx - noch Zusatzinformationen eingeholt werden, wie etwa die allgemeinen Geschäftsbedingungen der Banken oder Prognosen über Inflationsraten, damit die Schüler möglichst realistisch einen Entscheidungsprozeß durchführen und mögliche Lösungsstrategien - also nicht nur eine Lösung wie im herkömmlichen Unterricht meist der Fall - entwickeln können. Schließlich könnten die Schüler ihre ausgewählte Strategie grafisch, hier etwa in Form eines Säulendiagrammes, auf einer neu zu editierenden Btx-Seite darstellen und dann auf eine Diskette abspeichern, von der sie jederzeit wieder auf den Bildschirm übertragen werden kann. So könnte sich insbesondere der Lehrer eine Sammlung von Btx-Seiten, ähnlich den Overheadfolien, anlegen und im Unterricht an passender Stelle einsetzen.

Damit sind aber doch Einsatzmöglichkeiten von Btx während des Unterrichts selbst sichtbar geworden, und zwar das Btx-System alleine zur Datenermittlung und gekoppelt mit dem Computer auch zur Datenverarbeitung. In beiden Fällen fördert Btx die Entscheidungsfindung durch den Schüler selbst - ein Lernziel, das beileibe nicht auf den Mathematikunterricht beschränkt ist. Charakterisiert man dieses Lernziel noch allgemeiner als "die Fähigkeit und Bereitschaft, in sozialer Verantwortung sich selbst zu entscheiden und aktiv gesellschaftliche Prozesse mitzubestimmen"[5]) - wie es der Lehrplan der Hauptschule vom Fach Gemeinschaftskunde fordert - so wird deutlich, daß ein solcher Einsatz von Btx in wohl allen Unterrichtsfächern möglich ist.

[5]) Kultus und Unterricht (1984), S. 203

Literatur

Biermann, Bildschirmtext. Neue Wege der Kommunikation. Anwendungen, Entwicklungen, Auswirkungen, Bergisch Gladbach 1984

Buchholz/Kulpok, Revolution auf dem Bildschirm. Die neuen Medien Videotext und Bildschirmtext, München 1979

Bundesministerium für das Post- und Fernmeldewesen, Die Post informiert über Bildschirmtext, Bonn 1983

Dembowski, Btx: Studenten für Studenten, in:
TU-(Berlin)-Zeitung
Nr. 2 vom 13.02.1985

Frackmann/Leicht, Bildschirmtext im Hochschulbereich,
Hochschul-
Informations-System GMBH, Hannover April 1984

Gottlob/Strecker, Btx professionell eingesetzt. Marketing und Werbung. Außendienststeuerung. CEPT-Design. Juristische Fragen. Btx mit dem Personal Computer, Haar bei München 1984

Issing/Macak, Bildungsangebote im Bildschirmtext - Übersicht über den gegenwärtigen Stand, in Bildschirmtext macht Schule: Dokumentation einer Tagung des Arbeitskreises Bildung der Bildschirmtext-Anbieter-Vereinigung, Berlin 1985

Kultus und Unterricht, Bildungsplan für die Hauptschule, Lehrplanheft 6/1984

Ministerium für Kultus und Sport, Neue Medien und moderne Technologien in der Schule. Stand, Ziele, Maßnahmen, Reihe "Dokumentation Bildung" Nr. 5, Juli 1984

Ministerium für Wissenschaft und Kunst Baden-Württemberg, Presse- und Öffentlichkeitsreferat, Staatssekretär Schneider eröffnet neuen Weg zur Studieninformation über Bildschirmtext (BTX*20406#), Pressemitteilung Nr. 30/1985

Schäfer, Organisatorische und technische Voraussetzungen für den Einsatz von Btx in Schulen, in: Bildschirmtext macht Schule: Dokumentation einer Tagung des Arbeitskreises Bildung der Bildschirmtext-Anbieter-Vereinigung, Berlin 1985

Schmid, Bildschirmtext (Btx) - Das Kommunikationsmittel für jedermann, Vortrag im Rahmen der Ringvorlesung "Grundfragen des Computereinsatzes in Schule, Beruf, Hobby, Freizeit" an der Pädagogischen Hochschule Schwäbisch Gmünd am 8. Mai 1985

Schorb, Familie am Bildschirm. Neue Medien im Alltag. In Zusammenarbeit mit dem Südwestfunk, Frankfurt/M; Wien 1982

Schulze/Thiele, Planungen der Landesbildstellen für die Nutzung von Bildschirmtext, in: Bildschirmtext macht Schule: Dokumentation einer Tagung des Arbeitskreises Bildung der Bildschirmtext-Anbieter-Vereinigung, Berlin 1985

Schwarz-Schilling, Post braucht Qualität, in: Zeitung DIE WELT vom 28. Juli 1986

Wieter, Entscheidungsfindung mit Bildschirmtext in der Schule, Vortrag im Rahmen der Tagung "Bildschirmtext macht Schule" des Arbeitskreises Bildung der Bildschirmtext-Anbieter-Vereinigung auf der didacta in Stuttgart am 1. März 1985

Wieter/Nümann, Bildschirmtext - Ein neues Medium, in: Hauswirtschaftliche Bildung 3/1984, S. 129ff.

L. Zahn

Die beschränkte Logik des Computers

Zur Einleitung: Die theoretischen Zugänge

Jede Darstellung, die sich nicht nur einer Sache, hier dem Computer, zuwendet, sondern dabei auch ihrer selbst eingedenk bleibt, sollte mit einem wissenschaftstheoretischen Eingeständnis beginnen, das heute von Erkenntnistheoretikern aller Richtungen - ob kritische Rationalisten, Hermeneutikern, Phänomenologen oder Dialektikern - allgemein in dieser Form Zustimmung findet: Jede Theorie, in der wir uns Welt zu vergegenwärtigen, überschaubar zu machen versuchen, ist ein selektiver Rahmen, der uns nur eine spezifische Sicht vermittelt. In diesem Bewußtsein des Begrenzten gründet vor allem das Humane als der jeder einseitig-diktatorischen Hybris widerstehende, für Anderes offen bleibende Geist der Toleranz. Aber auch die Strenge einer Wissenschaft verdankt sich ihrer stets bewahrten und kritisch bewachten methodischen Beschränkung, ihrer - im Sinne des Titels - vor allem dem Wissenschaftler selbst immer gegenwärtigen "beschränkten Logik". Indem z.B. die Mathematik sich jedes politischen, moralischen oder ästhetischen Urteils enthält und einzig etwa in der Arithmetik unter der Kategorie der Quantität Sequenzen von Größen und ihre Beziehungen systematisiert, eröffnet sie einen ebenso einseitigen wie großartig-strengen Blick auf das Universum.

Die hier zu umreißende Sicht auf den Computer, jenes neueste Medium oder Mittel, von dem man sagt, daß es die Industriegesellschaft nochmals zu revolutionieren im Begriffe sei, ist die philosophische. Sie mag zunächst sehr grob als eine historisch-skeptische Sehweise charakterisiert werden. Ob geschichtliche Weichenstellungen (auch technische) dem Menschen zum "Besseren" gereichen - die Wendung "richtig waren" wird, weil bereits einer anderen Perspektive folgend, bewußt vermieden - , darüber entscheidet in dieser Sicht gerade dann, wenn es sich um große Maßnahmen handelt, nicht die Aktualität oder der momentane Erfolg. Ob es sich um einen Fortschritt, eine Sackgasse, einen im Unerwünschten auslaufenden Weg oder gar um eine Regression handelt, dies erweist sich in einer die Zeiten überschauenden, das ursprüngliche Wollen mit dem schließlichen Enden vergleichenden philosophischen Perspektive oft erst nach einem langen historischen Wege, wenngleich tieferes Nachdenken schon zu Beginn hätte draufkommen können.

Dies sei an einem Beispiel erhellt, das in seiner historischen Weiträumigkeit ein Analogon zu der heute vieldiskutierten Frage abgeben könnte, ob die "Computerisierung" der Gesellschaft "gut" sei.

Im Jahre 1864 wollte die Stadt London als erste Europas die Kloakenstoffe über Kanalisation in das Meer ableiten, und sie bat Gelehrte von Rang um Gutachten. Nur einer von ihnen, Justus von Liebig, lehnte den Plan ab, weil er darin einen "Raub an der Natur" und einen "Selbstbetrug" der Menschen sah. Er verlangte die erheblich teurere Rückführung der Kloaken auf die Felder, kam damit aber nicht durch, und nach Londons Vorbild wurde so überall in der Welt kanalisiert. Heute, wo die Flüsse und Meere verschmutzt sind und anstelle des fehlenden natürlichen Düngers immer mehr Chemikalien auf die Felder kommen, beginnen wir in einem ökologischen Kreislaufdenken zu sehen, daß jenes ökonomische Fortschrittsdenken eben nicht "gut" war. Wie damals die Kanalisierung, so ist heute die Computerisierung in historisch-skeptischer Perspektive nicht schon allein dadurch vor der Vernunft legitimiert, daß sie inzwischen eingeleitet wurde, in technischer Hinsicht auf vielen Gebieten einwandfrei funktioniert - dies tat die Kanalisation auch - und immer mehr Menschen sich ihrer bedienen.

Wie aber können wir, durch solche Beispiele gewarnt, unter einer weit in die Zukunft reichenden Perspektive schon jetzt herausfinden, wohin die Entwicklung tendiert; denn schließlich wollen wir nicht immer zu spät kommen? Die Ausrichtung auf einen weiträumigen historischen Kontext muß in der Philosophie, wenn sie mehr als eine bloße Meinung unter vielen anderen sein soll, noch durch anderes fundiert werden als durch den von den Wechselfällen der Zeit stets schwankenden Boden der Geschichte. Die Perspektive muß nicht nur weit sein, weil dann alles schließlich in einem fernen Nebel verschwimmt, sich in Spekulation auflöst, sie muß vielmehr auch streng die Sache im Auge behalten in ihren von den Voraussetzungen her in ihr selbst angelegten Möglichkeiten. Zu der historisch-skeptischen Betrachtung der Herkunft- und Zieldimension tritt die der immanenten Logik der Sache hinzu. Die Aufgabe einer philosophischen Auseinandersetzung mit dem Computer kann deshalb etwa so umschrieben werden: Wie können wir uns ihm so nähern, daß sowohl seine Bedeutung in weiten geschichtlichen und sozialen Zusammenhängen einsichtig wird, wir uns also nicht borniert z.B. nur auf seine technische Konstruktion, nicht aber seine soziale Herkunft und Auswirkung richten, als auch umgekehrt nicht über solch allgemeinen Zusammenhängen das präzise arbeitende Ding ganz aus dem Blick verlieren oder gar, was heute der schlimme

Normalfall ist, über den Computer reden, ohne seine Arbeitsweise und die in ihn importierten Möglichkeiten je zu kennen. Die philosophische Theorie muß die Extreme des Fachidioten und des Schwaflers zu überwinden versuchen, indem sie das "Medium" Computer selbst als ein Vermitteltes und Vermittelndes versteht, d.h. einsichtig macht, a) unter welchen Voraussetzungen und Zielsetzungen er entstand, b) nach welchen rationalen Spielregeln er arbeitet und c) wie diese, auf die Gesellschaft angewandt, letztere selbst, meist ohne ihr Wissen, transformieren. Aus der Art und Weise, wie der Computer seiner prinzipiellen Eigenart nach uns zur Welt und auch uns selbst vermittelt, kann dann einsichtig werden, ob diese Entwicklung wünschbar ist oder wo sie ihre Möglichkeiten, Grenzen und Gefahren hat. Dies vorweg zu bedenken, ehe vollendete Tatsachen geschaffen sind, müßte uns nach der Devise "savoir pour prévoir" endlich dringlich sein, nachdem wir doch, wie am obigen Beispiel angedeutet, gelernt haben müßten, daß das Machbare nicht ohne weiteres zum Besten führt. So mahnte auch Norbert Wiener, der in Amerika der "Vater der Kybernetik" genannt wird, 1960 am Beginn der rasanten "Computerisierung" die Wissenschaftler und Konstrukteure: "Wir sollten erst ganz sicher sein, daß der Zweck, zu dem wir die Maschine bestimmt haben, jener ist, den wir tatsächlich anstreben, können wir doch keinesfalls die naive Ansicht verteidigen, daß es umso besser sei, je schneller wir darangehen, die neuen Kräfte, die sich uns anbieten, in Gang zu setzen. Wir müssen stets unsere ganze Vorstellungskraft aufwenden, um zu überprüfen, wohin uns der volle Gebrauch unserer neuen Möglichkeiten führen kann"[1].

In der Tat werden wir sehen, zu welchen aberwitzigen Auffassungen und Plänen der unreflektierte Umgang mit dem Computer gerade bei jenen führt, die auf der technisch-progressivsten Stufe mit ihm umgehen und ihn inzwischen als Modell für die Interpretation des gesamten Universums einschließlich des Menschen ansehen. Gemeint sind jene philosophierenden Computerstrategen in den berühmtesten Laboratorien der USA, des MIT und der Stanford University, auf die später eingegangen werden soll. Es soll dargestellt werden, daß es sich hierbei im wörtlichen Sinne um "Hirngespinste" handelt, die technisch ebenso großartig wie philosophisch naiv und gefährlich sind, weil sie, ihrer historischen Herkunft wie ihrer sie beschränkenden Logik nicht mehr eingedenk, sich für das dem Universum einzig angemessene Denkmuster halten. Dieses rationale Grundmuster, nach welchem, sich überall durchhaltend, der Computer die Wirklichkeit "verwirkt" - im Sinne von vernetzt, verwebt, kategorial ordnet - und welches von vornherein seine Reichweite bei aller unendlichen immanenten Ausdehnungs- und Perfektionierungsmöglichkeit determiniert, dieses Rationalitätsmodell gilt es sich also in einer philosophisch-wissenschaftstheoretischen Reflexion kritisch als die "beschränkte Logik des Computers" zu vergegenwärtigen. "Logik" nennen wir nämlich die methodische, d.h. die im griechischen Ursinn des Wortes einen konsequenten "Weg" - und damit die Wissenschaft selbst - begründende Art eines konsistenten begrifflichen Ausgreifens auf Welt. Sie repräsentiert das All-gemeine, das verbindliche Schema, das Strukturmodell, unter dem uns die Vielzahl der Erscheinungen in einer Ordnung, einem Zusammenhang begegnet.

Nach einer solchen Logik muß gerade in einem sehr strengen Sinne der Computer arbeiten. Für ihn müssen mämlich die Kategorien und Regeln, unter denen die Erscheinungen definiert und untereinander verbunden werden, eindeutig ausdrücklich gemacht und als "Programm" aufbereitet werden, damit sie der Maschine eingegeben werden können. Diese eine Ordnung festschreibende programmierte Logik wird aber dann problematisch, wenn sich im Sinne des oben Gesagten zeigen läßt, daß sich in ihr ein bestimmtes historisches Verständnis von Logik automatisiert oder festschreibt und so Zukunft in bestimmter Weise "vorprogrammiert", obwohl es grundsätzlich andere "Logiken" als allgemeine Modelle der Weltinterpretation gibt. Eine solche durch den Computer verabsolutierte, in Wahrheit aber beschränkte Logik wird ideologisch und diktatorisch. Welt und Intelligenz werden nur mehr vom Computer her interpretiert, wie dies heute eben schon bei den progressivsten "Fach-Leuten" geschieht. Dabei ist vor allem an die naiv-phantastischen Philosophien der amerikanischen Konstrukteure einer auf den Computer gestellten "artificial intelligence" (AI) gedacht, die in den USA selbst einer wachsenden Kritik begegnen[2]. In der äußersten Konsequenz einer Logik und an den Grenzen und Ungereimtheiten, auf die sie auf ihrem in sich konsistenten Wege schließlich stößt, enthüllt sich so ihr beschränkter, das Ganze nicht tragen könnender Ausgangspunkt.

Um diesen vorweg skizzierten, zugleich historischen und logischen Zusammenhang philosophisch in der Reflexion einzuholen und die beschränkte Logik des Computers zu durchschauen, aus der sich übrigens auch Sinn und Unsinn seines sozialen und pädagogischen Einsatzes ergeben, muß somit nacheinander über folgendes Klarheit erreicht werden:

I. Herkunft, Voraussetzungen und Ziele einer in der Neuzeit immer ausschließlicher sich durchsetzenden Logik.

I. Die Operationalisierung der formalen Logik zu den rationalen Spielregeln (Algorithmen) der Computer.

I. Deren anwendungsbestimmte Rückwirkung auf die Gesellschaft und ihre darin offenbar werdende "beschränkte Logik" oder defizitäre Vernünftigkeit.

Eine genauere Darstellung dieser Zusammenhänge würde ein ganzes Buch erfordern. Um aber in diesem beschränkten Rahmen doch eine Übersicht zu vermitteln, die wesentlichen Konturen hervortreten zu lassen und auch für die Diskussion klare Bezugspunkte zu setzen, wähle ich im folgenden eine stark gegliederte, abgekürzt-thesenartige Darstellung, die ihrer Unzulänglichkeit im einzelnen geständig ist, dafür aber eben den Vorteil des Kompakten, auf das Grundsätzliche Gerichteten haben mag.

Die Herkunft der Computer-Logik.

1. Der Entstehung der Logik lag von Anfang an, wie wir es an der Entwicklung von den vorsokratischen Fragmenten bis zu den Klassikern Platon und Aristoteles noch heute gut verfolgen können, das Hauptmotiv zugrunde, über die Bindung an das Einzelne hinauszukommen, wie es uns in verwirrender Vielfalt und momentaner Wechselhaftigkeit umdrängt. Für diese Intention zum All-gemeinen steht das altgriechische Wort Logos, von dem "Logik" abgeleitet ist und das in seiner Vieldeutigkeit - es bedeutet neben Sprache und Denken auch, wie man noch nicht lange weiß, soviel wie das richtige Verhältnis oder Maß - bereits die basalen Interpretationen von Logik vorgibt. Diese ist geschichtlich vor allem in zwei Grundformen entfaltet worden: Aus der Dia-Logik des Sokrates wurde über Platon bis zu Hegel die dialektische Logik einer im Spruch und Widerspruch sich fortzeugenden Erfahrung entwickelt, während auf Aristoteles die sog. "formale" Logik zurückgeht, der umgekehrt die Widerspruchsfreiheit als das wahre Prinzip des Denkens gilt und die auf eine ein für alle Male gültige Ordnung abzielt.

2. An dieser Auffassung knüpfen, auf dem Wege zur modernen Logistik, die Philosophen des Rationalismus am Beginn der Neuzeit an. Ihnen geht es, wie besonders bei Descartes und Leibniz erkennbar, zum Auftakt der technischen Revolution vor allem um die endliche Ver-

wirklichung der alten aristotelischen Organon-Idee, nämlich ein allgemeines gedankliches Instrumentarium oder Werkzeug zu finden, mit dem wir die Erscheinungen klar analysieren, ordnen oder verknüpfen können und das einen allgemeinen Maßstab dafür abgibt, was als "richtig" oder "falsch" zu gelten hat. Dabei erfährt aber, wie wir erst heute deutlich sehen, die aristotelische Logik "unter der Hand" eine entscheidende Umwandlung. Während sie nämlich für den antiken Denker den onto-logischen Sinn hatte, sich des Seins zu vergewissern, geben ihr die modernen Denker nach dem Motto "ich denke, also bin ich" eine anthropo-logische Bestimmung als herrscherliche Konstruktion unserer Ratio. Die von Descartes abgewertete "res extensa" als die raum-zeitliche Außenwelt soll nicht mehr einfach so,wie sie ist, hingenommen oder abgebildet werden, sondern die zur selbständigen Substanz höher gestufte "res cogitans" will die strenge "Konstruktion direkt aus dem Kopf", wie es ein Computer-Konstrukteur am MIT ausdrückte. Hiermit beginnt der die moderne planerische, "verkünstlichende" Zivilisation vorbereitende methodische Gang in die abstrakte Konstruktion und Organisation. Seine Ideologie ist ein Spiritualismus des Allgemeinen, dem das Sinnlich-Besondere und Vorgegebene, das Individuelle, das Historisch-Gewachsene, ja, das Naturhaft-Empirische als das zu überwindende "verfluchte Durcheinander der organischen Materie" gilt, wie der Computerspezialist Marvin Minsky sagt.

3. Der erste, der vor zweieinhalb Jahrhunderten dem theoretischen Rationalismus eine totalitäre praktische Wendung gab und den "kybernetischen Traum" (Habermas) von der Umwandlung des traditional Gewachsenen in eine rationell steuerbare Organisation träumte, war Leibniz. In einigen erst 1903 erstmals gedruckten Fragmenten, die dann zehn Jahre später über Russells und Whiteheads dreibändigem Standardwerk "principia mathematica" einflußreich wurden, entwirft er erstmals das logische Urkonzept des Computerzeitalters, nämlich das Programm einer umfassenden konstruktiven Programmierung der Welt. Dieses ist für uns heute insofern besonders aufschlußreich, als es noch den engen Herkunftszusammenhang von Logik, Ökonomie und Macht erkennen läßt, der, obwohl heute überall wirksam, aus dem Bewußtsein der fachwissenschaftlichen Spezialisten weitgehend verdrängt zu sein scheint. So seien einige entscheidende Sätze von Leibniz hier wörtlilch zitiert:
"Es ist bey dem Gebrauch der Sprache sonderlich zu betrachten, daß die Worte nicht nur der Gedanken, sondern auch der Dinge Zeichen

seyn, und daß wir Zeichen nöthig haben, nicht nur unsere Meynung andern anzudeuten, sondern auch unsern Gedanken selbst zu helffen. Denn gleich wie man in grossen Handels-Städten, auch im Spiel und sonsten, nicht allezeit Geld zahlet, sondern sich an dessen Statt der Zeddel oder Marcken biß zur letzten Abrechnung oder Zahlung bedienet; also thut auch der Verstand mit den Bildnissen der Dinge, zumahl wenn er viel zu dencken hat, dass er nehmlich Zeichen dafür brauchet, damit er nicht nöthig habe, die Sache jedesmahl, so offt sie vorkommt, von neuem zu bedencken. Daher wenn er sie einmahl wohl gefasset, begnügt er sich hernach offt, nicht nur äusserlichen Reden, sondern auch in den Gedancken und innerlichen Selbst-Gespräch, das Wort an die Stelle der Sache zu setzen... Woraus erscheinet, wie ein Grosses daran gelegen, dass die Worte als Vorbild und gleichsam Wechsel-Zeddel des Verstandes wohl gefasset, wohl unterschieden, zulänglich, häuffig, leichtfliessend und angenehm seyn"[3).]

4. Das in diesen Sätzen angedeutete, von sprachkritischen Mathematiker-Philosophen des frühen 2o. Jahrhunderts von einer formalisierten Logik her aufgenommene Programm läßt sich in schlichten Worten etwa so beschreiben: Die herkömmlichen Wörter, wie sie sich aus langen Volkstraditionen vieldeutig entwickelt haben, sind ungeeignete Instrumente, um uns scharf, klar und sauber über Sachverhalte zu verständigen. Deshalb muß man nach dem Vorbilde der Mathematik allgemeine, von aller subjektiven Willkür oder umgangssprachlichen Bindung abstrahierte Zeichen erfinden, die für präzise elementare Befunde stehen und mit denen man dann, wie wir es heute aus der chemischen Zeichensprache kennen, durch Zusammenstellung auch die zusammengesetzten Gegenstände exakt und über die herkömmlichen Sprachgrenzen hinweg bezeichnen könnte. Eine weitere Gruppe von Zeichen müßte dann die Art der gemeinten Beziehung der solcherart durch Symbole fest-gestellten Gegenstände untereinander angeben, und diese einmal angefangene kunstsprachliche Zeichenkonstruktion im Dienste einer rationalen Ordnung hätte dann den unschätzbaren Vorteil, daß kontinuierlich, stets auf bereits Erreichtes sich rückbeziehend, an ihr weitergebaut werden könnte und nicht immer wieder von neuem der trübe Wortschlamm aufgerührt würde.

5. Diesem Programm eines logischen Operationalismus wohnt, wie bereits erwähnt und am Leibniz-Zitat sichtbar, auch ein ökonomisches Motiv inne, das lange bevor die industrielle Gesellschaft es sich real zunutze machte, in der Idee bereit lag. Die neue Parallelität zwischen Wirtschaft und Logistik kann am besten an Leibniz' hübschen

und zugleich enthüllenden Vergleich zwischen Geist und Geld demonstriert werden: Wie die Geldwirtschaft die materiell-träge Tauschwirtschaft (die Kuh mußte immer erst zum Mehlsack gebracht werden) dadurch zugleich normierte und mit dem Wort des Philosophen "leichtfließend" machte, da sie ein immer abstrakteres Äquivalent einführte, auf das aller Tausch bezogen wurde - erst noch schwere Metallmünzen, dann Papierscheine, schließlich die codierte telegraphische Anweisung - entsprechend und um dieser Entwicklung gewachsen zu sein, soll auch der geistige Verkehr zugleich präziser und flüssigschneller dadurch werden, daß man sich formal-abstrakter definiter Zeichen quasi als einer in ihrem Kurs festgesetzten, allseits bekannten und anerkannten "Währung des Geistes" bedient. So sehr dieses courrante abstrakte Zahlungsmittel auch eine Bedingung dafür war, daß sich das moderne weltweite zivilisatorische "Verkehrsverhältnis" (Marx) in seiner Dynamik entfalten konnte, so deuten sich doch schon hier seine erst später real spürbar werdenden Schattenseiten an: Die abstrakte Zirkulation auch des oft zur Formel gewordenen geistigen "Kapitals" entreißt die Menschen dem Grund und Boden ihrer in der Tradition und Sprache verwurzelten Erfahrung; so wie der Sinn der Zeichen sich nur mehr aus dem ihnen fest zugewiesenen Ort in einem Regelsystem ergibt, sieht sich auch der Mensch in funktionalisierten Ordnungen in "Reih und Glied" gestellt; schließlich entsteht auch das politische Problem, wie die ungemein gesteigerte, gefährliche, vielfach anonym bleibende planerische Machtkompetenz der die Regeln festsetzenden "Sozialingenieure" kontrolliert werden kann.

6. Diese durch Logistik vermittelte Herrschaft tritt, wie noch kaum erkannt wird, mit dem Computer in ein neues akutes Stadium ein. Er macht es nämlich möglich, die Wirkung der Regel ins Unermeßliche zu steigern, indem diese jetzt mittels Geräten überall hintransportiert werden kann: ans Fließband, ins Büro und vor allem auch in den Kopf derjenigen, die das im Prozessor und Programm vorgegebene Denken, z.B. in der Schule, einüben. In der unreflektierten Übernahme der in den Computern konstruierten und über sie wieder in uns importierten Logik liegt eine Gefahr, die der Mathematiker Heinrich Bauersfeld eindrucksvoll beschrieben hat. Er fordert uns auf, es nicht zuzulassen, "daß die distanzlose Anpassung des Menschen an den Computer sich verwirklicht - und das würde sich mit der Allgegenwart der Maschinen unauffällig und sanft vollziehen unter der kundigen Führung der Software-Spezialisten, wie der Sieg einer Textilmode, die man über sich ergehen läßt und allmählich sieht alles anders

aus, und man bekommt nichts anderes mehr"[4]. So kommt es nach dem V gange der anderen technischen Vermittlungsinstrumente wie Zeitung, Film, Radio und Fernsehen samt ihrer Kritik[5] in einer philosophischen Medienkritik des Computers erst recht darauf an, die mit ihm transportierten und introvertierten Strukturen zu durchschauen; denn mit diesem "Denkzeug" oder "Kopfzeug", wie man die Geräte genannt hat, wird über die flüchtige sinnliche Wahrnehmung hinaus die kategoriale Ordnung der Welt durch unsere Vernunft dauerhaft beeinflußt und festgelegt. Die im Computer vollzogenen und an uns weiter vermittelten Operationen dürfen nicht zu einem Oktroi werden, das als anonymer "Input" der Reflexion entzogen bleibt und das wir schließlich, ohne Wissen von der in seiner Konstruktion liegenden logischen Beschränktheit, wie ein Faktum hinnehmen, in welchem die Intelligenz als solche objektive Gestalt gewonnen hätte.

7. Daß diese auch ideologische Gefahr einer den Geist usurpierenden Computer-Logik, einer anthropozentrischen Apotheose der Maschine besteht, die den Unterschied zum Lebendigen und sogar zur moralischen Vernunft nivelliert, indem ein begrenztes logisch-technisches Modell zu einer universalen philosophischen Weltsicht hochstilisier wird, läßt sich schon heute an denjenigen bezeugen, die am meisten und intensivsten mit dem Computer umgehen - ihren ein-sichtigen, aber nicht einsichtigen Konstrukteuren. Zu welchen Konsequenzen sie sich, ausgehend von der im folgenden Abschnitt zu umreißenden engen Basis der Computer-Logik versteigen, schildert aus unmittelbarer Beobachtung und nach vielen persönlichen Interviews Sherry Tu les Buch "The second Self-Computers and the human Spirit" (es wurde unter dem albernen Titel "Die Wundermaschine..." auch ins Deutsche übersetzt). Darin befragt die mit dem bekannten Computer-Theoretiker Seymour Papert verheiratete, am berühmten Massachusetts Institute of Technologie lehrende Sozialpsychologin viele dort sowie an der Haward- und Yale-Universität mit Computern befaßte Professoren und Studenten nach ihrer Programmatik und ihrer philosophischen Interpretation des Menschen, insbesondere im Blick auf die Problematik einer "artificial intelligence". Sie kommt dabei zu dem Ergebnis, daß diese Selbstauffassung inzwischen bereits von der in die elekt nische Maschine importierten Logik her erfolgt (second Self), sich also das Verhältnis zu Ich und Welt derart verkehrt hat, daß der Mensch die Maschine als Mittel nicht mehr aus dem Horizont seines primären Wünschens und Wollens versteht und mißt, sondern umgekehrt das apparativ installierte logische Modell zum Deutungsrahmen alle

einschließlich der eigenen Wirklichkeit erhebt. In dieser Situation, wo in einem bornierten Computer-Denken entweder ganze Bereiche sinnvoller Fragen als nicht mehr relevant oder unfragbar einfach ausgeblendet werden oder aber höchst naive, abenteuerlich-spekulative Antworten finden, ist es dringend geboten, sich die logischen und technischen Voraussetzungen dieser "Weltsichten" kritisch zu vergegenwärtigen. So sei im folgenden Abschnitt in überschauender philosophischer Perspektive eine prinzipielle Skizze der instrumentellen Computerlogik versucht, aus der sich ihre dann im letzten Abschnitt zu erörternde "Beschränktheit" einsehbar machen läßt.

ie logische Rekonstruktion des Computers

.. Die Realisation eines logischen Prozesses in einem technischen Instrument ist nur möglich auf Grund einer elementaren Analogie oder Entsprechung, die es bei der philosophisch-logischen Rekonstruktion des Computers zuerst ins Auge zu fassen gilt. Die Frage lautet: In welcher Form konnten logische Prozesse so konstruiert werden, daß sie auch materiell abgebildet und simuliert werden konnten?

Als die grundlegendste Analogie des modernen Computers ist die zwischen einem dual oder binär systematisierten Konzept der Logik und einer Konstruktion von Schaltern anzusehen. Sie beruht darauf, daß eine Alternative durch einen Stromimpuls einerseits oder keinem andererseits abgebildet werden kann. Es ist geradezu ungeheuerlich, was aus dieser simplen Analogie entwickelt werden kann, nämlich je nachdem, in welchem kategorialen Rahmen die Alternative jeweils prozessual elaboriert wird. Dafür seien im folgenden nur einige grundlegende Möglichkeiten angegeben.

2. Das methodisierte Alternativdenken kann zunächst nach dem Prinzip der Eingrenzung etwas als etwas definieren oder durch immer dichtere Einkreisung "auf den Punkt bringen". Dies geschieht nach einem Prinzip, wie wir es aus einem Spiel kennen, in welchem wir Fragen stellen, die immer nur mit Ja oder Nein beantwortet werden dürfen und die uns dennoch in wenigen Schritten auch zum speziellsten Gemeinten führen. Auf diesem Wege können wir z.B. in wenigen Operationen aus einer beliebig großen Zahlenfolge eine Zahl aufsuchen, indem wir stets alternativ fragen: Befindet sich die gesuchte Zahl in der ersten Hälfte von 128 oder der zweiten? Wenn ersteres der Fall ist

in der ersten Hälfte von 64 oder der zweiten usw. ?

Sind in diesem prozessual-alternativen Sinne Buchstaben, Größen, Fakten etc. definiert, so kann man diese so festgestellten Daten unter erneuter Benutzung der Alternative unter spezifischen kategorialen Hinsichten miteinander verknüpfen. Ein System kann etwa auf das Prinzip der Bedingung abgestellt sein: Wenn dieses auftritt, dann mache die Verbindung zu dem - wenn nicht, bleibe blockiert oder schalte zu einem anderen. Ein anderes System kann den Fall unter der Alternative des Mehr oder Weniger verarbeiten, wieder ein anderes unter dem kategorialen Hinblick des Vorher oder Nachher.

Diese verschiedenen Weisen der kategorialen Verknüpfung nach Bedingung, Quantität, Temporalität usw. können darauf in je einem Teilsystem systematisiert und wieder untereinander zu einem Verbundsystem vernetzt werden. Dadurch sind in der Tat unendliche Möglichkeiten der Erweiterung gegeben, zumal seitdem die Schalter durch Benutzung der molekularen Kristallgitter winzig klein gestaltet werden konnten und man die Ergebnisse auf immer kleinerem Raum auf Magnetfeldern zu speichern vermochte. So konnte nicht nur, was die stürmische Entwicklung des Computers erklärt, das einmal Erreichte zur weiteren Perfektionierung des Systems benutzt werden, sondern der erzeugte Computer konnte im ganzen für die Schaffung seines besseren Nachfolgers jeweils eingesetzt werden. Das einmal installierte System entfaltet einen Fortschritt derart, daß er immer wieder von sich selbst zu Weiterem sich abstößt.

3. Die erwähnten Speicher sind neben den Schaltern die Bedingung für diesen Fortschritt und bilden die zweite grundlegende Analogie zum menschlichen Denken: dem Gedächtnis. Durch die Kombination der die Operation ausführenden Schaltersysteme und der ihre Ergebnisse festhaltenden Speicher schien nochmals ein Weg ins Unendliche aufgetan, denn so ließ sich doch offenbar dasjenige künstlich entwickeln, was wir Erfahrung nennen und dessen Logik eben diese ist, daß man dasjenige, was man gewonnen hat, als einen nun fest einverleibten Besitz wiederum dazu benutzen kann, um noch weiterzukommen.

Von hier wird die Idee einer "künstlichen Intelligenz" schon verständlich: Die Forscher des MIT und in Stanford glauben, auf diesem Wege das Geheimnis des Menschengehirns entdeckt zu haben, welches sie von der Maschine her als einen Mehrfachprozessor ansehen. Nun schien alles möglich und stolz erklärte vor zehn Jahren Professor John McCarthy, der Leiter des Artificial Intelligence Laboratory in Stanford: "Der einzige Grund dafür, daß es uns bisher nicht gelungen ist, jeden Aspekt der realen Welt zu simulieren, ist der, daß wir noch nicht über ein genügend leistungsfähiges Rechenprogramm verfügen. Ich arbeite zur Zeit an diesem Problem"[6).]

In der Ausweitung dieses hier nur skizzierten logischen Systems zu universaler Geltung enthüllt es sich nun aber, je konsequenter es zu Ende gedacht wird, als eine ins Aberwitzige führende Ideologie, die uns kritisch auf den beschränkten Ausgangspunkt dieser Logik zurückzugehen nötigt. Diese ins Absurde führenden philosophischen Konsequenzen, zu denen sich die artificial Intelligence-Spezialisten in der Konsequenz ihrer Logik gedrängt sehen, sind u.a. von Mitarbeitern des MIT selbst in den letzten Jahren unter verschiedenen Perspektiven dargestellt und kritisiert worden. Neben der erwähnten Sherry Turkle hat uns vor allem Joseph Weizenbaum, der berühmte Konstrukteur von "Eliza", mit seinem Buch "Computer Power and Human Reason" eine wunderbar freimütige Auseinandersetzung mit seinen computerbesessenen Kollegen geboten.

Bevor im nächsten Abschnitt einiges Prinzipielle zur Kritik des Computers als einer instrumentalisierten beschränkten Logik ausgeführt wird, seien summarisch einige solcher am MIT und in Stanford diskutierten Probleme genannt, die zeigen, wo dieses logische Konzept in seiner ihm immanenten Konsequenz offenbar selbst auf seine im Ausgangspunkt vorgezeichneten Grenzen stößt:

- Von der logisch-funktionellen Interpretation her sind Mensch und Maschine prinzipiell nicht mehr unterscheidbar: der Computer wird zum "Spiegel, in dem der Geist als Maschine reflektiert wird" (Turkle).
- Der Computer als "Kopfgeburt" ist nur der monomane Partner eines zirkelhaften Gespräches mit sich selbst, das, wie die "Newsweek" in einem sehr geistreichen Artikel über das Computerdenken schreibt, die im Leeren kreisende Struktur des folgenden, unübersetzbaren alten Wortspieles hat:

> "What's the matter?
> Never mind.
> What is mind?
> No matter."

- Wo bleiben in diesem abstrakten Roboter Leiblichkeit, Seele, Intuition, Verantwortung, Freiheit, Geschichte und überhaupt das Selbst, das sich doch schließlich allem diesem gegenüberstellt, also nicht selbst in dem funktionellen System aufgehen kann?
- Zu welchem Zweck oder aus welchem Motiv wird eigentlich die aufwendige Programmierung der Welt durch den Computer betrieben? Steht ihre Logik im Dienste eines "Herrschaftswissens" (Scheler), eines vom Verfügen geleiteten Erkenntnisinteresses (Habermas), ist hier, mit Horkheimer zu sprechen, "das Denken selbst auf das Niveau industrieller Prozesse reduziert worden?" Turkle sagt schlicht, "Die AI-Kultur ist imperialistisch", und als Beleg dafür könnte man etwa das folgende Planungspapier eines großen Computerlaboratoriums einer US-Universität anführen:

"Wir werden in Organisationen riesige Systeme aller Art haben, die in einem Schnellspeicher mit direktem Zugriff Millionen von Wörtern enthalten und zig Millionen Anweisungen in der Sekunde befolgen können. In der Beherrschung, der Programmierung und der Kontrolle von Computern könnten vor allem wir eine große Rolle spielen. Es ist sehr wahrscheinlich, daß keine andere Organisation in der Lage ist, dieselbe Rolle zu übernehmen, und es gibt heute keine wichtigere Rolle... Denn in ein paar Jahren werden wir ebenso vital von der Informationsverarbeitung unserer Computer abhängig sein, wie vom Wachsen des Getreides auf den Feldern und vom Sprudeln der Erdölquellen"[7].

Hier kehrt der Zusammenhang von Logik, Ökonomie und Macht, von dem wir bei dem "kybernetischen Traum" des Leibniz ausgingen, jetzt am Ende als in die greifbare Nähe einer Wirklichkeit gerückt wieder. Aber vor dieser "schönen neuen Welt" wehrt sich inzwischen nicht nur philosophische Reflexion, sondern erschrocken vor den Konsequenzen dieses in sich logischen Prozesses keimen auch im allgemeinen Bewußtsein alte Fragen wieder auf gegenüber dieser extrem instrumentell gewordenen Vernunft, ob es nicht noch ein anderes Verständnis als diese alles berechnende Logik gäbe oder ob dies schon alles sei.
Daß es in der Tat eine andere Logik gibt, von der her gesehen sich die des Computers als sehr beschränkt erweist, soll im nächsten Teil nachzuweisen versucht werden.

Die beschränkte Logik des Computers

1. Die Grenzen der formalisierten und durch den Computer instrumentalisierten Logik treten am besten an ihrer prinzipiellen Unfähigkeit hervor, sich auch die Dia-Logik einzuverleiben, die den sog. "natürlichen Sprachen" zugrundeliegt und nach denen schon in der Antike ein anderes, wortbestimmtes "logisches" Erkenntnis- und Erfahrungsmodell entwickelt wurde: das der Dialektik. Platon läßt sie mit Bedacht der formalen Logik als höhere Einsicht folgen, wei sie allein Weisheit als das Bewußtsein auch des Nichtwissens vermittelt.

2. Es ist nun sehr auffällig, wie man von den formalisierten Symbolsprachen zu der natürlichen Sprache hinüberdrängt, obwohl schon vc einem halben Jahrhundert mathematische Logiker wie Gödel, Church und Turing schlüssig nachgewiesen haben, daß die Auflösung der Prädikation in formallogische Algorithmen nicht möglich ist. Dennoch ist der Drang vom Rechner zum Dialog in verschiedenen Formen unverkennbar. Er äußert sich unbewußt in der von Mumford[8)] breit behandelten Mythisierung der Maschine zum Partner, Stifter von Kommunikation, ja in einer an "ihn" geknüpften Heilserwartung - alles Anthropomorphismen, die dem, was der Computer nur ist, völlig unangemessen sind. Das Sich-Messen-Wollen des Computers an der Sprache zeigt sich aber auch an den aufwendigen Bemühungen der Artificial Intelligence-Forscher, Dialoge von Computern simulieren zu lassen.

3. Nachdem man beim MIT eingesehen hatte, daß die natürliche Sprache sich nicht wie die Arithmetik aus universalen Regeln rekonstruiere läßt, sondern im Sinne Wittgensteins aus einer Fülle situationsgebundener "Sprachspiele" des Befehlens, Wünschens, Unterhaltens etc. besteht, beschloß man mit Marvin Minskys Worten ein Programm der "Regionalisierung des Geistes". Den Rückstieg von der Abstraktion in die Empirie wollte man so gewinnen, daß man die sprachlichen Rituale einer engen Situation, z.B. dem Bestellen eines Menues, in Gestalt der dabei benutzten Wörter und Regeln aufzunehme und zu simulieren versuchte - und die "Menue-Technik" ist ja ein stehender Begriff in der Computer-Sprache geblieben.

4. Eine der berühmtesten Demonstrationen der scheinbaren Dialogfähigkeiten des Computers, das sog. "Eliza"- oder "Doctor -Programm" von Weizenbaum soll hier geschildert werden. Es zeigt nämlich etwas Prinzipielles und zugleich Komisches: Während die Leute es be staunten und die Kollegen es voll Stolz herzeigten als den Beweis

für die Dialogfähigkeit des Computers, demonstrierte es in Wahrheit gerade umgekehrt die prinzipielle Unfähigkeit dazu, wie der Konstrukteur selbst es am besten wußte und, erschrocken über die Aufnahme, sich veranlaßt sah, in einem Buch eine bescheidene Klarstellung zu geben. Er hatte nämlich,wie im Pygmalion Dr. Higgins der Eliza Doolittle, dem Computer vorweg die Stichworte eingegeben ebenso wie die durch sie auszulösenden Allround-Antworten aus dem ziemlich standardisierten Bereich des psychotherapeutischen Gesprächs. Meist waren das die Worte einfach aufgreifende Rückfragen oder eben allgemeine Antwortschablonen, die fast auf jeden Fall paßten. Eine technische Pionierleistung des Programmierens war es gewiß - aber die Benutzer machten daraus etwas anderes - ein von sich aus antwortendes Wesen. Eine Sekretärin schloß sich z.B. mit "ihm" zu intimen Gesprächen ein, von denen sie nachher nichts sagen wollte, wie man sich denn ja auch immer wieder beim Reden mit seinem Schachcomputer ertappt. Ein Psychiater veröffentlichte in einer Fachzeitschrift einen Artikel, in welchem er behauptete, das Gerät habe bewiesen, daß der therapeutische Dialog automatisiert werden könne und wegen der größeren Validität auch solle usw. usw. Diese Aufnahme signalisierte, wie sehr der Mensch schon bereit war, sich von der Maschine her als seinem Partner zu verstehen.

5. Durch eine einfache Überlegung, wie sie der Sprachwissenschaftler John Searl anstellte, kann nun aber der ungeheure Unterschied eingesehen werden, der zwischen dem Computer und der dialogischen Sprache besteht. In einem Gedankenexperiment läßt er den Menschen sich einmal in die Lage des Computers versetzen und will damit zeigen, daß dessen - mit Anton Hügli zu sprechen - "ausgeklügeltes Programm über keine höheren kommunikativen Fähigkeiten verfügt als ein gewöhnlicher Billettautomat"[9]: Ein Mann, der kein Wort Chinesisch versteht, bekommt 3 Blätter mit chinesischen Zeichen in seine Kabine. Er weiß nicht, da er ja nichts versteht, daß das eine Blatt die Story enthält, das andere, Script genannt, die für den Zusammenhang nötigen Hintergrundinformationen und das dritte die Fragen. Aber zwei in Englisch geschriebene Regelanweisungen sagen ihm, wie die Zeichen der Story nach den Regeln des Scripts zu verknüpfen sind und welche Zeichenkombination er nach den Symbolen der Fragen auszustoßen hat. Er"beantwortet" so die gestellten Fragen, aber "weiß" nichts, nicht einmal, daß es ein chinesischer Text war. Er hat ihn nur formal "verarbeitet".

6. Der Schritt von der Zeichenkombination, der "ars combinatoria", von der Leibniz nach dem Vorgang des mittelalterlichen Franziskanerpaters Ramon Llull (Raimundus Lullus) träumte, zur Bedeutung ist für die formalisierte Logik grundsätzlich von ihrem Ansatz her unvollziehbar. Um diese Bedeutungen geht es aber gerade in der Dialogik der natürlichen Sprachen, die sich deshalb in ihrem Wesentlichen nie in eine formalisierte Universalsprache überführen lassen. Deren höchst beschränkte Logik verkannt zu haben, ist schon der verhängnisvolle Irrtum des Leibniz gewesen, wie er etwa sehr krass aus dem folgenden Zitat hervortritt:

"Wenn wir eine solche Universalsprache hätten, könnten wir in Metaphysik und Ethik genau so schließen wie in der Geometrie und Analysis. Bei Meinungsverschiedenheiten wäre ein Disput zwischen zwei Philosophen ebenso überflüssig, wie er es bei zwei Buchhaltern ist, die unterschiedliche Ergebnisse ermittelt haben"[10].

Das eben ist von Grund auf irrig. Ethische Wert- und Sinnfragen lassen sich nicht nach "dies ist 'richtig', dies ist 'falsch' " berechnen, über sie muß man mit Gründen nach wie vor reden und schließlich entscheiden - und zwar gerade jetzt.

7. Die in der Dialektik und Hermeneutik methodisierte Dia-Logik ist keine nur informative, sondern eine kommunikative Logik der Bedeutungen, die eine ganz andere Struktur hat als die formale und von dieser nicht als "irrational" verdrängt werden darf. Hier ist, z.B. wenn wir an das Wort "Freiheit" denken, mit Hentigs Worten "Unschärfe die Bedingung des Gesprächs. Wörter haben einen Bedeutungshof, der größer ist, als was im Einzelfall bezeichnet werden soll. Das Gespräch, also ein Verständigungsprozeß, erst bringt die jeweilige Klarheit. Dies ist eine Folge davon, daß Sprache mit begrenzten Mitteln eine unbegrenzte Welt wiedergeben können muß. Das Aushalten der Dialogik müssen wir gelernt haben, bevor wir der Verführung zu den Sortierkünsten der Computer-Kultur ausgesetzt werden. Wenn die Gesprächssprache früh durch Programmiersprache ersetzt wird, werden Menschen am Ende genau das nicht können, was sie in der von Computern durchsetzten Welt <u>mehr</u> brauchen werden: das Denken in den Formen, die der Computer selbst nicht hat - entwerfend, zweifelnd, entscheidend, bewertend, ironisch, philosophisch"[11].

8. Diese der Gesprächssprache entsprechende "Form des Denkens", die das Programm nicht hat, ist die der menschlichen Erfahrung, von der die sich jeweils von sich selbst abstoßende Perfektionierung des Computers nur ein schematisierter Spezialfall ist. In ihr entwickelt sich ein Horizont von Bedeutsamkeit, der explizite nicht "festgestellt" oder eindeutig mitgeteilt, sondern auf den nur verwiesen, "gedeutet" werden kann, aber der doch der Lebensraum ist, in den alles, auch der Computer, hineinspielt. Die methodische Rekonstruktion dieser Entwicklung von Bedeutsamkeit in einer dialektischen Logik kann hier nicht mehr thematisiert werden - klassisch wurden die Strukturen in Hegels "Wissenschaft der Erfahrung des Bewußtseins" formuliert. Sie ist jedenfalls keine "ein-deutige", die linear-formalen Beziehungen systematisierende Logik, sondern eine offene der mehrdeutigen Bedeutungen, in denen sich ein stets unfertiges, der Interpretation bedürftiges, auch das Nichtwissen einschließendes lebensweltliches Beziehungsfeld der Verweisungen manifestiert.

9. "Die beschränkte Logik des Computers", wie sie sich aus der Sicht einer philosophischen Logik der Erfahrung darstellt, mag abschließend, bevor ich noch in einem doppelten Sinne "zum Schluß", nämlich zum Ende und zur Folgerung, komme, mit einem Witz in den Blick kommen, der von einem selbstkritischen Computeringenieur erfunden sein soll: Ein trunkener Computerfan sucht im Umkreis eines von einer Laterne erleuchteten Feldes, der Theorie, seinen Schlüssel, der ihm das Haus der Welt öffnet. Er findet ihn nicht. Da kommt ein Philosoph hinzu, beobachtet ihn eine Weile und fragt schließlich, ob er denn genau wisse, was er suche. "Ja", sagt der Fan, "natürlich den Schlüssel". Ob er denn ahne, wo der liegen könnte, fragt der Philosoph weiter, und erhält die überraschende Antwort: "Doch, irgendwo dahinten im Dunkeln." - "Aber warum suchst Du denn hier?" - "Weil es hier hell ist."

   Obwohl man Witze nicht erklären soll, mag gesagt sein, daß in dieser Geschichte eigentlich "der ganze Witz" der beschränkten Logik des Computers liegt: Sie bewegt sich in der klar von der Theorie erleuchteten Fläche, aber weiß im geheimen sehr wohl, daß das, wonach sie in Wahrheit sucht - Verstehen, Glück, Frieden -, in dieser Helle nicht zu finden ist, sondern nur im erfahrenden Vortasten ins Dunkel zu erlangen ist.

Zum Schluß

Ist hieraus der Schluß einer Abwertung des Computers zu ziehen? Keineswegs! Was eingangs von der Mathematik gesagt wurde, gilt auch für ihn: Gerade innerhalb seiner Beschränkungen hat er seine unendlichen Möglichkeiten. Diese bestehen darin, die Verkehrsformen, zu der sich unsere Welt standardisiert hat, zu unserer Entlastung zu formalisieren und zu automatisieren. Aber ideo-logisch wird diese beschränkte Logik, wenn sie zum Modell auch für die Interpretation des Menschen erhoben wird und die auf der Geschichte aufruhende Herkunft ihrer Programmatik ebensowenig mehr durchschaut wie ihren in menschliche Kommunikation eingebundenen, stets neu zu bestimmenden Zweck. Dann nämlich verselbständigt sich die mit dem Computer festgestellte Regel zum Diktat, wenn die Einsicht in ihre Relativität sie nicht mehr einholt und das Gespräch sie nicht mehr zur Disposition stellt. So der kritischen Reflexion entzogen, werden die Computer, wie Douglas Hofstadter im ersten Satz seines 1978 erschienenen Buches "Gödel, Escher, Bach - an eternal golden Braid" sagt, "die unflexibelsten, wunschlosesten, gehorsamsten Ungeheuer, die man sich denken kann. Wenn sie auch schnell sein mögen, so sind sie doch der Inbegriff der Unbewußtheit".

Deswegen brauchen wir gerade beim häufigen Umgang mit den Computern - wie mit allen technischen Medien - viel durch Gespräch entwickelte Bewußtheit, um dem in ihnen steckenden Geist nicht zu erliegen. Aldous Huxley, der die "schöne neue Welt" einer sie zum Fließband formierenden Logik ironisch in seinem Buche durchschritt, hat fünfzehn Jahre nach diesem Werk unter dem Titel "Science, Liberty and Peace" Sätze niedergeschrieben, die so sehr im Sinne dieser Ausführungen sind, daß sie den Schlußpunkt setzen sollen:

"Naturwissenschaftler, viele Techniker und vor allem die Konsumenten der vielen kleinen technischen Errungenschaften haben weder Zeit noch Interesse, den philosophischen Ursprüngen und Hintergründen der Naturwissenschaften nachzugehen. Deswegen akzeptieren sie in der Regel das in diesen Theorien implizierte Bild der Welt als vollständige und erschöpfende Darstellung der Wirklichkeit. Sie tendieren dazu, diejenigen Aspekte der Erfahrung, die diese Theorie ausklammert, so anzusehen, als seien diese irgendwie weniger real als jene, die durch Abstraktion aus der unendlich reichen Gesamtheit ausgesondert wurden"[12].

Diese Sätze führen zum ersten Satz dieser Ausführungen zurück, daß es die Weisheit jeder Theorie sein sollte, das aus der Einsicht in ihre beschränkte Logik folgende Bewußtsein der Bescheidenheit zu gewinnen.

Anmerkungen:

1. Norbert Wiener, Some moral and technical consequences of automation. In: Science, 6. Mai 1960.
2. Vergl. u.a. Joseph Weizenbaum. Computer Power and human reason, dtsch. Die Macht des Computers und die Ohnmacht der Vernunft, Frankfurt 1977. Sherry Turkle, The second Self-Computers and the human Spirit, dtsch. Die Wundermaschine, Reinbek 1984. Hubert L. Dreyfus, What Computers can't do - The limits of Artificial Intelligence, Harper Colphon Books, 1972. Lewis Mumford, The Myth of the machine, dtsch. Mythos der Maschine - Kultur, Technik u. Macht, Wien 1974.
3. Gottfried Wilhelm Leibniz, Unvorgreifliche Gedanken betreffend die Ausübung und Verbesserung der Teutschen Sprache, Erstabdruck 1717, Neudruck in: Wissenschaftliche Beihefte zur Zeitschrift des Allgemeinen Deutschen Sprachvereins, IV. Reihe, Heft 30, 1908.
4. Heinrich Bauersfeld, Die Andersartigkeit der Computererfahrung. In: J.D. Tinsley and E.E. Tagg, Informatic in Elementary Education, Amsterdam 1984, S. 199 - 206.
5. Auf philosophischem Niveau ist hier vor allem die unter dem Stichwort "Kulturindustrie" auftretende Medien-Kritik der Kritischen Theorie zu nennen. Vergl. etwa die Aufsätze Th. W. Adornos über das Fernsehen, in: Eingriffe - Neue kritische Modelle, Frankfurt 1963.
6. John McCarthy, Leiter des Artificial Intelligence Laboratory an der Stanford University in der BBC-Sendung, 2. Programm, vom 30.8.1973, zit. bei Weizenbaum S. 266.
7. Planungspapier eines größeren Computerlaboratoriums an einer amerikanischen Universität, zit. bei Weizenbaum S. 318.
8. Lewis Mumfords"Mythos der Maschine" übersteigert die Kritik an der Vergötzung der Apparate sogar zu der fragwürdigen These, daß die gesamte auf Mechanisierung und Organisation beruhende Zivilisation auf einem gefährlichen, weil dem Leben inadäquaten Anthropomorphismus beruhe.
9. Anton Hügli, Wie ein Mensch Computer simuliert - Von Maschinen und Menschen ... und Schulen. In: Bildschirm , Faszination oder Information. Seelze 1985, S. 115.
10. Gottfried Wilhelm Leibniz, zitiert bei Bertrand Russell, A history of western philosophy, New York 1963.
11. Hartmut von Hentig,Sokrates hatte keinen Sklaven oder Das Hoffen auf die Kinder. In: Bildschirm , Faszination oder Information. Seelze 1985 S. 44/45.
12. Aldous Huxley, Science, Liberty and Peace. New York 1946, S. 35.

A u t o r e n v e r z e i c h n i s

Bay, Friedrich, Prof. Dr., Pädagogische Hochschule Schwäbisch Gmünd, Fach: Biologie

Bredl, Helmut, Dipl.Päd. und Lehrer an einer Realschule in Schwäbisch Gmünd

Coburn-Staege, Ursula, Prof. Dr., Pädagogische Hochschule Schwäbisch Gmünd, Fach: Erziehungswissenschaft

Hunkemöller, Jürgen, Prof. Dr., Pädagogische Hochschule Schwäbisch Gmünd, Fach: Musik

Kolb, Günter, Prof. Dr., Pädagogische Hochschule Schwäbisch Gmünd, Fach: Erziehungswissenschaft

Pommerenke, Erich, Fachschulrat, Pädagogische Hochschule Schwäbisch Gmünd, Fach: Gemeinschaftskunde/Wirtschaftslehre/Soz./Pol.

Schmid, Karl, Prof. Dr., Pädagogische Hochschule Schwäbisch Gmünd, Fach: Mathematik

Setzen, Karl M., Prof. Dr., Pädagogische Hochschule Schwäbisch Gmünd, Fach: Soziologie/Politikwissenschaft

Vogel, Albrecht, Studienrat a.e.Hochschule, Pädagogische Hochschule Schwäbisch Gmünd, Fach: Kunsterziehung

Zahn, Lothar, Prof. Dr., Pädagogische Hochschule Schwäbisch Gmünd, Fach: Philosophie